中国数字公益传播十大创新案例
（第一辑）

张殿元　黄小川　主　编

李年林　童斯诺　副主编

东方出版中心

图书在版编目（CIP）数据

中国数字公益传播十大创新案例. 第一辑 / 张殿元，
黄小川主编. －上海：东方出版中心, 2022.12
　　ISBN 978-7-5473-2134-8

　　Ⅰ. ①中… Ⅱ. ①张… ②黄… Ⅲ. ①慈善事业－传
播-案例-中国　Ⅳ. ①G219.2

　　中国版本图书馆CIP数据核字（2022）第244173号

上海市广告协会公益广告专业委员会特别支持

中国数字公益传播十大创新案例（第一辑）

主　　编　张殿元　黄小川
责任编辑　朱荣所　王　婷
封面设计　赵云龙

出版发行　东方出版中心有限公司
地　　址　上海市仙霞路345号
邮政编码　200336
电　　话　021-62417400
印 刷 者　上海丽佳制版印刷有限公司

开　　本　710mm×1000mm 1/16
印　　张　20.5
字　　数　290千字
版　　次　2023年2月第1版
印　　次　2023年2月第1次印刷
定　　价　98.00元

序言
公益传播第一，公益营销第二

　　美国著名的品牌学者、"定位"理论提出者之一的艾·里斯和女儿劳拉·里斯在2002 年出版的 *The Fall of Advertising and the Rise of PR* 一书中，比较了公共关系和广告两种品牌传播手段在品牌形象建设过程中的差异化作用。国内有出版商在引进该书时别有意味地将书名译为"公关第一，广告第二"，开启了国内营销界关于公共关系和广告在品牌传播战略中的地位的长达十几年的争论。如果说本书无意让公共关系和广告一较高低，那么，本书取名"中国数字公益传播经典案例"而非"中国数字公益营销经典案例"则明显别有用意。从当前营销指导理念的发展阶段来看，断言"公益营销的没落，公益传播的崛起"可能还为时尚早，但在"公益传播"和"公益营销"两种表述方式上，编者倾向于"公益传播第一，公益营销第二"却是显而易见的。

　　对于公益营销（Cause-related Marketing），国内外诸多学者都曾下过定义。比如，Varadarajan 和 Menon（1988）认为，"公益营销是一个企业制定并实施营销活动的过程。企业以消费者采取购买行为并为企业自身带来收益为前提，对某项公益事业以一定的形式给予一定金额的资助，最终满足企业组织与被资助方的目标"[①]；刘勇、张虎（2011）认为，"公益营销，作为企业将产品销售与公益事业相结合的营销活动，强调在增进社会福利的同时，促进企业产品和服务的销售，实现社会利益与企业利益的和谐统一"[②]；黄升民等人（2013）认为，公益营销是"以公益活动为载体，整合利用多种传播手

---

① VARADARAJAN P R，MENON A. Cause-related marketing: A coalignment of marketing strategy and corporate philanthropy［J］. Journal of Marketing，1988，52（3）：58-74.
② 刘勇，张虎. 公益营销［M］. 北京：中国经济出版社，2011.

段，以提高产品销量、树立良好企业形象、构建企业与消费者和其他利益相关者长期良好关系为目标的营销行为"[①]。尽管各类关于"公益营销"概念的表述不一，但都不约而同地强调了公益营销是一种商业主体营销行为的内在本质。换句话说，公益营销中"公益"作为前缀修饰"营销"的提法本身就隐藏了一个预设——做公益更多地是被当作一种手段，"做好事"（to do good）的目的主要还是在商业经营上"做得好"（to do well）。在公益营销理念的指导之下，许多企业积极参与社会公益事业，在赢得良好品牌声誉和商业回报的同时，也助推了社会公益事业的发展。这一点与中国古代先哲墨子的"义，利也"思想在某种程度上不谋而合。

在商业营销活动效果日渐式微的当下，通过参与公益事业展示企业社会责任感，拉近企业与消费者的心理距离不失为一个有效的策略。然而，尽管公益营销实现了企业与社会共赢的局面，但却始终无法回避"企业战略中使用公益营销是不道德"的争议，原因在于以非营利作为本质特征的公益很容易因为商业意图的介入变得不再纯粹。正如《公益营销》一书的作者乔·马尔科尼（2005）所警示的，"对公益暗藏其他目的，却在实施时试图以体面示人，这种做法相当危险"[②]。在企业实际的营销实践中，"营销第一，公益第二"也使得不少企业在操作公益营销时有意回避需长期投入资金的公益项目，甚至出现在营销宣传上的投入远超公益事业投入的情况。

公益传播对于促进社会发展、和谐进步具有举足轻重的作用。但目前来看，无论是在营销实践，还是在学界的讨论中，"公益传播"一词的使用热度相对于"公益营销"都低很多。谈到"公益传播"时，人们也更多地是将其与非营利组织（如政府、事业单位、公益组织等）联系在一起，有意无意地忽视了商业主体参与、传播一些公益活动的情况，因为后者往往被纳入公益营销的讨论范畴。比如，马晓荔、张健康（2005）认为，"公益传播是指具有公益成分、以谋求社会公众利益为出发点，关注、理解、支持、参与和推动公益行动、公益事业，推动文化事业发展和社会进步的非营利性传播活动"[③]。这一表述虽回应了公益的纯粹性，但无法解决商业主体参与、传播公益性活动的合法性问题。所以，这

---

① 黄升民，杜国清，邵华冬，等. 广告主蓝皮书：中国广告主营销传播趋势报告（N0.7）[M]. 北京：社会科学文献出版社，2013.
② [美]乔·马尔科尼. 公益营销[M]. 邱裴娟，译. 北京：机械工业出版社，2005.
③ 马晓荔，张健康. 公益传播现状及发展前景[J]. 当代传播，2005（3）：23-25.

里编者更加赞同南平（2005）"所谓公益传播，是以公益为目标或以公益为内容的传播"①
的表述。包含了公益的目标或者公益内容的传播都可以称为公益传播，这一界定不仅有助
于为那些投入大量资金从事公益事业的企业正名，也有助于鼓励更多主体参与到公益传播
的活动中来。

关于企业公益传播与公益营销的关系，舒咏平、谷羽（2012）主张，公益传播应是
对公益营销的超越。在他们看来，公益营销理论本身存在悖论，扭曲了"公益"的本质。
企业公益传播的概念本身涵盖了与公益对等的商业意义，但不同于公益营销将"公益"看
作一种实现商业目的的手段，企业公益传播的本质是通过社会的真正受益提高品牌在公众
心目中的形象。商业回报是企业投入公益事业后的一种自然产物，而非刻意追求的商业目
标。由此不难看出，企业公益传播不仅有利于"从'公益营销'营利的功利性本质中走
出，确立了公共利益的实现在企业公益行为中的本位作用，同时也强调了企业公益传播是
通过传播企业公益行为获得公众认可，从而为企业积累声誉资本，提升企业品牌的一种战
略传播"②。更多地强调企业公益传播而非公益营销，于企业而言有助于其在经营发展过程
中将积极参与公益事业、谋求社会公共利益地位升华为一种企业战略，同时有助于引导社
会大众以一种更加积极、正向的视角看待企业投身公益的行为。在公益传播的理念之下，
商业传播与公益传播不再以公益的纯粹与否作为分野标准，二者统一于商业主体与社会利
益共赢的理想境界。荀子曰："先义而后利者荣，先利而后义者辱"，这里引用借以表达编
者对于公益传播和公益营销孰先孰后的判断最恰当不过了。

在传统大众传播时代，公益传播往往以公益广告、公益节目等形式通过报纸、杂志、
广播、电视等媒介进行宣传。单向线性的公益传播模式，使得公益行动的转化率不高，难
以实现传播效果的最大化。同时，企业参与公益广告等公益传播，也是因为传统媒介信息
发布的种种约束限制了企业参与公益传播的积极性。近年来，数字技术的快速发展推动了
媒介时代的重大变革，数字传播生态呈现出媒介形态多样化、信息海量化、受众分散化、
传受互动化等特征。传统大众传播时代那种表现形式单一、缺乏反馈互动的公益传播活动
已经不太能适应新的传播环境，数字时代的公益传播对企业提出了更高的要求和挑战。为

---

① 南平.公益传播：为社会和谐的沟通与互动［J］.武汉化工学院学报，2005（6）：14-17.
② 舒咏平，谷羽.企业公益传播：公益营销的超越［J］.现代传播（中国传媒大学学报），2012，
34（9）：94-97+110.

了适应时代变化和要求，上升为一种品牌战略的企业公益传播必须依靠系统的数字传播战略来指导其公益行为。

本书共辑录了十个数字公益传播案例，涉及护肤品行业（海蓝之谜）、物流行业（京东物流）、饮料行业（百事可乐）、文娱行业（大麦网）、厨电行业（方太）、互联网行业（美团、哔哩哔哩）、汽车行业（吉利＆极氪）、文化创意行业（三川文化、SenseTeam感官体）等多个行业的不同企业主体。全书共设有十章，每章均由案例复盘、理论分析、案例访谈三部分组成。编者在回顾这些案例执行经过的基础上，试图从学理的视角分析这些成功案例背后的经验。同时，为了让读者能够更加全面地了解这些案例背后的故事，去除案例"前台""后台"之间的隔膜，每章的第三部分由对相应案例幕后操作团队或品牌方负责人的访谈构成。

数字传播时代的到来为企业公益传播提供了新的契机。编者以书为媒，在向读者传播上述企业数字公益传播案例的同时，也期待对更多企业或品牌能够有所启发，以便在积极投身公益事业的同时，通过数字公益传播讲好品牌公益故事。

目录

C O N T E N T S

第一章

"守护蓝星，海好有你"："蓝星卫士"行动，以卫星科技赋能海洋环保

　　"蓝星卫士"（Blue Guardian）是 2021 年浙江吉利控股集团和极氪智能科技有限公司（以下简称"极氪智能科技"）共同开展的全球海洋公益行动。吉利控股集团旗下的时空道宇科技有限公司对"蓝星卫士"提供技术支持，通过全自主研制的高性能遥感 AI 卫星持续监测海洋生态环境，对海面漂浮垃圾、海面溢油、赤潮浒苔等自然或工业危害进行监测和治理支持。极氪智能科技基于"SEA 浩瀚架构"，延续用户共创理念，组织极氪用户和社会公众参与海洋环保科普课堂、净海净滩等活动，与富有社会责任感的用户群体一起守护浩瀚海洋，传递环保的生活理念。2021 年，极氪智能科技通过与"人民网科普"合作，开展"海好有你"活动，在不同媒体平台全面推广"蓝星卫士"行动。2022 年，"蓝星卫士"深耕线下活动，联合中华环保基金会和海洋保护组织蓝丝带协会，共同推动了一系列海洋环境保护活动，组织渔民、用户及志愿者进行海面定期巡护、海洋垃圾回收处置、海滩环境巡护、净海净滩等活动。同时，极氪智能科技也在 A 级车展上展出以"蓝星卫士　海洋环保"为主题的折纸艺术作品，将品牌营销与艺术公益完美融合。

第一节　案例复盘："生于浩瀚，归于浩瀚"，"让世界感受爱"

一、企业和产品概况

（一）吉利控股集团背景概述

浙江吉利控股集团创建于 1986 年，总部位于中国浙江省杭州市，1997 年进入汽车行业，一直专注实业，专注技术创新和人才培养，不断打基础、练内功，坚定不移地推动企业转型升级和可持续发展。吉利汽车控股有限公司于 2005 年 5 月在香港成功上市，其股票代码为 00175。

吉利控股集团致力于成为具有全球竞争力和影响力的智能电动出行和能源服务科技公司，业务涵盖汽车及上下游产业链、智能出行服务、绿色运力、数字科技等。集团总部设在杭州，旗下吉利、领克、极氪、几何、沃尔沃、极星、路特斯、英伦电动汽车、远程新能源商用车、雷达新能源汽车、曹操出行等围绕各自品牌定位，积极参与市场竞争。集团以汽车产业电动化和智能化转型为核心，在新能源科技、共享出行、车联网、智能驾驶、车载芯片等前沿技术领域，打造科技护城河，做强科技生态圈。

吉利控股集团在中国上海、杭州、宁波，瑞典哥德堡、英国考文垂、美国加利福尼亚州、德国法兰克福等地建有造型设计和工程研发中心，研发、设计人员超过 2 万人，拥有国内外有效专利超 1.4 万项。在中国、美国、英国、瑞典、比利时、马来西亚建有世界一流的现代化整车和动力总成制造工厂，拥有各类销售网点超过 4000 家，产品销售及服务网络遍布世界各地。总资产超 5100 亿元，员工总数超过 12 万人 [1]。

在 2022 年《财富》公布的世界 500 强排行榜中，吉利控股集团以 558.6 亿美元营收位列第 229 位，较 2021 年提升了 10 位，这是吉利控股集团连续第 11 年位列《财富》世界 500 强，也是全球汽车品牌组合价值排名前十位中唯一的中国汽车集团。

---

[1]　浙江吉利控股集团. 吉利控股集团 2021 年可持续发展报告［EB/OL］.（2022-06-27）［2022-11-26］. http://zgh.com/geely-esg.

　　在董事长李书福的领导下，吉利控股集团多年来坚持走守正与创新、"零碳未来"的道路。吉利控股集团围绕汽车产业的智能化转型，在商用车、共享出行、乘用车等领域统筹布局，积极探索出纯电、插混、混动、甲醇、换电等多种新能源科技，协同旗下汽车品牌与数字科技公司，布局新能源科技领域，推动企业绿色低碳转型。

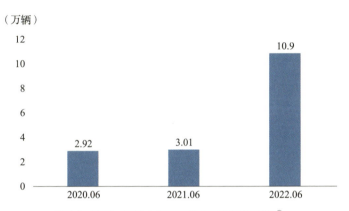

图1-1　2020—2022上半年吉利新能源汽车销量数据①

数据来源：吉利汽车公告，金融界上市公司研究院制图

　　吉利控股集团财报数据显示，2022年上半年，集团的新能源汽车销量为10.9万辆，同比增长398%，渗透率17.9%，增幅位居行业第一，新能源汽车占集团汽车总销量的比例上升至18%。据吉利控股集团公开数据，2022年1月至10月，新能源汽车累计销量达到了249535辆，其中纯电动汽车的销量达到了193073辆，同比增长418%。②目前，公司自由现金流上升至人民币54亿元，净现金水平上升至人民币220.1亿元。

　　此外，吉利控股集团还积极履行社会责任。自2012年起，集团开始正式公开发布企业社会责任报告，至今已连续发布8年。

---

①　张希.金融界［EB/OL］.（2022-08-22）［2022-11-26］. https://baijiahao.baidu.com/s?id=174182705196
3614655&wfr=spider& for=pc.

②　浙江吉利控股集团.2021年年度报告［EB/OL］.（2022-04-29）［2022-11-26］. http://zgh.com/geely-
esg/http://zgh.com/annual-report.

一个没有社会责任心的企业，最终总是会被市场无情抛弃，这样的企业是不可能实现永续经营的。——李书福

图 1-2 吉利控股集团的社会责任理念

吉利控股集团高度重视企业生存、社会发展与生态环境的关联性，从产品、经济、环境、社会四大领域着手，以制造"最安全、最环保、最节能的好车"为使命，践行着社会与环境的可持续发展的理念。为布局未来智慧立体出行生态，吉利在新能源科技、智能驾驶、车载芯片、低轨卫星、激光通讯等前沿技术领域中不断提升技术与能力。2020 年，吉利发布了全新自主研发纯电车型开发平台——SEA（Sustainable Experience Architecture）浩瀚智能进化体验架构（简称"SEA 浩瀚架构"）。这是全球第一个开源电动汽车架构，有望改变全球零排放汽车的可用性。"SEA 浩瀚架构"的发布标志着吉利智能电动汽车战略进入加速实施阶段，带动产业升级与开放协同，为全球节能减排贡献力量，真正做到了从用户需求出发，突破了传统造车的局限。

（二）吉利控股集团旗下新能源品牌与科技子公司

1. 极氪智能科技有限公司

图 1-3 极氪智能科技有限公司 logo

浙江极氪智能科技有限公司于 2021 年 3 月成立，是一家以智能化、数字化、数据驱动的智能出行科技公司。2021 年 4 月，吉利控股集团推出全新纯电品牌"极氪"，同时发布基于"SEA 浩瀚架构"开发的首款智能电动汽车——ZEEKR 001。

极氪的诞生区别于传统造车与新势力模式，实现了智能纯电的快速进化，开拓了纯电发展第三赛道——极氪模式。极氪致力于建立新型用户关系，根据用户需求与创造力实现与用户共创，实现企业与用户的平等融合。

根据极氪智能科技 2022 年 12 月最新公布的月度交付数据，11 月份极氪 001 共交付 11011 辆，累计交付 66611 台，同比增长 447.3%。出色的数据让极氪成为首个实现单车月度交付破万的中国品牌纯电豪华车，极氪也连续 3 个月成为 30 万元以上的中国品牌纯电车型销量冠军。2022 年，极氪全年累计销量达到了 66611 辆。吉利控股集团官方数据显示，极氪订单平均金额超 33.6 万元，其中极氪 001 登顶中国品牌纯电动车保值率第一名。[①]

当传统车企纷纷涌入新能源市场时，极氪智能科技创造性地开辟了智能纯电发展的"极氪模式"。为极氪提供足够底气和勇气的是吉利控股集团数十年来所积累的深厚的产业基础和丰富的资源优势。与转型生产电动车的传统车企相比，极氪智能科技不仅仅是嫁接了电动化技术，更是以独立的企业、全新的品牌、创新的用户组织和商业模式来实现彻底的变革。

吉利控股集团高级副总裁杨学良表示："作为用户型品牌，极氪将不断探索创新，依托产业生态优势赋能，持续构建更立体完善的服务体系，不断刷新用户的用车体验，与用户共创极致体验的出行生活。"

2. 时空道宇科技有限公司

图 1-4 时空道宇科技有限公司 logo

成立于 2018 年的浙江时空道宇科技有限公司（以下简称"时空道宇"）致力于成为全球范围内的航天信息与通信基础服务设施和应用计划的提供商。时空道宇专注于中国的卫星产业链的商业化升级，致力于使中国的航天技术在商业化应用方面得到发展。以上海研究总院为核心，以西安、南京研发中心为支撑，时空道宇拥有完整的研发体系。时空道宇在广州、青岛设立业务运营总部，在北京建立商务中心，在浙江台州兴办卫星超级工厂，构筑起了卫星研发、卫星制造、测控和应用的全产业链业务体系。

2022 年 6 月 2 日 12 时 00 分，在西昌卫星发射中心，时空道宇的未来出行星

---

① 数据来源：极氪官网 https://www.zeekrlife.com.

座首轨九星以一箭九星的方式成功发射，将卫星送入预定的轨道后，发射任务取得了圆满成功。

时空道宇专注于卫星制造、卫星应用领域，在这些领域内可以提供非常有竞争力的、安全的、值得信赖的服务和解决方案。在卫星制造领域，时空道宇经由自主研发的多种量级通用卫星平台，以及造价低廉、高度可信赖的卫星及其供应链的产品，实现了从自主研发制造卫星至卫星批量生产 AIT 的一站式在轨交付。在卫星应用领域，时空道宇则经由未来出行星座和自有的地面系统，再结合北斗卫星系统，提供全球中低速卫星通信服务、星基高度精准的定位服务、卫星遥感 AI 服务；将航天科技和汽车制造、未来出行、人工智能高度融合，同生态伙伴团结协作，持续为客户创造出价值，创建一个天地一体化的高度精确时空信息系统，创造出新一代的航天数字经济业态。①

2021 年 4 月 22 日，时空道宇宣布加入"蓝星卫士"全球海洋公益行动。时空道宇通过应用全部由自己研制的高性能遥感 AI 卫星的卫星通道、落地基站和合作卫星相关的服务，经由卫星遥感、观察、监测远洋和近海岸地区的垃圾漂浮物，帮助打造海洋垃圾的监控预防治理立体协同体系，全面进行关于海面垃圾的监测管理及整治。

二、行业和竞品分析

（一）相关行业概况

中国空气污染物最主要的来源之一就是汽车尾气。生态环境部的报告显示，汽车尾气的污染排放量在 2015 年至 2018 年这几年里都高于 4000 万吨。随着汽车在中国的普及，内燃机汽车造成了交通拥堵、能源浪费、温室效应等一系列危及城市发展的问题。同时，中国 70% 的石油都是通过外贸渠道获取的，在外部环境不确定的情况下，过度依赖外部资源会难以确保能源的安全供给，也会影响中国的经济发展。所以如何利用风电、水电、太阳能、核电等新型绿色能源，变成了近年来中国最关注的问题。发展新能源汽车就成了解决中国城市环境污染、助力城市可持续

---

① 数据来源：时空道宇科技官网 www.geespace.com.

发展的最有效的战略措施之一。新能源汽车的存在使相关产业不断发展，也让中国汽车产业逐步脱离化石能源，产业规模不断扩大。

中国新能源汽车产业的发展经历了萌芽期、崛起期以及补贴退坡后短暂的低迷期。2011 年到 2013 年，我国的新能源汽车行业发展相对缓慢，产量也比较低。直到 2015 年，中国新能源汽车的销量才开始呈现稳步增长的趋势。在国家鼓励新能源汽车发展的背景下，2018 年新能源汽车产销量分别达到了 127.05 万辆以及 125.62 万辆。2020 年，我国新能源汽车的产销量分别达到了 136.6 万辆和 136.7 万辆，同比增长了 7.5% 和 10.9%。受到疫情冲击以及补贴退坡的影响，尽管 2020 年中国新能源汽车的销量在全球市场占了 40% 以上，但与 2019 年的增长率相比还是下降了 7.09%。[①] 不过同年的四项污染物排放量降到了 1593 万吨。为早日实现"碳达峰"和"碳中和"的国家战略目标、应对能源危机，国务院在 2020 年 11 月颁布了《新能源汽车产业发展规划（2021—2035 年）》，强调"深入实施发展新能源汽车国家战略，以融合创新为重点，突破关键核心技术，提升产业基础能力，构建新型产业生态，完善基础设施体系，优化产业发展环境，推动我国新能源汽车产业高质量可持续发展，加快建设汽车强国"。

从 2010 年开始，中国政府陆续给予新能源汽车一系列积极扶持措施和补贴。从减免新能源车辆购置税、给新能源车辆发放免费的绿色车牌，到给购置新能源车辆的市民发放充电补贴、大规模建立公共充电设施，再到大批量采购新能源环卫车、公交车以替代原有的燃油公共车辆，国家通过各种方式促进新能源行业的研发和改进，也给了中国新能源市场可持续发展的底气。新能源车企也在不断完善、改进技术与汽车功能，产品具备一定程度的竞争力和成熟度，例如空气源热泵空调、电池保质能力、电池安全性能、加热保温系统等。为了达到"双碳"这个目标，新能源汽车产业也逐渐从"供应链上下游"关系中跳出来，进入集互联网企业、环境以及能源等于一体的"多领域融合"关系。

目前，在新能源车辆的销量方面，中国的新能源车企处在全球领先的梯队当中。吉利、比亚迪、北汽新能源和上汽四个国产品牌出现在了 2019 年全球新能源

---

① 郝皓，许文仙. 后补贴时代中国新能源汽车产业发展研究 [J]. 科技视界，2021（17）：109-111.

乘用车销量排名前十的榜单上，合计占 27.30%。虽然该榜中市场占比最大的仍是美国品牌特斯拉（占比 16.64%），不过中国品牌比亚迪占据了第二的位置（占比 10.39%）。中国国产新能源汽车品牌还是具有一定市场优势的，在 2019 年全球新能源汽车销售市场占 57.38%。[①]

到 2020 年，在全球排名前十位的新能源汽车企业中，欧洲占 5 个，分别为奥迪、宝马、奔驰等高端品牌，而中国依然是吉利、比亚迪、北汽新能源这 3 个国产品牌。当下，中国出现了理想、小鹏、蔚来等由资本推动的新能源科技企业，还有生产电池的宁德时代新能源科技股份有限公司及其产业链上的相关企业。然而，每个品牌都有独有的营销模式。其中，蔚来、小鹏、理想这几个品牌主要侧重于品牌营销；哪吒、零跑这两个品牌更专注于产品本身，他们对市场营销的投入相对较少；特斯拉和比亚迪，便分别是国外和国内新能源汽车品牌领域里的领头羊。

（二）行业竞品和定位

极氪 001 定位为高端纯电智能车，售价在 30 万元以上。从"全球 2022 年 9 月新能源车型销量排行 TOP20"（图 1-5）可以看出，极氪的竞品是以特斯拉 Model 3、比亚迪汉为代表的高端纯电新能源车。

虽然极氪品牌和极氪 001 诞生较晚，但凭借在空间、续航以及动力性能等方面的优势，在 2022 年 9 月，极氪 001 便交付了 8276 台车，环比增长 15.5%，增长趋势显著。从 2021 年 10 月正式交付到 2022 年 11 月 30 日，极氪 001 的累计交付量已超过 6 万辆，在一年时间内完成了造车新势力数年的目标。

（三）从竞品近年环保公益营销活动看趋势

1. 蔚来：与世界自然基金会（WWF）、联合国开发计划署（UNDP）、丹麦自然保护协会达成合作，守护自然保护地，构建清洁低碳能源自循环体系

蔚来在 2021 年 12 月 18 日正式发起了 Clean Parks 生态共建项目，计划在之后 3 年内投入一亿元人民币，将智能电动汽车投入全球自然保护地使用，同时建设清洁能源的基础设施，构建一个清洁低碳的能源自循环体系，达到守护生态系统完整性和原始性的目标。Clean Parks 是全球首个由汽车企业发起的支持自然保护地以及

---

① 任志新，廖望科，吴懿琳. 中国新能源汽车产业发展研究［J］. 全国流通经济，2022（7）：129—132.

国家公园建设的开放平台，更是蔚来践行"蔚来已来"（Blue Sky Coming）愿景的实践。目前，该项目已经在全国各地展开，包括珠穆朗玛峰国家级自然保护区、新疆赛里木湖、三江源国家公园、内蒙古响沙湾以及海南热带雨林国家公园等。保护中国国家公园与自然保护地的行动进一步彰显了蔚来在低碳环保领域里的决心和担当，也为它赢得了品牌口碑。

全球 2022 年 9 月新能源车型销量排行 TOP20

排名	车型	2022 年 9 月(辆)	市场占比(%)
1	特斯拉 Model Y	113307	10.9
2	特斯拉 Model 3	68710	6.6
3	比亚迪宋家族(EV+PHEV)	45966	4.4
4	五菱宏光 MINIEV	37418	3.6
5	比亚迪秦家族(EV+PHEV)	36061	3.5
6	比亚迪汉家族(EV+PHEV)	31323	3
7	比亚迪海豚	24956	2.4
8	比亚迪元 PLUS	23561	2.3
9	大众 ID.4	15305	1.5
10	比亚迪唐家族(EV+PHEV)	15251	1.5
11	广汽埃安 S	13523	1.3
12	广汽埃安 Y	13408	1.3
13	哪吒 V	11935	1.1
14	理想 L9	10123	1
15	长安糯玉米	10010	1
16	奇瑞小蚂蚁	9288	0.9
17	比亚迪驱逐舰 05	9101	0.9
18	奇瑞 QQ 冰淇淋	8650	0.8
19	极氪 001	8276	0.8
20	现代艾尼氪 5	7595	0.7
	其他品牌车型	534117	51.3
	总计	1040289	

制表：汽车央坊 数据：cleantechnica

图 1-5 全球 2022 年 9 月新能源车型销量排行 TOP20

2022 年 4 月 22 日，蔚来与世界自然基金会（WWF）达成战略合作，世界自然基金会成为 Clean Parks 的共同发起方。作为一家全球性的环境保护组织，世界自然基金会致力于防止地球自然环境退化，构建人与自然和谐相处的美好未来。蔚来和世界自然基金会通过各自的资源和技术优势，为国家公园和自然保护地的建设、生态保护以及可持续性发展提供实践经验和解决方案。蔚来可以在清洁可再生能源使用方面发挥优势，而世界自然基金会在生物多样性保护、可持续发展方面有着丰富的经验，两方强强联手，为探索生物多样性保护提供更加科学、可行的解决方案。同时，作为 Clean Parks 平台的共同发起方，双方携手推进科教宣传工作，增强大众对于环境的保护意识，同时共同构建针对中国乃至全球自然保护地的清洁低碳的能源自循环体系，让国家走向更加可持续的绿色发展道路。①

2022 年 8 月，蔚来与联合国开发计划署（UNDP）正式达成合作，双方在自然保护地环境保护、青年能力建设、生态投资标准制订三方面合作，形成一个完整的绿色生态投资与发展产业链。2022 年 9 月，蔚来又与丹麦自然保护协会签署了合作协议，准备借助丹麦自然保护协会在欧洲的影响力与平台优势，将蔚来的清洁低碳能源自循环体系推向世界，共同打造 Clean Parks 在欧洲的首个示范平台。② 由此看来，蔚来的雄心不仅限于中国市场，他们更想通过自己的技术带领世界各地区去守护生态系统，提高大众的环保意识，从而在国际市场上建立品牌形象。

2. 宝马中国：携手中国绿化基金会及中国教育发展基金会，启动"BMW 美丽家园行动"项目

2022 年，宝马中国宣布携手中国绿化基金会及中国教育发展基金会宝马爱心基金，于 5 月 22 日"国际生物多样性日"开启名为"BMW 美丽家园行动"的公益项目。"BMW 美丽家园"是针对辽宁辽河口国家级自然保护区开展的一系列资助计划。位于渤海辽东湾顶端的辽宁辽河口国家级自然保护区拥有中国最大的滨海芦苇湿地，为众多野生濒危动物提供了舒适的栖息环境。宝马中国从"支持保护区科普宣教""提升公众生物多样性保护意识"以及"支持提升保护区管理"三方面入手，积极参与保护活动。宝马集团秉持"家在中国"理念，为保护区内的野生动物提供多样性的保护行动：在保护区内建造生态观鸟屋，为保护区提供三辆绿色纯电动新 BMW iX3 作为野外巡逻车，并捐赠两辆动物救护车。为了"增强公众生物多样性保护意识"和"支持保护区科普教育"，宝马集团委托专业的野生动物保护机构开发了自然教育课程，组织、开展各种形式的自然教育培训和湿地课堂，通过线上加线下的形式交流互动，进一步引导和推动公众采取保护

① 腾讯新闻. 践行企业社会责任新方式 蔚来与 WWF 达成战略合作［EB/OL］.（2022-05-27）［2022-11-26］. https://view.inews.qq.com/a/20220527A04IUF00.
② 易车讯. 蔚来与联合国开发计划署达成合作 成为 Clean Parks 共建方［EB/OL］.（2022-08-15）［2022-11-26］. https://baijiahao.baidu.com/s?id=1741244274147394459&wfr=spider&for=pc.

行动。

宝马集团以创新行动履行其社会责任，为中国生态文明建设作出贡献。宝马集团总裁兼首席执行官高乐表示："宝马集团相信，如何应对气候变化和如何利用资源将决定我们社会的未来，也将决定宝马的未来。这是我们此时此刻必须行动的理由。宝马集团始终将可持续发展作为企业战略核心。宝马集团视环境为重要利益相关方，是第一个加入由科学碳目标倡议（SBTi）组织发起的'1.5℃控温目标行动'的德国车企。同时，宝马高度认同中国政府将生物多样性作为可持续发展的基础、目标和手段。没有健康的生物多样性，就没有可持续发展。秉持'家在中国'理念，守护美丽的地球家园与我们每个人息息相关。"[①]

3.北汽集团：引领大众低碳出行

为积极响应国家"碳中和""碳达峰"的核心战略部署，北汽集团通过一系列公益活动号召社会大众开启低碳出行、共享绿色的生活方式。在 2022 年 4 月 22 日第 53 个"世界地球日"当天，北汽集团与世界地球日官方合作伙伴中国生物多样性保护与绿色发展基金会（简称"中国绿发会"）联合发起"行动点亮地球"公益活动。北汽集团在此期间发布了一个名叫"未来在你我手中"的公益视频，引起了公众的共鸣，激发了大众的环保意识。大家纷纷通过点赞、分享，支持该活动。这个视频的核心理念是鼓励消费者践行低碳生活方式、保护生物多样性、传递可持续发展理念，从而提升社会大众低碳、绿色的生活理念。同时，他们发起了"行动点亮地球"的线上打卡活动，结合互联网社交平台的便捷性和流量支持，"行动点亮地球"活动在微博和抖音平台受到了大量用户的关注和踊跃参与，微博话题"投资地球一起来""行动点亮地球"收获了 1.7 万多名用户的讨论及超过 1558.3 万的阅读量。[②] 北汽集团为了鼓励网友们热情参与，准备了 300 份精美奖品对优质内容创作者进行奖励，并颁发绿色证书。有网友表示，自己作为一名北汽车主，能为保护环境贡献一份力量感到非常的荣幸。北汽集团通过这次公益活动履行了社会责任，

---

① 宝马中国 . BMW 环境保护［EB/OL］.［2022-11-26］. https：//www.bmw.com.cn/zh/topics/experience/csr/csr_environment_protection.html.

② 网易．发力低碳公益 北汽用行动点亮地球［EB/OL］.（2022-04-26）［2022-11-26］. https：//3g.163.com/dy/article/HI7DL8UD0547MCUN.html.

也赢得了口碑。

4.趋势分析

新能源汽车品牌近几年非常注重在企业社会责任方面的建设。企业都想通过履行企业社会责任，建立良好的品牌形象，提升在消费者乃至在国际市场的知名度。从上述几个具有代表性的新能源汽车品牌的公益活动可以看出，此类公益广告主要呈现出以下三个趋势：

第一，新能源汽车品牌公益活动大都为陆地自然保护。这可能是因为新能源车具有天然的环保属性，与燃油车相比，更加低碳。例如，蔚来的 Clean Parks 项目主要致力于构建国家公园及自然保护地的清洁、低碳能源自循环体系，宝马中国的"BMW 美丽家园行动"项目是对辽宁辽河口国家级自然保护区实施资助计划，北汽则是鼓励消费者践行低碳生活方式。

第二，新能源汽车品牌公益活动的主题都与国家的核心战略部署发展政策紧密相关，从"双碳"目标，再到自然生态保护，每一个品牌的公益方向，都紧贴国家当下最重视的几个问题。例如，蔚来的 Clean Parks 计划是为守护生态系统构建了清洁低碳的能源自循环体系；宝马中国"BMW 美丽家园"的公益活动从"支持保护区科普宣教""提升公众生物多样性保护意识"与"支持提升保护区管理"等方面为中国生态文明建设作出贡献；北汽集团"行动点亮地球"公益活动，则是通过线上打卡、公益视频传播的方式，提升社会大众对低碳、绿色的生活的认知。正是因为企业公益活动主题与国家发展策略的高度重合，两者相辅相成，才能让这些公益活动能可持续发展，同时也帮助企业完成其想要的品牌宣传效果。虽然每个企业的公益广告的方向不同，但都是以一个中心理念为主线，通过一系列技术以及创意，引起大众共鸣，也在潜移默化中植入了品牌自身的宣传。

第三，新能源汽车品牌公益活动多选择联合一些现有的比较成熟的非政府组织或国家机关。比如，蔚来选择世界自然基金会（WWF）、联合国开发计划署（UNDP）、以及丹麦自然保护协会为合作伙伴，宝马中国联手中国绿化基金会及中国教育发展基金会开展活动，北汽集团则是与世界地球日官方合作伙伴中国绿发会共同发起活动。与这些非常有经验的政府机构或非政府组织成为合作伙伴，能够很好地为公益项目的推广打下基础，同时增加项目的权威性，吸引更多的用户参与。

三、核心创意

（一）项目目标

"蓝星卫士"项目是由极氪智能科技与吉利控股集团于 2021 年共同发起的，目标是以卫星技术为海洋环保赋能。近年来，吉利控股集团以"让世界感受爱"为公益价值主张，聚焦于教育和环保事业，同时辐射多个公益议题。在进行科技创新、关注可持续发展的同时，活动方以卫星科技实力助力海洋生态保护和地球生态环境的改善，"蓝星卫士"全球海洋公益行动应运而生。极氪智能科技在 2022 年携手中华环境保护基金会发起"蓝星卫士海洋守护"专项公益行动，推动一系列海洋环保活动，与用户共同保护海洋。"蓝星卫士"更大的愿景是以海洋环保为抓手，将一种环保的生活理念植入公众的内心，让环保不再是治标，而是从人类行为的源头开始打造可持续的生活方式。

（二）目标受众

极氪智能科技在成立之初就将目标用户定位在"零世代"，这个群体不受年龄限制，可能是 70 后、80 后、90 后，也可能是 00 后，但这个群体一定是由自信、好奇、富有社会责任感的人组成的。这个群体关注自然、社会和国家的发展，秉持着和极氪智能科技一样的"可持续"价值观，关注世界的长远发展。

2021 年 9 月 10 日，极氪智能科技正式宣布，由 2020 年东京奥运会首金获得者杨倩担任"极氪零世代大使"，为绿色智能亚运助力，与极氪智能科技共创极致体验，杨倩也成为了首位极氪"零世代"大使。可以看到，以杨倩为代表的"零世代"群体，正是极氪的用户群，他们不以年龄为划分界限，他们更具个性，更加自我，更加崇尚低碳消费，同时敢于挑战、乐享生活、追求极致。从零开始，极氪智能科技不惧挑战，探索不止，致力于以持续进化的产品与服务，不断满足"零世代"的渴望。

（三）核心创意

吉利控股集团与极氪智能科技共同发起的"蓝星卫士"有别于其他新能源车企的陆地环保活动，它着眼于海洋保护。核心创意源自极氪汽车诞生于"SEA 浩瀚框架"，生于"浩瀚海洋"，所以极氪也想要保护海洋。

此外，"蓝星卫士"项目还有时空道宇 AI 遥感技术的加持，这亦是企业第一次运用航天技术手段赋能海洋环保。在海洋环保方面，"蓝星卫士"行动除了关注目前需求最为紧迫的海洋垃圾清除外，也同时遥感监测海面溢油等海洋事故，分析油膜扩散趋势，监测海洋赤潮和浒苔等问题的扩散，为沿海渔业的运作提供灾害预警和生态保护，为海洋污染综合性治理提供技术保障，为海洋环保贡献航天科技的力量。

四、项目执行与效果评估

（一）时间线

2021 年 4 月 15 日，极氪品牌正式诞生；2021 年 6 月 8 日，和吉利控股集团共同发起了"蓝星卫士"项目；2021 年 10 月，与人民网共同发起"海好有你"线上环保公益活动；2022 年 4 月，与中华环保基金会合作成立海洋守护专项计划；2022 年 6 月 2 日，蓝星 1—6 号卫星发射；2022 年 8 月 19 日，"蓝星卫士遥感 AI 卫星数据平台"在极氪智慧工厂正式发布。

图 1-6　项目执行时间线

（二）媒介选择

整个项目选择微博作为最开始活动的平台是因为微博的传播力更强。相比于公众号之类的偏私域的渠道，微博的公益性更强，二次传播能力也更好。项目的策略是借助人民网科普的背书，来加强"蓝星卫士"项目的权威性，其次就是利用明星去扩大影响力和传播力。

2022年，极氪智能科技希望做深度的推广，希望能让用户更了解这个项目，也将公益进一步落于实处，所以策划、实施了许多线下活动。线上则转向了微信公众号平台，以吸引更多志同道合的伙伴；在B站等视频平台做了更多基于项目的技术解读，从而锐化了品牌的科技形象。

（三）执行路径

1. "海好有你——守护蓝星，即刻行动"（2021.10.11）

"蓝星卫士"项目启动后的第一个大型活动是2021年10月11日与人民网科普共同发起的"海好有你"公益行动。极氪、蓝星卫士全球海洋公益项目、深圳量子云联合倡议"守护蓝星，即刻行动"。项目通过活动向公众传递海洋生态环境文明建设的重要性，呼吁大家保护海洋环境、保护海洋生物、保护海洋资源。

图1-7 "海好有你"公益行动海报

　　活动以极驭熊、极居蟹、极创企鹅、极智章鱼、极坚龟、极速鲨等科技感与趣味性相结合的卡通形象作为"海洋代言人"。6 个海洋伙伴 IP 的设计分别融入了极氪 001 的产品特点：鲨鱼代表极致速度、北极熊寓意稳健的驾驶体验、海龟凸显安全、章鱼展示智能化水平、寄居蟹与企鹅彰显用户共创的品牌理念。这群海洋伙伴的亮相，凸显了极氪在追求极致驾驶性能的同时，正在以创新发展模式驱动智能出行生态的进化和可持续生活方式的升级。①

图 1-8　海洋代言人 IP 形象

　　活动也邀请刘涛、陈数、白鹿、聂远、林更新等积极参与环保公益活动的艺人一起发声，倡导"低碳减塑"，守护蔚蓝星球。同时，明星们的公益倡议也陆续发布在深圳地铁等线下场所，覆盖近千万人次，进一步扩大公益活动的传播范围与力度，吸引更多用户参与其中。参与本次公益活动的明星携一位海洋伙伴出场。

---

① 焦点日报．"海好有你"公益行动暖心来袭"蓝星卫士"倡议保护海洋生态［EB/OL］．（2021-10-16）［2022-11-27］．http://www.cnjdz.net/gundong/102021_58323.html．

图1-9 "海好有你"地铁广告

2. 网络"大 V"参与推广（2021.10.11–2021.10.14）

在 2021 年 10 月 11 日至 14 日期间，"海好有你"活动在微博与微信公众号平台吸纳网络"大 V"进行推广，吸引更多受众关注。与此同时，参与互动还可以获得采用再生塑料制作的"ZEEKR 极氪 × 抱朴再生"联名环保时尚斜挎包。

图 1-10 微博推广

图1-11 微信公众号平台推广

3. 国际车展上开展"产品+艺术公益"活动（2022.8.26—2022.8.29）

在2022年第25届成都国际汽车博览会上，极氪智能科技带来了"极氪艺术馆"全新展台设计理念，以智能科技对话先锋艺术，尝试打造一个从未在车展上出现过的独立艺术空间。

图1-12 折纸艺术家刘通创作的装置艺术

展出的交互艺术装置 Evolving Waves 就是由折纸艺术家刘通为极氪品牌和"蓝星卫士"项目量身打造的大型抽象艺术作品，该装置是通过不剪裁、不切割、仅折叠的手法而呈现的艺术作品。该艺术作品不仅表达了极氪对于以科技助力环保的热忧，更加传递出艺术家本人和极氪品牌对于人类未来生活"海浪千叠，曙光无限"的美好向往与期许。

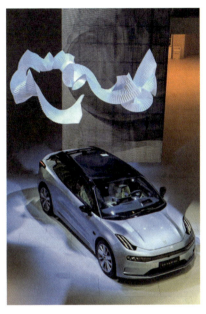

图 1-13 车展现场"产品 + 艺术公益"

在给现场观众带来艺术之美之余，极氪在此次车展还带来了更有科技感的互动玩法，带领大家解锁极氪潮流科技。展览期间，极氪利用"极氪 × 时空道宇"蓝星 1-6 号卫星赋能海洋环保热点，以"蓝星卫士"主题结合 ZEEKR Gallery、产品和品牌元素，在车展现场以互动的形式发行非同质化通证（NFT，是区块链网络里的一种唯一性的可信数字权益凭证）。

4. 线下持续推进活动（2022.4 至今）

2022 年 4 月，"蓝星卫士"项目联合中华环境保护基金会和蓝丝带海洋保护协会积极展开线下保护活动。活动结合"海洋垃圾问题、塑料污染、循环经济"等社会热点话题，通过多种形式，形成由公益机构主导、社会企业支持、公益伙伴协作、社会公众参与、科学技术赋能的中国海洋环境保护专业化、社会化大接力。

截至 2022 年 10 月 31 日，"蓝星卫士海洋守护"项目已在青岛、日照、宁波、海口、三亚、临高等地，组建起 20 支"蓝星卫士 E 守护"海岸环境巡护小分队，有 20 余艘渔船参与海洋污染防治。自 2022 年 4 月"蓝星卫士海洋守护"项目启动以来，共计开展 44 次海洋污染防治巡护，近百人次志愿者参与以海洋垃圾回岸为主的"零塑海洋"行动；开展近 90 次海岸环境巡护，300 余人次志愿者参与。①

图 1-14　渔民在捕鱼的同时带垃圾回岸

极氪智能科技也延续与用户共创的传统，和社群运营部门联动，推进用户活动，比如组织用户净海净滩、举办环保知识沙龙、开展手工绘画及科学实验等海洋知识亲子科普课堂。

图 1-15　极氪用户净海净滩

① 蓝丝带海洋保护协会官网．世界海洋日｜巡"塑"，为鱼儿在大海里畅游［EB/OL］．［2022-11-27］．http://www.ch-blueocean.org/index.php?id=1123.

（四）效果评估

1. 传播效果

2021 年推出的"守护蓝星 即刻行动"话题阅读量 1.5 亿，讨论次数 24.7 万。在活动推广的过程中，除了极氪的用户，明星的粉丝群体也贡献了很多力量。同期网络"大 V"推广话题的阅读量也都超过一万，甚至还有超十万的文章。由于"蓝星卫士"是在走深度参与的路线，更多的活动是在线下，这部分的品牌战略体系（BTS）调研结果会在 2023 年 3 月获得数据。

2. 未来计划

在吉利控股集团看来，保护海洋是一件非常重要且目前还有很多工作要做的事，集团也会将这个项目持续地做下去。对极氪来说，推进"蓝星卫士"这个项目并没有业务回报的期待，也没有设定绩效考核。

不过因为用卫星去保护海洋这件事情非常的硬核，目前还没有企业这样去做，所以极氪需要让公众了解这件事情的科技性，了解极氪在做跟别人不一样的公益。作为一个科技品牌，极氪通过具有科技特色的公益行动，锐化品牌的科技形象。

第二节 4V 理论解析：聚焦"零世代"群体，传播"可持续发展"价值观

一、事业关联营销与 4V 理论

（一）事业关联营销

事业关联营销（cause-related marketing）是一种企业社会责任的体现，指的是企业在做营销活动时，兼顾企业利益与社会利益。在做事业关联营销时，企业通常与非营利组织互利合作，旨在促进前者的销售和后者的事业。事业关联营销是企业社会营销（corporate societal marketing，CSM）的一部分，德鲁姆赖特（Minette Drumwright）和墨菲（Patrick Murphy）将其定义为"本着至少一个和社会福利有关的非经济性目标，使用公司或合作者资源"的营销活动。

一个成功的事业关联营销项目可以达到多方共赢的目的。对内，它可以提升企业员工的荣誉感，提升员工对于企业的认同感与工作的积极性；对外，它在承担社会责任的同时，还能提高企业形象，提升品牌知名度，建立同消费者更加稳固的联结。由于市场中存在激烈的竞争，一家公司如果呈现出勇于承担社会责任的形象，则可以让消费者同这些公司建立深厚的、独特的情感联结。[①]

从品牌的角度，事业关联营销有以下优点：（1）建立品牌知名度；（2）提高品牌形象；（3）建立品牌信誉；（4）激发品牌情感；（5）建立品牌社区；（6）驱动品牌参与。但是事业关联营销项目也存在风险，那就是当消费者怀疑企业的动机，认为企业的公益项目可能存在虚假、作弊等情况时，事业关联营销也可能存在反效果。[②]

此次由吉利控股集团和极氪智能科技共同发起的"蓝星卫士"项目，就是一项长期推进海洋环境保护公益项目的事业关联营销活动。接下来，我们将以4V理论为工具，分析此项目的事业关联营销策略。

（二）4V理论

在社会进步和经济发展的背景下，营销理论和营销模式在不断地发展和改变。市场营销理念经历了从传统到现代的演变过程。当传统市场营销已无法适应时代的需要时，企业需要不断地创新和调整自身战略。在此背景下，杰罗姆·麦卡锡（Jerome McCarthy）提出了4P营销理论，它关注的是价格（Price）、产品（Product）、渠道（Place）、促销（Promotion），并以产品为导向。随后，罗伯特·劳特朋（Robert F. Lauterborn）对4P理论存在的问题进行了修正，提出了4C营销理论，即消费者（Consumer）、成本（Cost）、便利（Convenience）和沟通（Communication），并以消费者为导向。在此基础上，唐·舒尔茨（Don. E. Schultz）等人提出了4R营销理论，内容是关联、反应、关系、报酬。这些都是针对顾客需求而产生的营销理论，即从顾客角度来研究如何提高顾客满意度与忠诚程度，它们

---

① 徐培培. 探索企业与其利益相关者的多赢模式——事件关联营销［J］. 现代商业，2014（4）：58-59.

② 菲利普·科特勒，凯文·莱恩·凯勒. 营销管理（第十五版）［M］. 何佳讯，于洪彦，牛永革，徐岚，董伊人，金钰，译. 上海：格致出版社，2016.

都围绕共同的目标：创造符合客户需要的商品或服务。2001年底，吴金明等国内学者根据新时期不断变化的市场以及企业在科技、产品、服务等方面不断向前发展的环境，提出了4V理论。这一理论以核心竞争力为导向，强调以消费者为本，重视人对品牌、产品及服务质量的影响。4V理论的内容包含差异化（Variation）、功能化（Versatility）、附加价值（Value）和共鸣（Vibration）。

图1-16　4V理论内容

1. 差异化

4V理论的第一点是差异化营销。一方面，企业应该使其本身与同类企业相分离，建立起自身"人设"；另一方面，企业应该使产品和服务在市场上有较强的竞争力，并为顾客创造更多价值，使消费者愿意选择自家的产品或服务，以取得更大的市场份额。在人民生活水平逐步提高的背景下，消费者的消费观念和消费行为也发生了巨大变化且呈多元化发展的态势。例如，当不同年龄段的消费群体购买产品时，青年消费群体对于商品外观、设计等比较注重，而老年消费群体会更重视商品的性价比和耐用度等。这种情况就要求企业根据消费者需求进行有效的策划和生产，以满足消费者的多样化需要，从而达到更好的销售效果。与此同时，随着社会竞争的日趋激烈，企业竞争发生了向品牌竞争的转向。因此，企业要想获得持续发展，就必须注重自身品牌形象的树立，在制订营销计划时，从产品的实际情况出发，利用差异化的战略，获得更加坚实的市场地位。

2. 功能化

功能化是建立在消费者需求的差异性之上的，即企业要提供系列化产品以实现不同的功能，消费者则根据其对商品的要求和负担能力挑选相应的物品。功能化是一种新的经营理念与方式，它要求产品在设计时要充分考虑不同用户群体的个性化需求，以符合顾客心理需求及消费习惯，从而满足用户的特定需求。值得一提的是，从市场看，产品要达到良好的销售业绩、发挥特有的作用，就需要对消费者心理、行为进行分析及研究，充分考虑到不同用户群体的不同需求，设计出更契合消费者需求的产品和服务。因此，功能化是取得消费者认可与信赖的关键，是市场营销战略转型与升级的必然要求。[①]

3. 附加价值

附加价值是指经济主体新创造的产品所具有的价值。随着消费市场结构不断变化，4V 营销理论认为，要更加重视商品或劳务的附加价值，通过诠释品牌文化提高消费者对产品或服务质量的评价。同时，名人效应对促进消费者的购买意愿与购买行为具有显著的影响。但是，随着市场竞争的加剧和品牌竞争的日益激烈，名人效应的高度不确定性已经成为制约品牌发展的因素之一，甚至有可能使一个企业直接失去市场竞争力。因此，企业要想进一步提高产品的附加价值，一方面要对生产和服务、管理等进行大刀阔斧的改革和创新，另一方面要慎用名人效应，强化品牌建设。

4. 共鸣

共鸣是指企业通过与消费者的共情，在市场上保持强大的竞争力。如今，随着市场竞争的加剧，只有持续提升产品与服务质量，才能够吸引更加广泛的用户群体，最终使企业的利益最大化。因此，企业要想赢得竞争优势，就必须注重提升企业文化的影响力，使其与消费者产生良好的共鸣，从而更好地推动企业发展。4V 营销理论要求企业关注消费者的情感需求，通过商品和服务使消费者得到情感层面与价值层面的双重满足。基于此，公司可以借助社会责任活动与公益项目，给消费

---

① 盖俐丽．基于 4V 营销理论的我国乳制品品牌营销策略研究——以"认养一头牛"为例［J］．现代营销，2022（7）：32-34.

者带来积极的讯息。同时，当消费者与企业产生共鸣时，消费者对于该品牌的忠诚度会不断上升，并将逐步成为品牌的忠实顾客。

二、案例分析：基于 4V 营销理论的吉利控股集团事业关联营销解读

（一）差异化

差异化营销一般分为产品差异化、市场差异化和形象差异化三个方面。

在产品差异化上，"蓝星卫士"由极氪智能科技与吉利控股集团于 2021 年共同发起，它是国内首个利用自主研发的高性能遥感卫星技术进行的长期性海洋环境保护公益项目。"蓝星卫士"的技术支持是通过吉利控股集团旗下的时空道宇自主研制的高性能遥感 AI 卫星实现的。

时空道宇科技有限公司已经自主研发了多种量级的通用卫星平台，在卫星应用领域也已经将业务覆盖到全球中低速卫星通信服务、卫星遥感 AI 服务，深度融合航天技术与汽车制造等领域，与生态伙伴进行合作。可见，从同类型企业角度来看，吉利控股集团在增强自身核心技术竞争力、降低企业技术成本的基础上，发挥已有的技术优势，将卫星技术应用于公益保护项目中，使自己在同类型公益营销事件中占据独特性，获得在差异化的竞争优势。

在市场差异化上，"蓝星卫士"所针对的市场群体即极氪智能科技所面对的目标群体。通过访谈，我们了解到，吉利控股集团之所以选择同极氪智能科技共同发起"蓝星卫士"项目，一定程度上是认同极氪以"零世代"为目标市场群体的选择。"零世代"是极氪用以指代自己用户群体的概念，指的是跨越了经济阶层和年龄阶段，具有自信心、好奇心且富有责任感的人群。另外，极氪的用户画像是一二线城市中受过良好教育的、经济能力相对较好的人。这部分群体会对环保项目有更多的兴趣，因此也会对类似的环保公益项目产生更多的认同和参与的积极性。从这一点上可以看出，极氪在"蓝星卫士"项目上充分利用了已有的市场积累，帮助该项目精确匹配目标群体，提升了公益活动的有效性，帮助项目获得进一步成功。

最后，在形象差异化上，"蓝星卫士"海洋环保公益项目充分展示了极氪的平等、多元、可持续的品牌价值观。极氪智能科技的"卫星科技赋能海洋环保"的公

益理念体现了其生命平等、万物多元、用科技探索可持续生活方式的的品牌追求。同其他潮流科技品牌相比，极氪展示出更强烈的企业社会责任感和平等多元理念，这是值得肯定的。

（二）功能化

功能化是建立在用户消费习惯的差异化上的，一般来说，可以从核心功能、延伸功能和附加功能三方面来分析产品的功能化。"蓝星卫士"项目包含三种公益活动的设计：科技公益、艺术公益、共创公益。通过这三种活动的设计，极氪在功能化策略上同样符合目标群体，即"零世代"不同类型的消费习惯。

在核心功能上，"蓝星卫士"项目通过发射自主研发的卫星系统，建成天基监测系统网络，形成在海洋环境监测上的独特竞争优势。与生态环境部、自然资源部等部门的合作帮助了项目落地；同时搭建数据平台，赋能环保生态圈，形成强大监测能力，同时还基于"蓝星卫士"项目海洋遥感图片，铸造 NFT 数字藏品。对于"零世代"而言，他们除了物质层面的需求外，更注重精神层面的需求。这些由先进的卫星独家拍摄的遥感图片，既充满科技想象，又蕴含自然美感，同时拥有助力环保的文化价值观，十分符合"零世代"的消费需求，进一步刺激其助力公益的消费欲望，达到公益营销的目标。

在延伸功能层面，"蓝星卫士"项目基于极氪的用户共创传统，与用户一起打造海洋拯救计划，共同实践环保公益。比如，极氪智能科技和中华环保基金会成立"蓝星卫士海洋守护"专项计划，长期在三亚、青岛、宁波、万宁等沿海城市展开净滩、净海活动。此外，极氪还通过大咖分享、手工课堂、户外 PLOGGING（跑步捡垃圾，一种集公益与健身于一体的运动）、公益自驾等各种用户活动，吸引"零世代"群体实地参与到公益项目中，助力海洋环保项目，以进一步扩大"蓝星卫士"公益营销项目的影响力。

另外，在附加功能方面，极氪智能科技还策划了一些艺术公益活动，将公益和艺术完美结合。"蓝星卫士"与折纸艺术家合作打造的装置艺术亮相国际车展，与极氪 KOC 艺术家共同打造的海洋艺术亮相线下展览。在这些活动中，极氪推出了与"蓝星卫士"项目相关的各种衍生品，如海洋垃圾回收再循环材料精品、刘通折纸艺术装置衍生品、"蓝星卫士"主题杯中特调艺术品等，在展示自己环保成果的同时，宣传了环保理念，获得了经济收益。

（三）附加价值

随着消费市场结构的不断变化，企业要更加重视商品或劳务的附加价值，通过诠释品牌文化，提高消费者对产品或服务质量的评价，而产品附加价值的提升离不开先进科技的融入。当前，卫星技术及在海洋生态环保行业的先进应用引起世界各国越来越多的关注与重视，各国纷纷发射、部署了一些针对水域环境状况进行监测的遥感卫星。而我国最近发布、实施的行业标准《生态环境监测规划纲要（2020-2035 年）》中也重点强调了海洋卫星空间观测、导航技术领域的重要性。吉利控股集团就是通过"蓝星卫士"卫星这一自主创新研制的第三代高性能遥感 AI 卫星实现了全球覆盖，持续在线监测中国海洋生态环境，同时能够对全球海洋的漂浮性垃圾、海面溢油、赤潮浒苔藓等一系列自然问题和潜在工业排放危害点进行全方位监测、评估和科学治理支持，增加了企业的环保能力。

同时，消费者在选购商品时，往往对具有正向效应的产品更加喜爱。吉利控股集团充分抓住了用户的这一心理，将品牌效应最大化与核心产品价值提升相结合，注重公关宣传，合理有效地运用多种媒体资源，结合"海洋垃圾问题、塑料污染、循环经济"等社会热点，在多地开展净海净滩活动、环保科普课堂、社群活动，形成了社会公众广泛参与的环保大接力；又共同搭建蓝星卫士遥感 AI 卫星数据平台，向海洋环保公益行动输出科技能量，促成中国海洋环境公益保护科技化、体系化。

此外，环保行动的深入与否也会影响产品的附加值。吉利控股集团摆脱了以往企业环保行动流于表面的缺陷，深入开展相关活动。由青岛、宁波、海口、三亚等多地渔民志愿者、大学生志愿者、家庭志愿者、社会志愿者、青少年等共同组成的 20 多支海岸环境巡护队伍，已开展 170 余次海岸环境巡护，累计参与志愿者近 1200 人次。以上这些举措大幅提高了客户的忠诚度。

（四）共鸣

企业要想赢得竞争优势，就必须关注消费者的情感需求，通过商品和服务使消费者得到情感层面与价值层面的双重满足，使其与消费者产生良好的共鸣，从而更好地推动企业发展。海洋是世界上最大的自然生态系统，在实现人类经济社会可持续发展、应对气候变化等方面发挥着重要作用。但是在海洋保护方面，政府和媒体的宣传力度不够，企业涉猎极少，普通公众也难以真正了解和参与。吉利控股集团旗下的极氪品牌的目标用户为"零世代"，这个由极氪定义的群体的特点是自信、好奇、富有责任感。针对这一点，在理解用户对于海洋保护的情感基础上，极氪注重情感营销，将其"保护海洋"的理念传播了出去。"蓝星卫士海洋守护"项目为推动国家海洋环保的战略实实在在地贡献了自身力量。

同时，互动是拉近与消费者距离的最优手段之一。极氪品牌一直有用户共创的传统，希望和顾客一起成长，进而促进自身的发展。极氪先后开展了海洋垃圾回岸、海岸环境巡护等海洋守护行动，同时开展了城市接力计划、海洋科普课堂等科普活动，组织志愿者驾驶无动力帆船，进行增殖放流、海面清洁等，让参与者更加深刻地认识到、感受到海洋保护的重要性。下一阶段，"蓝星卫士海洋守护"项目还将在辽宁、浙江、广东、海南等地的多个城市持续开展城市接力计划、海洋科普课堂等多种海洋保护公益活动，与已经在山东、浙江、海南等地开展的海洋垃圾回岸、海岸环境巡护行动形成合力，进而带动更多的社会公众认识海洋、关心海洋、保护海洋，通过人际传播和群体传播等方式提升品牌认知度。

三、小结

以上主要采用 4V 理论对吉利控股集团"蓝星卫士"事业关联营销策略进行分析。在该项目中，吉利控股集团主要以时空道宇科技公司自主研发的卫星系统为技术基础，实现对海洋环境的全要素精准监测，从而弥补我国对海洋环境的监测缺口，提升对海洋环境保护的能力。从社会层面来看，该项目紧密对接我国当下环境监测的需求，体现了一家企业立足于现实、着眼于未来的责任与担当，对树立品牌良好形象有积极意义。这不仅有利于形成用户对企业的良好品牌认知，更有利于形成品牌的独特竞争优势，是一项非常具有代表性的事业关联营销项目。吉利控股集团通过事业关联营销展现出的在环境、社会、治理（ESG）方面有所坚持的企业形象帮助企业获得可持续性发展，相信吉利控股集团会在之后的品牌营销当中继续发挥自身科技优势，实现企业与社会的双向良好发展。

第三节　案例访谈："基于已有技术和资源做好公益"

一、公司介绍

浙江吉利控股集团始建于 1986 年，1997 年进入汽车行业，一直专注实业，专注技术创新和人才培养，不断打基础、练内功，坚定不移地推动企业转型升级和可持续发展。现资产总值超 5100 亿元，员工总数超过 12 万人，连续十一年进入《财富》世界 500 强行列（2022 年排名 229 位），是全球汽车品牌组合价值排名前十位中唯一的中国汽车集团。吉利控股集团总部设于杭州，致力于成为具有全球竞争力和影响力的智能电动出行和能源服务科技公司，业务涵盖汽车及上下游产业链、智能出行服务、绿色运力、数字科技等。公司官网：http://zgh.com/。

极氪智能科技有限公司负责运营和管理 ZEEKR 品牌及其生态体系中的其他公司。极氪智能科技秉承平等、多元、可持续的价值观，聚焦智能纯电领域的前瞻技术研发，构建智能汽车生态圈，实现用户生态与产业生态的深度融合，为用户创造极致体验的出行生活。

时空道宇科技有限公司是吉利科技集团战略投资的科技创新企业，成立于 2018 年，致力于成为全球领先的 AICT（航天信息与通信）基础设施和应用方案提供商。公司致力于推动中国卫星产业链商业化升级，推动中国航天技术商业化应用。时空道宇在卫星通信网络、卫星数据应用、天地一体化高精时空服务领域提供极具竞争力、安全可靠的定制化解决方案。公司立足航天技术，与智能制造、未来出行、大数据等行业深度融合，持续为客户创造价值，努力建立开放共赢的合作生态、推动中国航天产业进步。

二、采访对象

许怡雯，吉利控股集团及极氪智能科技"蓝星卫士"项目负责人。

三、访谈记录

（一）项目介绍

Q：您可以简单地介绍一下"蓝星卫士"这个项目吗？

A：2021年4月15日，极氪品牌正式诞生。2021年6月8日，极氪和吉利控股集团共同发起了"蓝星卫士"项目。"蓝星卫士"在极氪内部不仅仅是一个单独的公益项目，它更像是一个公益的IP，整个极氪都会围绕着"蓝星卫士"这四个字去开展多层面的公益活动。

我们的传播分为几个阶段。在2021年刚刚诞生的时候，它是一个新的品牌，需要让更多的人知道。在那个阶段，我们更注重如何提高它传播的广度，所以我们选择了跟人民网一起进行线上的营销活动。

2022年，我们希望去推进项目落地的事情，去追求这个项目的深度，所以我们跟中华环保基金会达成了合作。通过中华环保基金会，我们跟渔民、民间的海洋环保志愿者组织或团体，以及一些非组织性的志愿者合作，推动海洋环保工作，进行一系列线下的净海净滩活动。

除此之外，作为一个用户型企业，极氪一直践行的一个原则就是"用户共创"。所以我们也会跟内部的社群部门去联动，落实非常多的用户环保活动，包括组织用户净海净滩，开设环保主题的沙龙、科普课堂等，让车主还有他们的家庭成员都参与到海洋环保中来。

（二）了解市场

Q：我们了解到"蓝星卫士"主要由吉利控股集团旗下的极氪智能科技和时空道宇科技推进，请问一下极氪品牌是如何确定这个项目的市场定位及目标受众的？

A：这基于极氪品牌本身的用户群体。极氪作为吉利控股集团所属的一个纯电动车品牌，它的用户群体会对公益这件事情非常感兴趣。因为我们的用户大多数是一二线城市中受过良好的教育，并且经济条件又还算不错的人，他们会有更多的对于环保的追求，所以也会对我们的活动更有向往感、认同感和参与感。

那么，我们希望吸引什么样的用户？其实我们对于自己的用户有一个称呼——"零世代"。它不是零时代，也不是指〇〇后。我们的定义是，他可能处于各种年龄阶段和经济阶层，但是他们普遍拥有同样的特点，我们把这些特点分为三个部分：自信、好奇和富有责任感。这三个特点是我们从品牌最开始建立的时候归纳的，我们非常明确地希望吸引这样的用户，所以这是我们对于项目受众的一个考量。

Q：我们有了解到，极氪的一些竞品公司做的公益活动大都是陆地上的环保项目，那么吉利控股集团为什么选择海洋环保项目？你们以后会不会考虑也要做一些陆地上的项目呢？在大家的传统印象里，陆地跟汽车会是一个非常好的搭配，但是吉利控股集团反而转头选择了海洋相关的项目，这是为什么？

A：我觉得有多个原因吧。

首先，极氪做环保的初心来自品牌本身的价值观：平等、多元、可持续。追求生命和生命之间的平等，追求万物多元的世界，追求可持续的生活方式，这是极氪在成立之初就确定下来的品牌价值观。

第二个是本身的技术优势的原因。这个项目运用了卫星遥感技术，其实"极氪 × 时空道宇"蓝星卫士1—6号卫星的功能并不限于遥感，遥感只是其中的一项功能。当我们把"遥感"这个关键词跟环保放在一起的时候，它可以用来监测海洋，也可以监测陆地。那么，我们为什么要监测海洋？这其实就是一个谁更需要的问题。我们可以把遥感理解为一双来自太空的眼睛，相对于陆地来说，海洋更难被监测到，因为它太庞大了。我们平时看到一片山林受到破坏，或一片水域受到破坏，可以随时派人去实地勘察，所以陆地的环境监测相对比较容易。而海洋真的非常需要像卫星遥感这样的功能。所以说，我们希望把这些关键的技术留给更需要的领域。

第三是碳中和的整体布局的原因。就像你刚才说的，很多汽车品牌都会去做陆地上的环保活动，因为电动车天然地就带有这种环保属性，每一辆开在路上的极氪纯电汽车都是在为碳中和做贡献。大多数人把目光聚焦在"绿碳"上面，通过种树达到的碳减排叫"绿碳"。其实，极氪也在做这方面的工作。极氪已经有 Z-Green 这样的极氪碳普惠平台，我们通过统计所有的极氪用户的行驶里程，来计算实现了多少陆地碳减排。而通过"蓝星卫士"这个项目，极氪加上了海洋碳中和。海洋环保同样跟碳中和相关。我们通过监测海洋、保护海洋，加强了海洋去吸纳碳、储存碳的能力，这种碳在学术上被称为"蓝碳"。极氪也是利用"蓝星卫士"项目，通过蓝碳的方式来助力碳中和。"蓝星卫士"帮助极氪拓宽了碳中和的维度，我们既有绿碳，又有蓝碳，补上了很多企业的碳中和事业中缺少的那一个板块。

最后一点关乎极氪的诞生。我们知道，汽车的整体设计是基于一个大的架构的。极氪出生于吉利独有的"浩瀚架构"，它的英文名字就叫 SEA。我觉得也算是一种呼应吧，我们生于星辰大海，所以我们去探索星辰大海，并且保护星辰大海。这个项目最开始带给我的震撼感就有一种理科生追求浪漫的感觉，有一种非常澎湃的内在驱动力。

在我们内部，"蓝星卫士"不光是一个项目，同样也是一个 IP。2023 年或者说接下来的几年，我们就会基于这个项目的 IP 去做更多的延展，让我们的保护范围不仅仅局限于海洋。因为"蓝星卫士"它可以是蓝色的海洋，也可以是蓝色的星球，极氪的环保追求也不拘于一面。

（三）项目执行

Q：我们了解到"蓝星卫士"项目线上渠道主要是微博和微信公众号。微博是和人民网科普合作的"海好有你"，并且邀请了一些网络"大 V"在公众号进行宣传，当时是如何进行平台的选择的呢？

A：在我们整个项目的最开始，微博的传播性会更强。相对于一些公众号之类的偏私域的渠道，它的公域性更强，二次传播能力也会更好。我们的策略其实是借助人民网的背书，来加强我们项目的权威性；其次就是利用明星去扩大影响力和传播性。

Q：在微博的推广过程中，很多明星都参与了这个活动，这些明星是如何挑选并最终确定的，有哪些考量的方面？

A：当时，我们有三个原则，一个是我们希望他有一些公益活动的积累，比如说我们当时邀请张天爱，因为她之前就是一位热心公益活动的艺人。第二我们希望参与者有一定的影响力。但是我们也不能只看影响力，而是倾向于寻找在行业内口碑比较好的。追求极致是我们品牌的价值观之一，我觉得这一点也体现在了我们对艺人的选择上，我们更希望寻找这种跟我们品牌价值观比较契合的艺人。

其实，最后展示出来的大合集中，不光有我们邀请的艺人，还有很多被这个活动吸引过来主动加入的明星。我觉得这也是公益活动非常好的一点，它真的可以吸引一些对这件事情有热情的人进来，他们可以不考虑自己的回报。

Q：在线下渠道主要有哪些活动呢？

A：除了我前面说的民间志愿者和我们自己用户的活动，我们也会借助国际车展和线下门店等场景触达用户。比如，汽车企业每一年都会参加各种各样的车展，我们专门邀请青年折纸艺术家刘通为"蓝星卫士"项目打造了主题艺术装置，进行线下展览。

Q：极氪的线上线下渠道是如何进行配合的呢？有什么扩大影响力的打算？

A：前面说，2021年我们希望让更多人知道，所以我们注重传播的广度，而我们2022年的策略就是让人们更清楚地知道，也就是更加注重传播的深度。这也是基于项目本身的变化。因为2021年我们是刚刚发起的一个状态，2022年6月我们成功发射了卫星，并且有了技术性的落地，比如说我们跟中华环保基金会、时空道宇正式发布了AI的遥感数据平台，我们也跟自然资源部第二海洋研究所以及环境部卫星中心等一些与卫星技术相关的部门达成了合作。

之后，我们开始做更多的技术解读，因为我们希望"蓝星卫士"这个项目可以锐化我们品牌的科技性。极氪是一个科技品牌，而用卫星去保护海洋这件事情本身就非常的硬核，所以本阶段我们就需要让大家深刻感受到这件事情的科技性，了解极氪在做跟别人不一样的公益。

从2022年开始，我们更多的是选择跟公众号以及B站合作，在我们当下的传播节点上，B 站的平台特性就很适合进行深度的知识性解读的输出。这就是我们从 2021 年到 2022 年的变化。我们后续可能还会考虑像知乎这种更具有知识性、技术性的平台，去做更多的技术解读，从而去锐化品牌的科技形象。

Q：项目是 2021 年 6 月发布的，至今也有一年半了，在执行的过程中，有什么不符合计划的地方吗？是如何进行协调解决的呢？

A：困难主要就是疫情影响，很多车展和线下活动没有办法如期进行。因为我们只有让大家参加线下活动，他们才会知道这件事情在进行，他们才能够真正地去感受。没有什么是比亲自去做更能够了解一件事情的真相。但是因为疫情的影响，我们各种各样的活动都在不停地调整，甚至取消，所以这是一个蛮大的挑战。

比如说车展，我们付出了很多成本，想出很好的创意去做非常有趣的展台设计，我想应该没有一个车企会把环保作为车展主题的设计之一。但是这一套耗费了非常多人力物力的展台设计，却并不能够被很好地展现。我们只在成都展了两天，很可惜。

（四）效果评估

Q：感觉"蓝星卫士"非常强调整个品牌的公益性，那么对于整个活动对产品的赋能是如何考虑的呢？

A：的确，我们的产品其实就是新能源车，对产品的露出我们没有非常刻意，而是寻找一种自然而然的结合。

比如，会依托于我们本身的车展，去做一些环保主题的艺术家联名的展览，这其实就是跟车绑定的过程。我们 2022 年跟青年艺术家刘通共创了一个以"蓝星卫士海洋环保"为主题的大型的折纸艺术装置。展具和展车的同框是一种非常自然且具有震撼力的结合。

我们不排斥公益活动跟产品相关，而是一直在寻求一个非常和谐的共同出现的方式。同时，我们会告诉用户，开新能源车就是在做环保。或者，我们做产品宣传的时候，也会强调它的环保属性，这也是一种与产品相关的环保宣传。我们在后续的产品设计中也会思考怎么样加入各种各样的环保元素，例如用可替代的材料之类的。这些其实都是我们从产品传播出发跟公益活动所做的结合。如果你只是看人民网的那一波宣传，你会觉得我们不做产品露出，但其实如果把视线拉远一点看，我们所有的传播其实都是跟产品做结合的，只是我们并不追求功利性的结合，我们是希望通过一种和谐结合的方式去做传播。

Q：极氪的这个活动可能包括 80% 的公益，20% 会考虑到自己的品牌。那你们对于这 80% 的公益有一个预期吗？

A：有啊。我们做任何事情都需要去复盘，去考量我们的投入产出比。虽然它听起来功利，但它肯定是我们衡量未来规划的一个参考值。除了进行线上的阅读量、曝光量、互动量这种非常明显的数据对比之外，我们重点会考虑"蓝星卫士"这个公益项目对于极氪品牌建设的帮助。

Q：大概是以什么样的频率来做这样的复盘和调研呢？

A：我们每半年会做一次，从 2022 年开始，所以我们最新的数据应该会到 2023 年三月才能拿得到。

Q：就目前而言，组织志愿者去捡垃圾来助力海洋环保这件事，对于我们海洋的垃圾清理工作可能还是杯水车薪的。那么对于极氪来说，这个项目有什么预期的成效吗？

A：说实话，并没有。因为我们觉得这是一件长期进行的事情。首先，它没有关键绩效指标（Key Performance Indicator，KPI）；其次，它也没有截止时间。

（五）反思与改进

Q：疫情是一个不可抗因素，那么企业会不会考虑更多的线上活动呢？

A：会的。因为 2022 年我们也深深地被疫情影响，所以这一点会在我们 2023 年的整体规划当中考虑。第一是需要考虑怎么样才能不受线下不可抗因素的影响，第二也是因为我们认为，纯做线的触点的影响是非常有限的。我们会保留一部分让用户或者普通大众深度参与的线下活动，同时也增加更多的线上的活动。基于我们极氪已有的资源，加入更多的创意，让大家能够通过线上的形式参加。

Q：您认为"蓝星卫士"这个项目还有哪些可以提升和改进的地方呢？

A：我觉得主要是我们内部对于这个项目的反思。我们希望它更加有趣味性和创意性，因为其实我们的传播并没有跳出传统的线上和线下活动的范畴。今后，我们会更多地借助一些线上渠道和工具，把整个活动变得更加有趣，所以创意性是我们未来努力的方向之一。另外，我们觉得日常的触点太少，我们可能会考虑增加触点。第三其实是基于"蓝星卫士"本身的延展。它不可复制，但是可以借鉴。在极氪内部，我们已经形成一个共识，那就是"蓝星卫士"只是一个 IP，本质上是极氪利用自己独特的科技资源去做公益。所以我们会按照这个思路，在更多的领域去做公益。这就是我们内部对于这件事情的反思。

（访谈人：金嘉怡、陈馨儿、赵林、董浩文、李佳妮、傅梓麒、宋隽）

第二章

"蔚蓝承诺 心动永续"：以海蓝之谜（LA MER）为帆，眺望高奢护肤品类公益广告发展蓝海

海蓝之谜品牌在成立之初，就和海洋有着不解之缘。海蓝之谜十几年来投身海洋保护事业，致力于将海洋的馈赠延续给子孙后代。多年来，该品牌以"取自海洋，回馈海洋"为理念，成立海蓝之谜蔚蓝之心海洋基金会，资助海洋保护组织，并推出限量版面霜，致力保护海洋环境。但是，在面对"Z世代"时，如何让这些消费者有效地参与品牌公益活动，而不是纸上谈兵？自2009年开始，海蓝之谜每年六月都会围绕"世界海洋日"这一主题举办不同的公益活动。海蓝之谜的公益活动在2016年以前水花不大，品牌公益有点陷入无法突破的怪圈。从2018年特别是疫情以来，公益活动把重点放在与消费者的更深互动和更广的传播上，吸引更多的人群参与海蓝之谜的海洋保护公益活动，尤其是Z世代消费者。2020年，海蓝之谜的环保公益活动有了更多的参与度和互动量。结合海蓝之谜的品牌特色实现了客户价值主张，提高了品牌知名度和产品销量，并助力海蓝之谜更进一步实现公益目标。

第一节　案例复盘："取自海洋，回馈海洋"——海蓝之谜致力环保公益

一、行业和品牌简述

（一）相关行业概况

1.奢侈品行业护肤类目特点

目前，主要的奢侈护肤品品牌有香奈儿、兰蔻、海蓝之谜、迪奥、纪梵希、莱珀妮等。在这些品牌中，兰蔻、海蓝之谜和莱珀妮是专门的美妆护肤品牌，其他则是由服装、箱包、美妆护肤等多条不同的产品线组成的奢侈品名牌。

在这个数字化、信息化的时代，人们的精神生活和物质生活得到稳步提升。正是这种日益提升的消费需求，为企业的品牌传播提供了极其良好的传播和媒介环境。此外，化妆品类奢侈品品牌以其独特的品牌定位和风格，成为拥有稳定客群的强势品牌。

2.行业公益广告趋势

公益广告可以纠正社会的不良风气、提升群众的道德水平，在其产生与发展的过程中，能使公众接受其中的社会公共道德和核心价值观，并树立自身的价值观、世界观。因此，在一定程度上，我们可以说，公益广告的本质是提升社会精神文明的意识形态之一，是反映社会存在并对现实社会的思想道德建设具有积极作用的社会意识形态的一种有效的载体。[①] 参与公益活动既是企业的社会责任，也是品牌建设的一部分。

有研究显示，如果公益与营销关联并采取恰当的形式，就可能在一定范围内影响消费者对品牌的认知，进而提升购买意愿。目前，各大品牌的公益营销花样繁多，环保、扶贫、圆梦、健康等无所不包。对于品牌来说，品牌理念与用户价值观的高度契合，才是一切品牌行为所追求的主要目标。而与公众密切相关的公益活动，则是品牌践行企业理念的新思路，让消费者不仅可以认知品牌的高度，更能够

[①] 央视网.发挥公益广告作用　营造文明和谐社会［EB/OL］.（2013-08-09）［2022-11-16］.http://igongyi.cntv.cn/2013/08/09/ARTI1376017580972753.shtml.

感受品牌的温度。有温度的高端品牌，才能更"得人心"①。

（二）品牌介绍：海蓝之谜

1. 品牌定位

"海蓝之谜"品牌在成立之初，就和海洋有着不解之缘：半个多世纪前，美国宇航局太空物理学家麦克斯·贺伯博士受到海洋的启发，最终研制出精华面霜，创立了海蓝之谜。②作为一个奢侈护肤品品牌，海蓝之谜的客户群体主要分为两类：一类是经济实力比较强，愿意花上千元购买护肤品的人群；另一类是对该品牌有好感且有强烈护肤需求的人群。海蓝之谜满足了这两部分客群在护肤品功能上的诉求和情感上的诉求，比如强调天然成分、有效延缓衰老，强调护肤过程的体验和"贵妇品牌"的认知等。

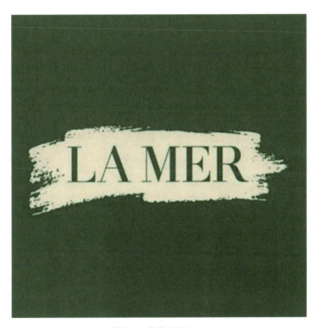

图 2-1　海蓝之谜 logo

①　媒介 360. 一键打捞海洋塑料垃圾　LA MER 海蓝之谜让公益触手可及［EB/OL］.（2019-05-07）［2022-11-16］. https://www.sohu.com/a/312439144_295833.

②　太古汇 . LA MER 海蓝之谜｜传奇面霜开启你的焕变奇迹［EB/OL］.（2018-06-09）［2022-11-16］. https://www.sohu.com/a/234872777_199736？_trans_=000019_wzwza.

2.品牌诉求

海蓝之谜十几年来投身海洋保护事业，致力于将海洋的馈赠延续给子孙后代。海蓝之谜秉承"取自海洋，回馈海洋"的信念，长期与全球杰出海洋保护组织紧密合作，力行海洋环保事业，并于每年6月推出限量版海洋日面霜，致敬这魅力非凡的生命之源。时至今日，海蓝之谜在全球范围内，已帮助守护众多珍稀海洋生物的栖息家园。海蓝之谜矢志不渝地坚守使命，以确保海洋未来蓬勃永续。[1]

（1）拥抱新群体：优质年轻客群强大的购买力加速了品牌数字化

中国高端护肤品的消费者中，近一半都是20—29岁的年轻人。近年来，这一群体在天猫平台展现出惊人的消费力，2000—5000元价格的轻奢产品正成为消费升级的最大风口，增幅高达三位数。[2]正是看准天猫平台优质年轻客群的强大的购买力，品牌选择加速拥抱数字化。

（2）从公益下手：满足新客户的精神内涵及其个性化追求

一直以来，海蓝之谜都在积极从事公益活动。随着企业社会责任（CSR）的推广和社会的进步，中国消费者在购物层面上有两个趋势非常明显：一是会选择更优质、更有保障的品牌产品，二是会选择更能体现精神内涵和个性化追求的品牌产品。作为一个品牌，如果能够切实理解消费者的更高人生追求是什么，那么包括创新在内的很多问题便会迎刃而解。[3]

中国的公益环境和受众市场良好，海洋日主题又与海蓝之谜本身的品牌定位和产品成分高度匹配。基于此，品牌通过"来自海洋，回馈海洋"的呼吁，与年轻潜在用户进行深度的沟通。

---

[1] 新浪时尚.蔚蓝承诺 心动永续——LA MER 海蓝之谜2020年世界海洋日限量版精华面霜全新上市［EB/OL］.（2020-06-05）［2022-11-16］.http://fashion.sina.com.cn/b/nw/2020-06-05/1759/doc-iircuyvi6923756.shtml.

[2] 薛俊平.以创新经纬，织就品牌画布［EB/OL］.（2020-03-02）［2022-11-16］.https://zhuan-lan.zhihu.com/p/110254510.

[3] 同上.

3.海蓝之谜公益品牌理念的传承与演变

自 2009 年以来，海蓝之谜每年六月都会围绕"世界海洋日"（World Oceans Day）这一主题举办不同的公益活动。根据互联网上检索到的新闻报道，笔者整理出了 2013 年至 2020 年海蓝之谜所做的公益活动，具体如下：

图 2-2 海蓝之谜品牌理念的传承与演变

2013 年，海蓝之谜携手世界海洋环境保护组织（OCEANA）以及美国国家地理学会，为迎接世界海洋日举办了一场以"永续蔚蓝心动"为主题的环保公益活动。当天，海蓝之谜中国区品牌总经理陈芷珊、美国国家地理学会西尔维亚·厄尔博士等亲临现场，他们各自从不同角度阐述了"海洋犹如地球的蓝色心脏，也是人类赖以生存的生命源泉"的理念，并号召公众共同参与海蓝之谜所倡导的"WEAR BLUE TELL 2 穿海蓝爱蔚蓝"行动。[①]

2014 年世界海洋日，海蓝之谜举办了以"蔚蓝传承 和谐共生"为主题的环保公益活动。当天，海蓝之谜中国区品牌总经理陈芷珊、演员袁泉与中国首位职业冲浪选手刘丹亲临活动现场，呼吁公众认识自身行动对海洋环境乃至人类生存的重要影响，并将这种信念传递给身边的亲友。在海蓝之谜的感召下，有近万名消费者在线上分享了"蔚蓝心动"故事，更有超过 15 万人次的消费者参与了"蔚蓝心动

---

① 文秘帮.全球首创，一人一方［EB/OL］.（2019-08-14）［2022-11-16］.https://www.wenmi.com/article/pw7r7x024f75.html.

地图"和"蔚蓝行动"海洋环保指南的互动。①

2015年，海蓝之谜与擅长内容营造的麦斯数码科技有限公司（MAX Digital）合作，共同开展了"共续蔚蓝心动的100个理由"征集活动和"蔚蓝心动 你我共续"微宣言的H5互动活动。②公众借此机会表达对海洋的爱，并许下守护蔚蓝的承诺。

为了致敬海洋带来的灵感，2016年的世界海洋日活动以"深海奇迹 灵感之源"为主题，通过明星、媒体以及草根达人等，以自上而下的方式逐级扩散，全面有效地传递品牌的海洋保护理念，呼吁大家一起保护海洋，并携手李云迪创作跨界作品。③

2017年，为了呼应当年"潮汐更迭 开启美妙未来"的主题，海蓝之谜邀请了视觉艺术家及摄影师陈漫、钢琴家李云迪、自由艺术家刘勃麟、英国"朋克之母"维维安·韦斯特伍德、英国著名女歌手瑞塔·奥拉等全球50位最具影响力的艺术家，将海洋与艺术融合，设计以海浪为原型的雕塑作品，并在纽约街头开启蔚蓝心动艺术展。④

海蓝之谜为庆祝2018年世界海洋日，举办了一场以"沧海变迁 蔚蓝觉醒"为主题的环保公益活动，探索海洋给予人类的美好和馈赠，从而唤醒公众对于海洋的珍爱及刻不容缓的海洋保护意识。海洋日当天，海蓝之谜中国区品牌总经理薛俊平、演员钟楚曦、演员周一围以及新锐探险家豆豆亲临现场，分享了他们眼中的海洋及各自的海洋环保理念，号召现场嘉宾共同参与"蔚蓝觉醒"环保宣言活动，呼吁大家共同为海洋发声，努力将这份觉醒与行动无限传递、接力、汇聚，共续蔚蓝心动。⑤

---

① 网易女人.与LA MER 海蓝之谜携手共庆2014年世界海洋日［EB/OL］.（2014-06-26）［2022-11-16］.https：//www.163.com/lady/article/9VMB119L00264IJN.html.

② 数英DIGITALING.海蓝之谜：蔚蓝心动，你我共续2015世界海洋日活动［EB/OL］.（2015-06-10）［2022-11-16］.https：//www.digitaling.com/projects/15222.html.

③ 数英DIGITALING.海蓝之谜致敬2016世界海洋日：深海奇迹，灵感之源［EB/OL］.（2016-06-10）［2022-11-16］.https：//www.digitaling.com/projects/19356.html.

④ 新商报.潮汐更迭 开启美妙未来［EB/OL］.（2017-05-26）［2022-11-16］.https：//www.sohu.com/a/143614721_160800.

⑤ 搜狐时尚快讯.沧海变迁 蔚蓝觉醒 与LA MER 海蓝之谜携手共庆2018年世界海洋日［EB/OL］.（2018-06-27）［2022-11-16］.https：//www.sohu.com/a/238075421_116152.

2019 年，海蓝之谜联手腾讯平台发起"扫一捞一 蔚蓝行动"活动，腾讯承诺每满足一定的参与人数，就会打捞一定数量的海洋垃圾，最终累计打捞 1800 公斤海洋垃圾。①

2020 年，海蓝之谜和腾讯再度携手，通过线上趣味 QQ-AR 互动，呼吁大家许下"蔚蓝承诺"：从生活中的小事做起，凝聚点滴之力，共同保护海洋。活动上线仅 2 小时即达成 50 万参与人数的目标，9 个小时后更是有超过 350 万用户参与其中。众多明星、模特、作家等名人纷纷亲力践行，许下自己的环保承诺，号召公众以实际行动守护海洋，共同缔造可持续发展的海洋环境。此外，演员海清、秦海璐、陆毅、朱亚文还倾情为海洋环保动画献声，将海洋保护知识以寓教于乐的方式传递给下一代，共同守护孩子眼中的海洋，让蔚蓝永续。

总的来说，海蓝之谜的公益活动在 2016 年以前"水花"不大，品牌公益有点陷入无法突破的怪圈。2018 年以来，海蓝之谜在公益活动中增加了和受众的互动，这种互动变得越来越重要。2019—2021 年，通过与 Oui 的三年合作，海蓝之谜更是把重点放在与消费者的更深的互动和更广的传播上。2020 年以来，受新冠疫情影响，线下社交活动减少，人们更多地在家通过线上交流与世界联系，世界海洋日的互动也开始更多地基于线上，立足品牌 DNA 讲故事。另外，由于海蓝之谜的跨国集团组织架构，中国市场部需要在总部框架中做文章，每年的活动基调需要和全球总部统一。

二、竞品对比以及趋势探究

（一）行业竞品和定位

从《中国美妆趋势——面霜白皮书》中可以看出，海蓝之谜在奢华线同类产品中，无论是品牌声量还是产品声量均处于同品类第一。

---

① 媒介 360. 一键打捞海洋塑料垃圾 LA MER 海蓝之谜让公益触手可及［EB/OL］.（2019-05-08）
［2022-11-16］. https://www.163.com/dy/article/EEL9984G0519K2SA.html.

图 2-3　面霜品牌声量和产品声量排行榜

（二）从近年竞品公益广告 / 项目看趋势

表 2-1　近年竞品公益广告 / 项目梳理

品牌	广告内容	广告效果	相关报道
雅诗兰黛	2021 年粉红丝带乳腺癌关爱公益项目：上海市妇女联合会和雅诗兰黛集团共同宣布，将合作开展"粉红丝带乳腺癌关爱公益项目"。该项目聚焦城市女性的健康，开展乳腺癌防治、术后康复知识宣教、患病人群公益帮扶等活动。项目受助人群广泛，既覆盖工作压力较大的女性科技工作者，又照顾来自特殊困难家庭的妇女；既有疾病知识的科普宣教，也有具体的经济救助。在形式上，尝试结合新媒体与线下渠道，关注乳腺癌防治流程的全覆盖，在呼吁公众加强疾病认知、防患于未然的同时，也向真正需要帮助的患病群体及时伸出援手。	雅诗兰黛集团官方微博的微博广场"助人助己，粉红丝带粉助你"已经开放，短短几天内，阅读量超过 1.1 亿。雅诗兰黛集团旗下各品牌也纷纷为"粉红丝带"助力打 call，诸多品牌挚友通过个人微博，表达对粉红丝带乳腺癌防治活动的支持，超过 1.9 亿人关注了该活动。同时，众多新闻媒体也鼎力支持，曝光量近 8 亿。	https：//www.sohu.com/a/497715432_561670

续表

品牌	广告内容	广告效果	相关报道
兰蔻	2021年"谱写她未来"公益项目:利用在线平台,开展满足女大学生职业发展需求的线上学习课程,为女性就业、创业提供良好的课程与服务,帮助面临求职和即将步入职场的女大学生明确职业规划,培养职业素质,提高求职竞争力,助力女大学生的早期职业发展。		https://i.ifeng.com/c/8BrAriJ-8bHt
SK-II	"改写命运"动画系列:以六位奥运选手为原型,通过动画的方式,将他们的故事一一呈现,诠释每位女性都拥有改写命运的力量这一主题,鼓励女性做出自己的选择。	项目期内,"改写命运"动画系列播放量突破4.3亿,品牌声量比2020年增长52%,3次登上热搜榜,核心话题阅读量达15亿,讨论量达155万。品牌与用户建立起强情感连接。	https://www.thepaper.cn/newsDetail_forward_12511553 https://hd.weibo.com/senior/view/31062
珀莱雅	"性别不是边界线 偏见才是"广告片:妇女节的设立是源于女性意识的崛起,社会提倡性别平等。此次妇女节,珀莱雅推出聚焦"性别平等"的营销活动。珀莱雅与《中国妇女报》共同联名发起"性别不是边界线 偏见才是"这一话题,掷地有声地拒绝性别偏见:"女性化"从来就不是贬义词,性别平等关乎每一个人。3月3日出版的《中国妇女报》底版全版刊登"性别不是边界线 偏见才是"全文文案;品牌邀请新生代说唱歌手、W8VES厂牌成员于贞,共同推出宣传片,表达"对抗性别偏见"的品牌态度。于贞曾以女性视角诠释歌曲《她和她和她》,在此次合作中,她以平和有力的声音讲述当下的性别偏见和刻板印象。此外,珀莱雅和新锐插画师一起定制"双抗精华艺术"主题礼盒,内含护肤产品和特别定制的态度T恤。	截至2021年3月12日,微博热搜话题阅读量已经破亿,讨论量达到9万。该视频在朋友圈的转发量和点赞量分别达到17.1万和21.6万,同时席卷了公益圈、学术圈、广告圈等各个圈层。	https://socialbeta.com/c/6232 https://www.digitaling.com/projects/154882.html

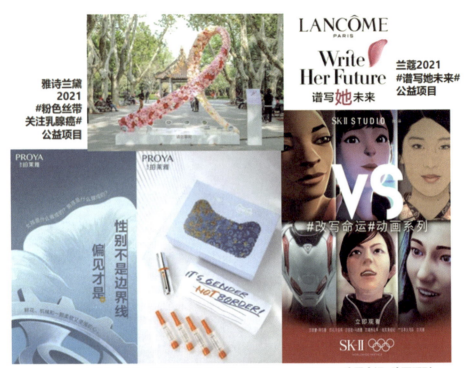

图2-4 竞品公益广告示例

目前，此类品牌公益广告大致呈现出以下趋势：第一，大多主要关注"她"故事，近年来较少有品牌将关注点放在"纯环保"上；"她经济"以及本身品牌调性基本上贴合了该品类各年龄段目标受众的需求，在女性话题上做文章，关注女性成长困境以及相关性别议题。

第二，大多会顺势推出限定公益产品，期望搭公益广告快车加强与消费者之间的沟通。例如，珀莱雅推出的"双抗精华艺术"礼盒，内含护肤产品和特别定制的态度T恤；SK-II最新VS"改写命运"系列动画的全球首映礼选择在黄金周于海南举行，并同步投放在其首家"社交零售"快闪店，希望探索新零售方式。公益广告在不同的行业有不一样的实践形式以及特点。

《公益化的商业广告与公益广告的界定》一文对公益广告作了界定："不是以营利为目的的，而是为形成良好的公益生活秩序和基本的公共道德准则，并直接为公众近期利益和长期利益服务的广告形态。从这一内涵来看，公益广告的关键是不以营利为目的，不仅是直接目的而且包括间接目的。"[①] 此类品牌公益广告不以营利为目的，而是为实现增强品牌好感度、建立品牌新沟通渠道等间接目的。

第三，广告创意源于奢侈品本身丰厚的品牌资产。受益于品牌本身的历史性、传奇性，品牌公益广告一脉相承的故事让公益理念更有说服力、更具象，并可围绕消费者画像，进行建立品牌忠诚度的关系营销。

第四，全球各地开展的相关主题活动，大多由集团牵头，更有联动性。例如，兰蔻的"谱写她未来"活动隶属于"Write Her Future"全球慈善项目，该项目是兰蔻全球可持续发展计划的三大支柱之一，致力于支持世界各地的女性，持续为女性权益保驾护航，让更多女性实现自我、彰显独特。兰蔻与不同国家的慈善机构携手合作，启动新计划与新项目，为女性提供教育与创业机会，赋予女性力量。雅诗兰黛的"粉红丝带"项目也在其他市场同步举行公益演唱会等相关活动。全球不同的活动形式发挥了协同优势，输出同一个声音。

三、核心创意与执行

（一）项目目标

这个项目的主要目标是吸引更多的人参与海蓝之谜的海洋保护公益活动，尤其是 Z 世代（1995—2009 年出生的人群）消费者。海蓝之谜希望结合品牌特色实现客户价值主张，提高品牌知名度和产品销量，从而进一步实现公益目标。

海蓝之谜有三大具体的、有针对性的目标。第一，激发年轻群体的责任意识。即便现在年轻群体可能没有足够的购买力，但也可以培养成为海蓝之谜未来的客户，实现品牌传播的长尾效应。第二，配合社交媒体，制造声量，向非品牌目标客户群体宣传品牌形象。第三，打造海洋环保的内容指南。

以往的环保广告可能更多地是告诉观众为什么，但是大家到底要怎么做，其实并不明确。因此，这个项目希望将品牌的精神延续到消费者的实际生活中，促成持

---

① 徐凤兰. 公益化的商业广告与公益广告的界定［J］. 浙江广播电视高等专科学校学报，1999（1）：34—36.

续的实际行动。

（二）目标人群

结合品牌自身强调天然成分、优质护肤效果的特质和奢侈护肤品的定位，公益项目的目标客群主要分为三类，采取圈层逐渐扩大的方法来触达不同的客群。首先，核心圈层目标群体是在各类场景、各个季节，对护肤有较高需求的人群。其次，打破品牌目前圈层，拓宽品牌感知人群，培养他们对品牌的认知。第三，再扩散到公益人群，例如环保人士。虽然这些人不是品牌的目标人群，但是可以为品牌制造声势。

除了两类固有细分客群（有消费能力的和对品牌有好感且热爱护肤的），品牌方希望每年通过公益活动唤醒更多年轻人的环保意识，并让 Z 世代成为品牌感知人群，在实现企业社会责任的同时，培养未来客户。

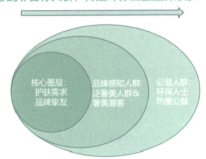

- **核心传播圈层——奢美核心护肤人群**
  - 成熟独立高知都市精英
  - 品牌忠实粉丝

- **次传播圈层——品牌感知人群**
  - 泛奢美人群：
    升级人群：时尚爱美的精致女性
    机会人群：重健康、懂放松的慢生活者
  - 跨行业新的奢美潜客：
    跨行业的自我关爱型：内外兼顾爱美、
    爱保养的悦己派

- **品牌声量触及——公益人群**
  - 环保人士：在环保事业耕耘的网络"大V"
  - 热爱公益的人群
  - 对公益有好感的人群

核心到非目标人群，传播环保公益品牌形象

核心圈层：护肤需求品牌挚友　品牌感知人群：泛奢美人群&奢美潜客　公益人群：环保人士热爱公益

每个圈层中选取圈层网络"大V"，在圈层中引起裂变。

图 2-5　广告目标人群示意图

（三）主题信息设计

基于品牌声音延续性的考虑，品牌方在参考了之前活动的主题信息后，最终确定"蔚蓝承诺　心动永续"为此次活动的主题信息。品牌方期望通过交互感更强的线上方式，许下靠近年轻群体的品牌承诺。

图 2-6　"蔚蓝承诺　心动永续"主题海报

1. "扫一捞一"的互动体验

在各大线上平台投放海报，美观且带有环保承诺，具体文案是根据相关的环保主题写的。用户可通过手机 QQ-AR 的"扫一扫"功能进入页面，然后点击"AR 探索海洋"，在手机摄像头前缓慢画圈就会唤起网页上的海洋漩涡，穿越"任意门"即可沉浸式体验海洋的美好，同时感受到海洋所面临的污染威胁。①

活动承诺，每 100 万人参与互动，海蓝之谜与腾讯 QQ 就会以净滩和海底打捞的方式清理 10 吨海洋垃圾；当参与人数达到 500 万时，还将额外清理 20 吨垃圾，承诺在未来一年清理海洋垃圾的重量不少于 70 吨，让用户的线上互动真正落实为保护海洋的公益行动。②

① 传媒手册. LA MER 海蓝之谜携手腾讯就海洋保护公益项目达成战略合作［EB/OL］.（2020-07-17）［2022-11-16］. https://www.sohu.com/a/408265531_742234.

② 中国广告. 公益初心不改，谱写扶贫新章——记 2020 自然堂种草喜马拉雅项目［EB/OL］.（2020-08-17）［2022-11-16］. https://zhuanlan.zhihu.com/p/187098090.

图 2-7 互动环保海报

2. 制作环保动画短片

海蓝之谜邀请海清、陆毅、秦海璐、朱亚文四位明星参与配音，呼吁海洋保护，在微博等线上平台发布环保动画短片。

图 2-8 环保动画短片截图

3. 发布海洋保护倡议短片

海蓝之谜在微博等线上平台发布了一个小女孩潜水看海底风景的实景短片，强调"为了下一代"这个概念。该短片在 2019 年发布；2020 年，因为疫情影响，难以实地拍摄新的短片，就沿用了上一年的。

图 2-9 "蔚蓝承诺 心动永续"主题广告片

（四）媒介选择

海蓝之谜希望依托腾讯强大的技术与传播能力，为用户带来创新的公益体验，并在腾讯公益平台的支持下，共同提升公众的海洋保护意识，让公益触手可及。

总体来说，这个项目以 QQ、微博、朋友圈广告等线上渠道为主，一方面是因为受疫情影响，难以进行线下活动，另一方面是因为线上渠道也可以创造出更多互动（比如"扫一捞一"）。

另外，使用朋友圈广告这种方式进行传播是品牌的年度策略，主要是考虑到腾讯平台的用户总量庞大，面向人群较广，可以吸引到较多的 Z 世代人群，可以在引爆社交传播的同时放大品牌影响力；此外，也可以通过优质的公益内容获取年轻、高知的品牌潜在女性用户。

1. 传播层

传播的重心在线上，线下也有一些配合宣传的活动。30 余位明星、模特、作家等纷纷许下自己的环保承诺，在社交平台转发"扫一捞一"海报，呼吁公众以实际行动守护海洋，共同缔造可持续发展的海洋环境。

在传播人选上，主要有几个方面的考量，一是选择和品牌调性比较相称的、和品牌渊源较深的知名演艺人士；二是出于商业考量，会选择一些流量当红明星；同时会邀请一些艺术家，例如音乐家、舞蹈家，去体现高奢护肤品的高品质属性；另外还有一些网红博主，希望借此拉近和Z世代消费者的距离。

2. 带销层（产品方面）

公益活动的主要目的不是推销产品，而是为了实现企业社会责任、培养未来客群和拓宽品牌感知，因此没有销售指标，以公益为主。2020年5月，世界海洋日限量版精华面霜在微博等线上平台进行宣传推广，在天猫旗舰店等平台进行售卖。因为该产品有收藏纪念价值，每年的包装设计各异，很有艺术感，以限时限量销售为卖点，所以每年的销量都很好，一经推出就能在短时间内售空。

（五）执行路径

1. 产品宣传期（2020.5.19—6.16）

5月19日，海蓝之谜官方微博发布历年限量面霜的包装设计，为2020年的世界海洋日限量面霜预热。第二天，2020年世界海洋日限量版精华面霜正式开售，限量发售和精心设计的包装两大特点吸引大量消费者购买。此后，海蓝之谜陆续在微博平台上发布面霜质地分析、设计灵感解密等产品相关微博，宣传产品，但关注度有限。"618"线上促销活动时，海蓝之谜把限量面霜作为主打产品之一，进一步进行宣传。6月16日是海蓝之谜最后一次在微博上宣传该产品。

LAMER海蓝之谜 V 🏅
2020-5-20 17:00 来自 微博 weibo.com 已编辑
海洋，属于未来的神秘王国，它深邃迷人，赋予我们无限灵感和希冀。致敬生命之源，海蓝之谜始终致力于保护全球海洋生物栖息地，以确保海洋未来蓬勃永续。2020年，我们以全新世界海洋日限量版精华面霜，诠释海洋保护的挚守之心，开启源于深海的修护传奇。🔗 网页链接

图2-10　2020年世界海洋日限量面霜

2."蔚蓝承诺"活动预热期（2020.5.16—6.8）

5月16日，海蓝之谜开始发布海洋保护的相关推文，预热2020年世界海洋日公益活动。5月18日，海蓝之谜发起"分享你与海洋的治愈故事"活动，为后续世界海洋日大型活动造势。参与者转发官方微博并分享与海洋的治愈故事或和海洋相关的图片、歌曲等，就有机会得到精华面霜体验装。该活动持续到5月29日。

5月30日，海蓝之谜在微博发起"举手之劳 守护蔚蓝"话题。6月2日，海蓝之谜预告2020年"扫一捞一 蔚蓝行动"项目，为世界海洋日大型公益活动预热。

6月5日至6月8日，演员、艺术家、博主等公开发布他们的蔚蓝承诺，转发海报为活动造势，吸引大量公众关注。

图2-11　名人宣传

6月7日，海蓝之谜发布实景短片，呼吁海洋保护，同时宣传世界海洋日限量面霜。

3."蔚蓝承诺"活动进行中（2020.6.8—6.30）

6月8日世界海洋日当天，海蓝之谜正式发起"扫一捞一 蔚蓝行动"活动，活动规则如下：参与AR互动，许下对海洋的保护承诺，并使用"举手之劳 守护蔚蓝"词条，发布原创微博或转发官方微博，并@三位好友。这种方式既能增加互动，又可以扩大活动影响力。该活动持续到6月30日。

活动期间，"举手之劳 守护蔚蓝"微博话题累计阅读次数达1.2亿，讨论次数达12.2万次。

图2-12 "举手之劳 守护蔚蓝"话题

与此同时，海蓝之谜也在微信朋友圈投放广告。

图2-13 微信朋友圈广告示例

当天晚上, 海蓝之谜天猫官方直播间进行海底沉浸式直播, 呼吁海洋保护。

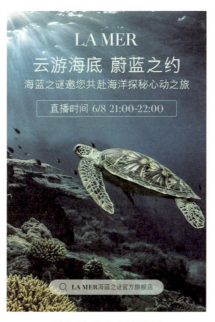

图 2-14 沉浸式直播海报

6月9日, 海蓝之谜发布海洋保护动画短片, 后续发布每位演员各自的配音片段, 四位配音演员配合转发宣传, 吸引年轻人和演员粉丝的参与。

图 2-15 环保动画短片发布

6 月 12 日至 14 日，海蓝之谜发布对不同领域内海洋保护人士的采访，最后一次在微博为活动造势。

四、效果评估

（一）传播效果

近年来，国民对知名企业和品牌的期待比以往任何时候都高，在提供高品质的商品和服务的同时，企业需要履行社会责任。因此，结合品牌的公益基因和消费者价值，向更多的消费者传达海洋保护的理念，可以最大限度地发挥品牌的价值。

广告传播效果包括狭义和广义两个方面。狭义的广告传播效果是指广告所获得的经济效益，也就是广告带来的销售效果；而广义的广告传播效果则是指广告活动目的的实现程度，是广告信息在传播过程中所引起的直接或间接变化的总和，包括广告的经济效益、心理效益和社会效益。[1] 有研究发现，受众对于公益广告采用何种形式并不在意，更关心的是其宣传的主题和内容。其中，传统道德、爱国明理、环境保护等主题更受欢迎。[2]

2020 年，海蓝之谜的环保公益活动有更多的参与度和互动量。活动上线两小时内突破了 50 万参与人数，一周内获得 7.41 亿次曝光，清理海洋垃圾超过 70 吨。累计参与人数突破 1200 万，是 2019 年的 3 倍；环保宣誓海报有 740 万的下载量，是 2019 年的 2.4 倍。[3]

环境保护是人类永恒的课题，正因为有像海蓝之谜、腾讯这样的品牌年复一年地投入到环保的实际行动中，才能感染千万个像你我一样的普通消费者。

（二）后续打算：品牌公益活动每年都会做 + 产品日常化

海蓝之谜是第一个开展公益活动的奢侈品品牌。多年来，该品牌以"取自海洋，回馈海洋"为理念，成立海蓝之谜蔚蓝之心海洋基金会，资助海洋保护组织，并推出限量版面霜，致力保护海洋环境。

---

[1] 文秘帮. 公益广告的传播效果［EB/OL］.（2019-10-01）［2022-11-16］. https://www.wenmi.com/article/pyoqyj04cewy.html.

[2] 同上.

[3] 数英 DIGITALING. LA MER 海蓝之谜 × 腾讯：共同守护一片蓝［EB/OL］.（2021-06-10）［2022-11-16］. https://www.digitaling.com/projects/177519.html.

从 2005 年开始，海蓝之谜每年都会开展全球性海洋保护公益活动，利用品牌影响力为海洋公益持续贡献力量。在活动后续的营销方面，海蓝之谜希望公益营销可以真正融入平时的产品当中，比如在制作产品时，利用手工制作、环保材料等方式，让海蓝之谜产品在日常生活中也能努力传播品牌公益理念。总的来说，后续计划在传播品牌公益广告的同时，把绿色可持续理念融入产品开发中，让消费者通过产品自身就可以实现公益实践。

第二节 4R 公益营销解析：以新式传播彰显蔚蓝承诺，借营销创新践行"企业公民"责任

一、4R 公益营销策略

（一）公益营销

1. 公益营销的概念

公益营销要树立正确的公益观念，明确公益主题，使得公益活动具有较强的目的性和可操作性。公益营销是指企业在承担一定的社会责任（如参与环保、扶贫以及慈善捐款等公益活动）的同时，通过与消费者进行不同方式的交流，赢得消费者的信任以及对产品服务的好感，由此提升企业美誉度与知名度的营销行为。公益营销起源于美国，在中国起步较晚，但也有二十余年的发展历史。[1]

2. 公益营销的核心目标

公益营销的核心目标是通过公益情感的传递树立企业的公益形象，使企业产品富有公益附加价值；根据产品选择公益活动意向，使得企业的公益意向更加重点突出、有的放矢。

3. 公益营销的原则

（1）经济性原则：公益营销由于要消耗企业资源，因此要规划经济收益与策划

---

① 数英 DIGITALING. LA MER 海蓝之谜 × 腾讯：共同守护一片蓝［EB/OL］.（2021-06-10）［2022-11-16］. https://www.digitaling.com/projects/177519.html.

方案实施成本之间的比率，取得最大目标经济收益。

（2）利益兼顾原则：通过社会对企业的公益的认可，提升企业产品销售额。

（3）互惠互利原则：通过公益活动，企业和合办伙伴会互为对方带来利益。

（4）创新性原则：用创意性的营销方式和执行方式，使企业品牌和公益获得双赢。

（5）可操作性原则：公益营销策略的执行力决定公益营销的效果，因此企业应考虑公益营销策略的可操作性。

（二）4R 公益营销策略

21 世纪初，美国西北大学唐·舒尔茨教授提出了 4R 组合营销理论，其内容涵盖"反应、关联、关系、报酬"四个方面。

1.4R 公益营销策略的概念

4R 公益营销策略基于 4R 组合营销理论模型。4R 公益营销策略由"公益反应、公益关联、公益关系、公益报酬"四个方面构成。[①]

2.公益反应策略

公益反应策略包括快速反应策略、危机反应策略和制度反应策略，其中快速反应策略适应于企业应对突发自然灾害等突发情况。

快速反应策略是指企业能够及时获得更多、更准确的公益信息，调整营销计划，选择能够及时反映现实需求的公益项目，更快更有效地实施。

危机反应策略是危机管理者用来保护和修复组织形象的符号资源，在危机过程中，企业可以传播符号资源与利益相关群体沟通，表达企业态度和承担责任意愿。

制度反应策略是企业进行公益营销策略时，在国家有关公益慈善制度、法律法规、市场营销制度有调整的情况下首选的反应策略。

---

① 刘鑫.基于 4R 理论的公益营销策略研究［D］.沈阳：沈阳工业大学，2011.

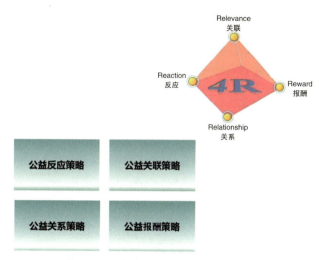

图 2-16 4R 组合营销理论与 4R 公益营销策略

3. 公益关联策略

公益相关性是公益营销内容与消费者、企业产品、品牌的关联程度。通过调查消费者对企业的公益营销的感知现状，笔者发现，消费者并不是直接审视企业与公益事项之间的关系的，而是通过一致性、匹配度、消费者参与程度和接近度来考察企业与公益事项的关联。公益关联策略贯穿于企业营销活动各环节，不是一种独立于营销战略思想的策略，而是一种对"营销过程"产生逐渐影响的策略。

通过公益与营销的相互渗透，达到增加销售额的目的，重点是消费者价值观与企业价值观的统一。

4. 公益关系策略

公益营销活动中的关系不仅是企业与消费者的关系，还包括企业与消费者之间的品牌关系，这种关系使消费者对企业品牌和文化建立感情、产生满意感，并形成忠诚的顾客关系。

更重要的是，重视可能与企业发生关系的其他力量，从能够影响企业制定公益营销策略的因素出发，企业要与这些影响企业公益效益的利益相关者建立合作关系，在保证企业的公益活动顺利实施的前提下，将公益活动、销售任务与市场的需求挂钩，使得公益行为得到广泛传播和认可。

5.公益报酬策略

报酬策略的中心思想是达到社会满意、消费者满意、企业内部员工满意与企业满意的最佳组合状态。报酬的三个维度是报酬类型、报酬时间和报酬额度。公益报酬策略的最终目的是为企业和利益相关者创造价值。

二、案例分析：基于 4R 公益营销策略的海蓝之谜品牌责任营销解读

（一）公益反应

海蓝之谜的公益广告展现的是快速反应策略，其中，快速反应策略适应于企业应对突发自然灾害等突发情况。快速反应策略是指企业能够及时获得更多、更准确的公益信息，调整营销计划，选择能够及时反映现实需求的公益项目，更快更有效地实施。

海蓝之谜在 2020 年的公益广告中，采用 AR 技术、朋友圈广告等网络互动形式，强调交互体验，加强与消费者的沟通。

另外，公益活动也可以借助时下最流行的动画形式、VR 形式等吸引公众的眼球，做到与时俱进、紧跟形势，契合百姓关注点。

（二）公益关联

1.增强公益活动和企业理念的一致性和匹配度

公益的营销也应该融入平时的产品理念中。海蓝之谜在活动中推出了限量版产品，让环保价值赋能产品的情绪价值。海蓝之谜每年上市的世界海洋日限量版精华面露，不仅在主题设计方面，而且在手工制作、环保材料等产品制作过程方面都考虑了海洋环保因素。

产品外观设计灵感源自波光粼粼的海浪涟漪，不仅勾勒出海洋生生不息的浩瀚能量，还象征着海洋赋予人类的灵感与希冀。

海蓝之谜坚持每年两次手工采摘可持续生长的深海巨藻，以此确保海洋环境的可持续发展与海洋生物的安全。

海蓝之谜在细节方面增强企业理念与公益活动目标的一致性和匹配度。

2.应用黑科技提高消费者可参与度和接近度

海蓝之谜是一个海外品牌，因此海蓝之谜想要通过一个本土化沟通的策略，接

近中国消费者, 尤其是年轻人（Z 时代）。

海蓝之谜在活动期间, 用微信朋友圈广告形式和参与者沟通, 增强海蓝之谜与消费者之间的相互可接近性。因此, 不是海蓝之谜目标客群的人也可以参加这个活动, 这样就可以让更多消费者参与环保行动。

使用轨迹识别 AR 技术和 360 度全景视觉, 用户完成蔚蓝许诺时, 屏幕上会出现"我是第 n 位海洋守护者", 提高了用户参与的积极性。其"蔚蓝承诺 心动永续"的口号也引起了广大消费者的共鸣。

海蓝之谜直观、真实的视觉化与创新的感知化方式强化了海洋保护公益项目带来的现实教育意义, 引发了空前参与互动量。三天内, 参与人数超过 1200 万。

（三）公益关系

企业与消费者之间的品牌关系, 使消费者对企业品牌和文化建立感情、产生满意感, 并形成忠诚的顾客关系。公益关系策略不仅强调企业与顾客、股东之间的关系, 也强调企业与社会关系的和谐。

海蓝之谜此次广告的主题是"蔚蓝承诺", 一方面品牌方希望延续这一份"承诺", 另一方面, 很多人最开始不太知道海蓝之谜此前的公益活动, 需要持续输出, 因此品牌方延续使用"蔚蓝承诺"这一主题。

不仅如此, 海蓝之谜此次的广告还着重向年轻群体强调了责任意识, 同时接力社交媒体呼吁行动, 制造声量, 向非品牌目标客户群体宣传品牌形象。另外, 广告希望打造海洋环保的内容指南, 将品牌的精神延续到消费者的实际生活、实际行动中。

公益广告并没有特地突出海蓝之谜产品本身, 而是将重点放在了公益上, 虽然海蓝之谜不追求过多营利, 但公益的营销早已融入平时的产品理念中, 它希望消费者在日常生活中践行公益。

（四）公益报酬

针对海洋污染日益严重的现状, 中国积极参与海洋垃圾治理。这次海蓝之谜线上公益营销活动, 给更多消费者提供了直接或间接参与公益的机会, 并节省了消费者参与公益的时间成本。海蓝之谜对公益的持续关注, 加强了消费者对品牌的忠诚度, 提高了消费者对企业的信任。

另外，海蓝之谜在公益活动中制作的动画短片，教育性较强，提升了公益主题，向消费者传达了教育意义。

海蓝之谜通过这次公益活动履行了公益责任，提升了品牌认知度，回报了消费者对海洋环境污染的关注度。

（五）品牌公益营销创新

1. 国际奢侈品品牌多有"大集团特质"——由本土化到逆向创新

海蓝之谜作为雅诗兰黛集团旗下品牌矩阵中的一员，其广告营销一直保持着国际化水平。后疫情时代，中国市场正在也势必将释放更大的潜能，这使得海蓝之谜更加注重广告营销的本土化策略，其目的不仅在于让中国消费者了解、看懂、喜欢产品，也力求带来舒适愉悦的体验。

鉴于后疫情时代的广告传播机制与特点，国际品牌会首选中国市场作为营销传播中心，借助中国市场稳定且广阔的土壤，吸收养料，以此来反哺国际化传播。这种"双循环"发展打开了逆向创新的格局，真正实现中国推广，惠及全球。

2. 一个好创意如何和品牌形成强绑定？——植根品牌 DNA

（1）深度结合产品

活动创意就应该先看产品，提取元素再想活动，并在活动中体现产品。2020年世界海洋日期间，海蓝之谜推出的面霜的设计灵感主要来自海浪、波光、涟漪，象征着海洋赋予人类的灵感和希翼。

延续活动生命周期，将公益营销融入平时的产品当中，将产品与公益活动的理念深度结合。后续制作产品时，利用手工制作、环保材料等方式，让人们意识到海蓝之谜产品在日常生活中也在实践相关环保理念。在传播品牌公益广告的同时，把绿色可持续理念融入产品开发，让产品成为出现次数最频繁的广告。

（2）先看产品，再看潮流——维护品牌调性最重要

海蓝之谜崇尚"奇迹般的简单"。和一般护肤品牌不断推出各种新品的做法不同，海蓝之谜旗下迄今仅有 30 多种产品。其中，面霜是海蓝之谜的镇店之宝，也是海蓝之谜所有产品的起源。海蓝之谜面霜适合任何年龄、任何肤质，甚至男士使

用也同样有效。①

虽然海蓝之谜近几年倾向于年轻群体，但是追随潮流却一直不是海蓝之谜宣传的重心。品牌对环境保护活动的坚持以及相关产品的绿色环境价值是海蓝之谜多年来一直持续发力的领域。海蓝之谜的营销独特性是让环保价值赋能产品的情绪价值。

随着"她经济"等热门议题火爆全球，加之用户正在朝着年轻化和下沉化的方向发展，不少竞品公司在公益广告方面也频频谱写"她故事"。但海蓝之谜始终坚持以产品质量取胜，而非紧随潮流主题，这也是海蓝之谜一直坚持为每位女性带来美丽的初衷。海蓝之谜致力于科研创新产品、与顾客保持长期有效的沟通，并传递品牌长期的形象和内涵。

3. 传统广告公司的新定位——帮助品牌把握营销主心骨

在互联网行业快速发展的今天，由于互联网公司自带流量资源，部分互联网公司的商业化部门开始"抢"传统广告公司的饭碗，提出更效果量化、更与渠道深度结合的方案。小红书等新兴内容型互联网企业成为新兴品牌孵化器，阿里巴巴更被坊间称为"最大的广告公司"。

在互联网公司的冲击下，传统广告公司也并非毫无立足之地。若想为企业的传播力添砖加瓦，需要把握企业品牌的营销方向，衡量不同渠道的差异与特点，承担品牌传播影响力主力军的责任。

随着广告产业技术创新的加快，竞争形式向全球化方向发展。品牌方也逐渐认识到，想要发展就必须与广告公司共同创造消费者感兴趣的新价值。大数据时代传统广告公司业务战略转型的终极目标就是与品牌方由博弈走向合作共生，为企业和品牌创造价值。广告公司需要开发出能够满足品牌方需求的数据产品，把握营销全局，找到各方利益的生存空间。

4. 老壶如何装新酒？

如今，想要做好传播，愈发困难，"自嗨"创意已经无法获得预期的效果，而广告的目的始终应该是为品牌解决商业问题。如今，为了实现品牌的曝光度和知名

---

① GQ. LA MER 海蓝之谜_海蓝之谜最新单品 | 官网 | 图片 | 怎么样［EB/OL］.（2016-06-27）［2022-11-16］. http://brand.gq.com.cn/La-Mer.

度，部分品牌方开始进行哗众取宠式的宣传，而这种方式往往效果不佳，甚至会对品牌形象产生副作用。

随着时代的进步，整体的社会传播环境逐渐复杂，因此营销模式和媒介使用方式也应当进行相应的改进。然而，我们应明白营销本身应当为社会带来正向的信息传递，而公益广告正是一种让品牌和大众之间建立良好的情感桥梁的有效方式。

好的公益广告不应当只是一种冲动型公益，而是应当唤起公众的善良与温情，让他们乐于持续了解、持续追踪并持续做下去。因此公益广告的创意，不仅要有创新的想法，也需要站在社会效益和社会责任的角度去思考。

H5、VR 等科技手段能帮助很多好的创意实现得更完美，让更多需要帮助的公益项目被大众知晓。这是移动互联网时代公益广告可直观化和可量化的结果，也是传统广告与数字广告的最大差异。

对于科技如何更好地助力创意，无论广告公司为海蓝之谜还是其他轻奢品牌服务，都应该考虑到怎么样把情感真正融入其中。利用科技的力量，融合创意，给广告带来更有强度的表现力，为品牌带来更大价值。

海蓝之谜公益广告越来越关注有社会责任感的年轻人。在传播渠道众多、信息爆炸的这个时代，每个做传播的人都应该力求成为领域里的善玩者。借助腾讯平台，相信海蓝之谜在之后的公益广告中会呼吁更多的年轻人为社会做出贡献。

第三节　案例访谈："强调与消费者互动，而不是囿于品牌公益自嗨"

一、公司介绍

上海吾乙文化传媒有限公司（Oui），是一家以精品内容为核心，为全球顶级奢华品牌定制营销策略的创意公司。公司致力于为各大品牌在中国市场提供高质量、高精准、高眼界的创意方案与执行服务。正在长期服务包括海蓝之谜、雅诗兰黛、香奈儿、莱珀妮、资生堂、凯特·丝蓓等在内的时尚生活领域的品牌。

二、采访对象

刘圣一（Tiffany Liu），上海吾乙文化传媒有限公司董事总经理和首席创意官。深耕创意广告行业多年，曾任《VOGUE服饰与美容》整合营销创意总监、《Noblesse·至品生活》编辑部副总监，为香奈儿、迪奥、LV等奢侈品行业客户策划过优秀广告创意解决方案。

图 2-17　刘圣一女士

三、访谈记录

（一）寻找灵感，迸发创意

Q：这次广告整体看下来应该是沿用了2009年海蓝之谜推动的世界海洋日活动中的海洋公益元素。那么，这次的项目，比起以往，在哪些地方有所提升、有所创新呢？

A：世界海洋日之前总有点品牌小打小闹的意思，声量不大。2014年开始有限量版产品，每年6月份海蓝之谜会进行世界海洋日宣传活动，行动力也越来越大。2016年开始，动作大一些，开始讲了灵感，2017年讲未来，以前每年就是联合艺术家，声量一般。

2018年之后，2019年、2020年、2021年与Oui连续合作三年。每年主题呢，其实会先给到品牌方总部，各地再进行语言的转换，因此，哪怕是中文广告语，各地不一样，宣传活动也不一样。品牌方本身给到的创意简报其实比较简单，发挥余地比较大。所以我们在初期也做了好几轮的迭代和尝试。

公益里面互动是很重要的，因此我们更希望强调与消费者互动，而不是囿于品牌公益自嗨。总体围绕着产品DNA，并在品牌方总部给的大方向上去做文章。海蓝之谜在中国其实算是一个比较主流的高奢护肤品牌，以前可能比较小众，但现在比较大众，因为大家都愿意在护肤方面用奢侈品，因此市场是有相当成熟度的，可以支撑去做大众公益方面的沟通与宣传活动。当时，美国疫情很严重，因此品牌方总部没办法拍出新的片子。其实可以发现，已经连续两年都用同一条片子，小女孩潜水看海底的那一条，强调"为了下一代"这个概念。那我们这次的宣传活动也是重新编辑了这个片子，在旧片子的基础上做创新。

一般宣传活动要提前 3-4 个月去做，那我们是 2020 年 3 月份才开始做，开始提案。那个时候疫情很严重，大家也困在家，精神比较压抑，很多东西只能在网上做，因此有比较多的基于疫情的灵感和想法，采用很多网络互动形式，比如你可以看到的 AR 技术、朋友圈广告等，强调交互体验，加强与消费者的沟通。

Q：前期还有哪些备选方案？中间有哪些调整的过程？为什么最后确定了"蔚蓝承诺 心动永续"这个主题？确定了"打捞垃圾"这种公益形式？

A："蔚蓝承诺"一方面是承诺，品牌方希望有一些延续，做事情风格比较稳妥一些。另外，很多人最开始不太知道海蓝之谜原来做了这么多公益，而这些声音是需要持续去输出的，还是尽量保持一致，因此概念上也延续使用"蔚蓝承诺"。形式上，我们 2019 年第一年就是打捞垃圾，所以后面也延续了。

当初比稿的时候提供了两个方案，但是，当时由于时间问题以及与总部的沟通成本问题，包括品牌形象等各方面的限制和考量，最后有些部分没有继续推进。

表 2-2　最初的两个方案

宣传活动 备选方案	"承诺之海" 许诺未来　改变当下	"海洋即是我们" 传承共生　爱愈蔚蓝
目的与 灵感源泉	希望形成更年轻的品牌认知，主打有趣生动的形象。不仅改变思维还有行为模式。	海洋无处不在，会以雨水等形式默默守护我们。
具体形式	①关于环保影响的对比广告 （1 秒使用 VS 450 年消解） ②总广告影片重新剪辑 ③朋友圈深海云游虚拟体验。利用 AR 技术，真实模拟海洋体验，邀请用户在沙滩上留下承诺 ④拟定邀请比莉·艾利什重唱 Ocean Eyes，希望引发相关讨论和转发	①Home Sea AR 技术把海洋请进家里——不要以为在城市就与海洋没有关系 ②H5 扫描面霜领养电子动物盲盒——海蓝之谜和海洋共生——和明星联动

通过磨合，我们的最终策略是：要向年轻群体强调责任意识。即便现在年轻群体可能没有足够的购买力，但也可以培养成为我们未来的客户，实现品牌传播的长尾效应。同时接力社交媒体呼吁行动，制造声量，向非品牌目标客户群体宣传品牌形象。另外，我们希望打造海洋环保的内容指南。以往的环保广告可能更多地是告诉观众为什么，但是大家怎么做呢？这个项目希望延续品牌的精神到消费者的实际生活、实际行动中。

Q：另外，近年来，竞品公益广告多在"女性故事"上做文章，比如2021年爆火的SK-Ⅱ"VS改写命运系列动画"，"她经济""她故事"确实也是近几年广告叙事的重点和趋势，海蓝之谜有考虑过在今后的营销中关注"女性故事"吗？如果有，为什么？如果没有，为什么不考虑呢？

A：一切还是基于品牌DNA。更多的是品牌基因不太一样，海蓝之谜至今没有代言人，产品没有人能来代言，还是以产品为主。广告公司接的案子也会有不一样的要求，比如SK-Ⅱ其实有很多代言人，可能需要做到60%的情感诉求。而近年来海蓝之谜男性用户的比例有所上升，喜欢海蓝之谜的人多关注功效。"焕变"是关键词，可能需要做到20%是情感诉求，80%是产品本身。

目前而言，海蓝之谜在高奢护肤品排行榜中遥遥领先，因此还是强调品牌和产品自身的特性，先看品牌自身，看产品，后面再看实时、热点。并根据品类的不同，照顾好相应的重点，可能美妆更注重潮流，护肤看成分、时间，消费者希望最大化日常投资，并且满足抗老需求。这是跟别的品类不一样的地方。

（二）了解市场，调查市场

Q：针对公司诉求，前期做了哪些调研或是准备工作吗？在确定"蔚蓝承诺 心动永续"这个方案的过程中，做了哪些工作来检验可行性？

A：最初比稿的时候，其实只有两周左右的时间，每两天就内部更新迭代。其实创意简报给的确实比较简单。而这个品牌全球化做得比较好，也基本遵循全球化的基调，但针对不同市场，品牌的策略和感情基础可能稍稍不一样，会做一些本土化的调整。

Q：当时为什么重点面向Z世代消费者？

A：其实海蓝之谜的客户群体还是挺明显的，一是经济实力比较强，买面霜没负担的人群；二是品牌爱好者，希望护肤可以带来功能价值或者情绪价值（延缓衰老等）。那除了这部分客户群体之外，品牌方也希望唤醒更多年轻人的责任意识，在实现企业社会责任的同时，也培养未来客户。

我们这次的宣传活动，圈层是不断扩大的。核心圈层目标群体是在各类场景、各个季节，对护肤有较高需求的人群。然后，打破品牌目前圈层，拓宽品牌感知人群，培养他们对品牌的认知。再扩散到公益人群，例如环保人士。虽然这时候他们已经不是品牌的目标人群了，但是他们也可以为品牌打造声势。

Q：这次公益广告似乎并没有和产品进行太多深度绑定，宣传过程中更多强调的是品牌的公益心，在策划中是怎么考虑这次公益广告对于赋能产品的具体作用的呢？

A：每个宣传活动的目的不同。世界海洋日活动没有销售指标，还是以公益为主。限定款的不同包装有收藏纪念价值，所以每年销售量很好，基本都卖完。

（三）发掘平台，活动执行

Q：当时是如何考量营销渠道的选择的呢？怎么确定要和QQ合作？除了QQ，当时还有别的平台或渠道吗？具体考量是什么呢？

A：品牌那边与媒体签了比较长的时间，腾讯三到五年大计划，所以是依托于品牌的资源。

Q：线上线下的渠道布局有哪些？是如何进行配合的？

A：重心在线上，线下主要是销售，有一些配合宣传的活动。其实世界海洋日活动算是全年唯一没有年龄层的宣传活动，面霜没有年龄层限制。

Q：策划执行中碰到过什么不符合计划的地方吗？如何进行协调解决呢？

A：主要是时间方面，执行的话，很多项目内容预留的时间不够，和总部沟通时间不够，所以算是学习了，也是营销机构和品牌共同成长的过程。最好半年或一年前开始规划。建立起信任后，有时候品牌也会把一些线下的东西交给营销机构，以保持主题协调。

Q：整个项目在具体策划方面有和 QQ 方面磨合吗？还是说 QQ 只负责执行方面？哪些是 Oui 团队策划、执行的？哪些是合作方落实的？

A：主要是品牌方去跟 QQ 沟通，QQ 会给我们分享一些简单的想法，沟通不密集，QQ 也会给品牌方一些方案。

Q：有这么一种说法，说现在互联网公司的商业化部门才是"最大的广告公司"。如何看待传统广告公司与新兴互联网公司的商业化部门在品牌宣传中的角色和作用呢？会觉得传统广告公司的空间被压缩了吗？

A：现在比较复杂了，趋势是多平台宣发传播。品牌方面临越来越多的不同媒介和不同渠道，选择过多，其实品牌方自己也会比较慌的。我自己认为传统广告公司的角色其实是变得更独特了，先提出一个主线给品牌方，让品牌方心中有一杆秤，去衡量包括互联网在内的一些渠道。比起互联网公司的商业化部门，传统广告公司更有能力帮助品牌全面把控整体主心骨。

（四）主题信息设计

Q：环保动画短片的创意是如何形成的？为什么要采用演员配音＋动画短片这种形式？

A：这个想法其实是我们公司自己想出来的。首先，前面提到品牌方总部的影片没有变化，美国不上班，那只能寻求比较合适且成本比较低的方式继承品牌方总部的理念，操作性很强。而现在动画形式在广告中比较流行，包括你之前提到的 SK–II 的真人＋动画影片，其实也以类似的动画形式出现了。

我们的动画主要是以一个海底小美人鱼的视角，讲述她遇到了四个人，解决了四个不同的环保问题。我们主要考虑动画的教育意义可以比较强。这次宣传活动的重点主要是 QQ 那边的交互互动。这个是一个画龙点睛、提升公益主题、可以在后期起到教育意义的东西。在微博、微信有投放，QQ 也有相应的跳转和应用机制。但是比较可惜的是，传播量不高，但动画短片确实也不是这次的重点。

Q：在案例中，很多知名人士做出对海洋保护的承诺，包括演员、作家、舞蹈家和一些网络"大 V"，总体上比较多元，这些承诺者是如何挑选并最终确定的？有哪些考量的方面？

A：主要还是基于品牌形象和商业的考量。明星要选和品牌调性比较相称的、和品牌渊源较深的；同时出于商业考量也会有一些流量当红明星；同时邀请艺术家，例如一些音乐家、舞蹈家，去体现高奢护肤品的高品质属性。

Q："扫一捞一"海报上的不同背景图片与承诺内容是如何确定的？采用在朋友圈发放广告这种互动式公益，是否可以成功吸引 Z 世代的关注？

A：朋友圈广告是品牌年度策略，主要是考虑到 QQ 平台用户很多，面向人群较广。具体文案内容是根据相关的环保问题写的。

（五）效果评估 & 后记

Q：如何衡量消费者对于本次公益广告的认同感？（例如，我们说消费者在品牌的绿色营销活动上认知品牌对环境保护的真实性主要有五个因素：品牌对环境保护活动的集中力、营销对环保的效力、营销不追求营利、相关产品的绿色环境价值和营销独特性。）

A：这五个因素是贯穿宣传活动的，认知度上，我们是多年持续发力的。那其实每年接触到的人都不一样，所以一定会回归之前的事情，是持续投入时间和资本的。最大的互动是集中在公益这一方面，整体还是不太追求营利的。那么很多不是海蓝之谜目标客群的人（比如我们之前提到的环保人士）也会参加这个活动，环保方面肯定是有所贡献的。营销独特性的话，我们主要是推出了限量版面霜，让环保价值赋能产品的情绪价值。绿色环境价值上的话，其实也可以做一个小小的预告，其实公益的营销也应该融入平时的产品理念中。例如手工制作、环保材料，品牌都在做努力。让消费者通过产品自身就可以做到工益方面的沟通。

Q：您认为这次项目还有哪些可以提升的地方？后期团队是否有进行总结回顾？还有别的感悟希望分享吗？

A：广告公司和品牌方其实可以有一个本土化沟通策略。之前说到，由于时间仓促、与总部沟通成本较高等原因会导致部分想法流产。那我们 2021 年开始提早了宣传活动流程，提早进行规划。另外，中国市场也越来越大，中国的灵感也开始被总部所吸取，方案也经常被肯定。分公司反哺品牌方总部，广告业界开始重视中国市场，也算我们中国广告人的一点荣幸吧。

（访谈人：周善华、孙抒吟、刘子钰、申侑娜、成祚源、金甫暻）

第三章

"有速度更有温度"：京东物流 Home For Hope 实现品牌可持续发展的社会价值

京东物流集团（JD Logistics）成立于 2017 年 4 月，隶属于资本雄厚的京东集团，是中国领先的技术驱动的供应链解决方案及物流服务商。从成立时开始，京东物流就联合九家品牌共同发起特色供应链行动——青流计划，探索在包装、仓储、运输等多个环节实现低碳环保、节能降耗。2018 年，京东集团宣布全面升级"青流计划"，从聚焦绿色物流领域，升级为整个京东集团可持续发展战略，从关注生态环境扩展到人类可持续发展相关的"环境 (Planet)""人文社会 (People)"和"经济（Profits)"全方位内容，倡议生态链上下游合作伙伴一起联动，以共创美好生活空间、共倡包容人文环境、共促经济科学发展为三大目标，共同建立全球商业社会可持续发展共生生态。2020 年，以"青流计划"为大方向，细分诞生出"Superbox 超级盒子"项目，关注快递箱的环保再利用。再从中细分出一类社会价值，聚焦流浪动物和环保，并逐渐走向 IP 化，最终形成了本次研究案例：Home For Hope 盒以为家。

第一节　案例复盘："青流计划"升级，"盒以为家"诞生

一、行业分析

物流是以满足客户需求为目的，以高效和经济的手段来组织原料、在制品、制成品等从供应到消费的运动和储存的计划、执行和控制的过程。从产业链角度来看，物流产业上游主要是为物流业提供基础设施和设备的行业，包括道路基础设施建设行业、仓储地产业，以及物流设备制造业；中游包括提供运输、仓储以及物流管理服务的物流企业，下游主要为对仓储、运输等服务有需求的行业或个人。从企业来看，上游涉及仓储地产投资运营企业，公路、铁路、航道投资建设企业，物流硬件和软件制造企业；在物流行业中，又可以分为主要从事运输业务的企业和以仓储为核心的企业以及提供物流管理与服务的企业；下游行业包含钢铁、煤炭、汽车等各类生产制造企业。

受疫情影响，物流行业受到了冲击，但在 2020 年，随着疫情防控和经济发展的统筹推进，我国宏观经济和物流运行逐步恢复常态，到 6 月份，国内社会物流总额恢复至 2019 年同期水平。截至 2020 年年底，中国社会物流总额累计达到 300.1 万亿元，同比增长 3.5%，物流需求保持回升态势，市场活力进一步增强，业务收入增长加快。整体来看，国内物流行业稳中向好。这其中，中国物流行业中的民营企业的前景依旧一片大好，势头强劲，在电子商务的快速发展之下，我国电商快递行业迅速发展，催生出了以顺丰、京东、圆通、德邦为代表的新民营物流巨头，对以中国远洋海运、厦门象屿为代表的传统国有物流企业形成了挑战。

目前，我国物流业整体处于从传统物流向现代物流转型的时期，多数企业只能提供传统的基础物流业务，竞争更多地体现为低端物流服务的价格竞争。长远来看，随着国家利好政策的连续出台、制造与商贸企业物流外包程度的不断扩大、物流企业技术水平和服务水平的不断提升，中国物流行业将长期保持较快的增长速度，未来发展空间巨大。

二、品牌介绍

京东物流集团（JD Logistics）成立于 2017 年 4 月，隶属于资本雄厚的京东集团，是中国领先的技术驱动的供应链解决方案及物流服务商（品牌定位），以"技术驱动，引领全球高效流通和可持续发展"为使命（品牌使命），致力于成为全球最值得信赖的供应链基础设施服务商（品牌愿景）。

目前，京东物流主要聚焦于快消、服装、家电家具、3C、汽车、生鲜等六大行业，为客户提供一体化供应链解决方案和物流服务，帮助客户优化存货管理、减少运营成本、高效分配内部资源，实现新的增长。同时，京东物流将长期积累的解决方案、产品和能力模块化，以更加灵活、可调用与组合的方式，满足不同行业的中小客户需求。

作为行业领军企业，京东物流建立了包含仓储网络、综合运输网络、配送网络、大件网络、冷链网络及跨境网络在内的高度协同的六大网络，具备数字化、广泛和灵活的特点，服务范围覆盖了中国几乎所有地区和人口，不仅建立了中国电商与消费者之间的信赖关系，还通过"211 限时达"等时效产品和上门服务，重新定义了物流服务标准。

京东物流始终重视技术创新在企业发展中的重要作用。基于 5G、人工智能、大数据、云计算及物联网等底层技术，京东物流正在持续提升自身在自动化、数字化及智能决策方面的能力，不仅通过自动搬运机器人、分拣机器人、智能快递车、无人机等，在仓储、运输、分拣及配送等环节大大提升效率，还自主研发了仓储、运输及订单管理系统等，支持客户供应链的全面数字化；通过专有算法，在销售预测、商品配送规划及供应链网络优化等领域实现决策。凭借这些专有技术，京东物流已经构建了一套全面的智能物流系统，实现了服务自动化、运营数字化及决策智能化。

京东物流构建了协同共生的供应链网络，中国及全球各行业合作伙伴参与其中。京东物流创新推出云仓模式，将自身的管理系统、规划能力、运营标准、行业经验等应用于第三方仓库，通过优化本地仓库资源，有效增加闲置仓库的利用率，让中小物流企业也能充分利用京东物流的技术、标准和品牌，提升自身的服务能力。

京东物流正坚持"体验为本、技术驱动、效率制胜"的核心发展战略（品牌核心战略），将自身长期积累的新型实体企业发展经验和长期技术投入所带来的数智化能力持续向实体经济开放，服务实体经济，持续创造社会价值。

三、"盒以为家"的诞生之路

2018

京东集团宣布全面升级"青流计划"，从聚焦绿色物流领域，升级为整个京东集团可持续发展战略

2020

Superbox超级盒子之宠物小窝项目：京东物流关注快递箱的环保再利用，以及文明养宠，关爱流浪动物，从而发起的一个快递箱巧变宠物小窝的项目

2020

基于环保理念，我们紧跟当下人们最乐于探讨的社会话题：流浪动物！寒冬将至，流浪动物无家可归，希望通过快递盒 DIY 行为，号召全民文明养宠，用领养代替购买。

图 3-1　Superbox 超级盒子之宠物小窝项目的诞生过程

以青流计划为大方向，细分出 Superbox 项目，再从中细分出一类社会价值，聚焦流浪动物和环保，并逐渐走向 IP 化，最终形成了本次研究案例：Home For Hope，盒以为家。

四、案例概括——从青流计划到盒以为家

（一）战略级项目——青流计划

1. 案例简介

2017 年，京东物流联合九家品牌共同发起特色供应链行动——青流计划，与供应链上下游合作，共同探索在包装、仓储、运输等多个环节实现低碳环保、节能

降耗。

2018 年，京东集团宣布全面升级"青流计划"，从聚焦绿色物流领域，升级为整个京东集团可持续发展战略，从关注生态环境扩展到与人类可持续发展相关的"环境"（Planet）、"人文社会"（People）和"经济"（Profits）全方位内容，倡议生态链上下游合作伙伴联动，以共创美好生活空间、共倡包容人文环境、共促经济科学发展为三大目标，共同建立全球商业社会可持续发展生态。

2. 具体执行

京东物流构建了协同共生的供应链网络，全球各行业合作伙伴参与其中。2017 年，京东物流创新推出云仓模式，截至 2021 年 6 月 30 日，京东云仓生态平台运营的云仓数量已超过 1600 个。通过与国际及当地合作伙伴的合作，京东物流已建立了覆盖超过 220 个国家及地区的国际线路，拥有约 50 个保税仓库及海外仓库。

京东物流致力打造环保车队，引入大量新能源配送车，并逐渐升级为太阳能智慧配送车。

京东物流在 30 多个城市大规模推广使用可循环快递箱——青流箱，该快递箱可循环使用 20 次以上，即使损坏也可回收重新制造。

京东物流先期投入 10 亿元，创立业界最大的绿色物流基金——京东物流绿色基金，推进供应链全链条的低碳环保、节能降耗的探索和应用，协同行业合作伙伴和社会力量，加速物流行业的绿色升级。

京东物流将包装科研检测中心升级为电商物流联合包装创新中心，通过精简包装实现塑料纸张的节约。

京东物流开展上门回收纸箱、旧衣、旧书、旧玩具行动，让旧物焕发新生。

京东物流加入了"科学碳目标"倡议，设立了 2030 年减碳目标：与 2019 年相比，到 2030 年，碳排放总量减少 50%。

京东物流在北京试点投放带有垃圾分类标识的快递包装耗材，方便消费者对废弃耗材进行分类，并加强消费者的垃圾分类意识。

3. 项目效果

至 2021 年 6 月，常温青流箱、循环生鲜保温箱等累计循环使用约 2 亿次。通过联动品牌商直发包装及纸箱循环利用，节省约 100 亿个快递纸箱，超过 20 万商家、亿万消费者参与其中。

预计 2021 年年底，全国京东智能产业园光伏电站装机总量将达到 200 兆瓦以上，建成后实现年发电量 1.6 亿度以上。

从 2017 年到 2020 年，京东物流在全国 7 个大区、50 多个城市投放新能源车，这一行动每年将能够减少约 12 万吨的二氧化碳排放。此外，京东在全国建设及引入充电终端 1600 多个，支持新能源物流车辆的充电服务。

通过使用循环中转袋替换一次性编织袋，用循环缠绕网 / 扎带替代缠绕膜，来减少塑料制品的使用。通过仓内无纸化作业以及电子面单，最大限度地节约纸张，仅 2020 年全年减少纸张消耗 1.3 万吨。

（二）"Superbox 超级盒子"计划

1. 计划简介

"Superbox 超级盒子"计划依托于京东物流强大的配送网络，除了用最快的速度将物品送达消费者手中以外，京东物流也希望带头倡导消费者通过 DIY 来赋予这些快递盒子二次生命。根据虚线进行简单的 DIY 操作，快递盒可以变身成小汽车、变形金刚、宠物房子、木吉他。

"Superbox 超级盒子"计划，传达了京东物流"有速度更有温度"的企业理念，以及"降低社会化物流成本"的企业使命。

"Superbox 超级盒子之宠物小窝"项目是京东物流关注快递箱的环保再利用，以及文明养宠、关爱流浪动物，而发起的一个快递箱巧变宠物小窝的项目。京东五大事业部强强联手，共同发起关注流浪猫狗及文明养宠环保项目。项目联合京东公益比瑞吉宠业、亚洲公益基金会等十余家合作伙伴，通过各自优势资源互补，实现线上线下一体化整合营销方案。项目通过京东大数据匹配购买宠物用品的用户，进行精准投放，直接定位目标客户，并通过落地领养活动、救助活动、商圈快闪，以及线上 PR 传播、网络"大 V"引爆、站内大促活动、用户二次传播等方式，直接带动曝光总量超 2000 万次，垂直覆盖 100 多万用户，近 100 家媒体参与。

2. 营销背景

快递箱重复利用成了很多物流行业不断研究和尝试的课题。据国家相关部门数据统计，我国一年使用超过 99 亿个快递包装箱、约 31 亿条编织袋、约 189 亿米胶带，其排列总长度可以绕地球赤道 425 圈。而这些耗材大部分在使用一次之后，就被消费者随手丢掉，由此带来的环境污染、成本浪费问题引起整个社会的持续关注。

消费升级导致人们对宠物的需求越来越强烈，随之而来的还有文明养宠等社会问题，京东物流想用自己的力量做点实事。

3. 营销目的

有温度地与年轻人沟通：通过一些脑洞大开的思考，用更贴近年轻人的方式，让大家更关注社会发展的问题，如环保、可持续、资源浪费等。

为减少浪费，京东物流贡献了属于自己的力量。

4. 营销创意亮点

创意设计，让二次利用如此有趣。针对消费者关注环保耗材、追求二次利用，但囿于时间成本，无奈丢弃包装盒的社会痛点，该项目从箱体结构上进行设计，让消费者用最短的时间可以零门槛动手改造，同时在箱体材质上利用覆膜技术，增强箱体防水性，提高使用次数。

让每个"爱心小屋"落地，给流浪动物们一个家。项目通过多方联动，在全国范围内投放爱心小窝快递盒，入门入户送达养宠用户手中。通过线上促销，引发用户二次传播和购买狂潮。

线上传播：通过门户网络、社交自媒体、抖音等实现全渠道传播。

线下投放：重点辐射华东区域宠物用品消费者，精准投放定制包裹箱，多方联动。

站内矩阵：通过站内首焦、宠物频道等多方流量资源为活动造势。

线下传播：在上海、北京、杭州等多城的领养机构进行传播和义卖。

5. 市场效果

该项目共计实现了约 2000 万次的品牌曝光、200 万元的站内销售额，覆盖了100 余万垂直用户，吸引了近 100 家媒体参与，全程举行了 7 场落地活动。第一批10 万个纸箱于 2018 年 9 月中旬起在全国范围内投放，后续京东物流还将联合京东公益，秉承"有速度更有温度"的企业责任，将"Superbox 超级盒子"项目持续进行下去，实现更多品类和品牌商的 DIY 纸箱的投放。

（三）案例——Home For Hope 盒以为家

图 3-2 Home For Hope 公益计划概览

1. 案例简介

京东物流的服务趋近覆盖全国 100% 的人口。我们深知，在为全民节省时效的同时，还应担起号召用户重视环保的责任。当人们收到快递后，快递盒便被随意丢弃。也许通过二次改造利用，快递盒也可以为人与自然赋能。基于环保理念，我们紧跟当下人们最乐于探讨的社会话题：流浪动物！寒冬将至，流浪动物无家可归，当人们收到快递时，只需 DIY 快递盒，便可为流浪动物创造一个"家"。当然，我们更希望通过 DIY 快递盒行为，号召全民文明养宠，用领养代替购买。

2. 营销背景

关于京东物流：京东物流作为具备一定规模和影响力的企业，除了将节省全民时效作为企业价值观之外，也不断在造福人类、社会、自然的道路上践行与探索。从环保到公益，京东物流一直在路上。

关于流浪动物：在我们居住的城市中，每天有很多宠物被遗弃。目前我国有近 5000 万只流浪动物，而全球约有 2 亿只流浪动物，它们或被抛弃，或身有残疾；它们没有足够的食物填饱肚子，没有干净的水源，没有固定的温暖的窝。夹缝中生存的它们每天都在努力活下去。

关于环保问题：每年全国被浪费的快递盒超过百亿规模，对环境造成的压力可想而知。京东物流一直致力于绿色物流，呼吁快递盒二次利用，为人、自然、社会赋能。

2020 年，京东物流基于此社会问题，从环保角度出发，通过物流快递盒二次利用改造的行动，为流浪动物赋能，为它们发声。

3. 营销目的

（1）通过此次营销，号召更多人将快递盒循环利用，DIY 动物小窝，关爱小动物，用"京东物流的方式"，倡导不抛弃不丢弃，传递爱和温度。

（2）搭建企业与消费者之间的互动渠道，通过"传递"的物流场景以及与用户的高频互动，让更多的人关注到社会的一些可持续发展问题，如人文、教育等。

（3）通过本次公益活动，提升京东物流品牌的曝光度，获得用户好感，凸显企业社会责任感。

4. 消费者画像

《2021 年中国宠物消费趋势白皮书》显示，2020 年，中国宠物行业市场规模接近 3000 亿元。一二线城市中的新生代已婚家庭已经进阶为养宠的主流人群，其中宠物主占比最高的为 85 后女性群体，占比高达 74%。

于是，从圈层营销的角度出发，京东物流初步将目标受众定为一二线城市中的养宠用户。这类用户对于流浪动物的情感共鸣更强烈，也更能接纳小动物。

从情感诉求上来说，他们是一群承受着巨大生活压力的人，主要还是出于情感上的需求而抚养宠物，他们希望宠物能够给他们的生活增添情趣，带来快乐，同时帮助他们排解压力，降低孤独感。

从功能需求上来说，他们希望通过陪伴宠物来打发闲暇时光，培养自己的爱心和责任感。

5. 营销策略

总体来说，为了使快递盒 DIY 动物小窝的行为紧密贴合"关爱流浪动物，领养代替购买"的理念，项目制订了场景化的营销策略以强化代入感，让用户切身体会京东物流所传递的观念与爱心。因此，项目从以下几个方面来展开营销：

重点一：快递盒 DIY，秒变动物小窝

（1）流浪动物故事 + 线下公益静态展；

（2）爱心快递盒攻略；

（3）利用大数据，向一二三线城市精准投放，触及核心人群。

重点二：携手宠物品牌、公益组织

（1）京东超市宠物品类；

（2）亚洲动物基金、它基金、上海领养日爱心发起方；

（3）皇家、玛氏、麦富迪、冠能、伯纳天纯、最宠等宠物品牌；

（4）3 家权威公益组织、2000 余个公益 & 宠物社群、200 余个达人传播；

（5）央媒、主流门户等 20 余家媒体齐发声，升华活动主题与活动意义。

重点三：疫情捐赠

（1）积极捐赠 5 吨宠物用品驰援武汉，救助上千只流浪动物；

（2）关注流浪动物生存现状，线下捐赠各个宠物机构及社会团体。

6. 内容创意

（1）设计升级

与中央美术学院、伦敦阿贾耶事务所、UN Studio 合作，邀请国内顶尖设计师和插画师（@ 栗子的栗 _ 和插画师王禹惟等人）参与包装以及海报设计，打造新潮有创意的视觉效果。

图 3-3　Home For Hope 创意快递盒

图 3-4 "盒以为家"宣传海报

（2）拍摄公益 TVC（电视商业广告）

该 TVC 以一只在拍摄完宣传片就被遗弃的流浪狗的视角展开，前几分钟它还是保护流浪动物宣传片的主角，待在温暖的摄影棚和聚光灯下；而后一秒就变回了在寒冷冬夜里无助徘徊的流浪小狗，无人关心。通过该 TVC，通过这个令人动容的小故事，京东物流呼吁人们应该身体力行地保护、关爱流浪动物，而不是功利地喊口号，"关爱不止说说而已，请用实际行动代替"。

图 3-5　Home For Hope TVC 截图

（3）爱心公益静态展

外形亮点：紧密结合物流特色，以包装箱改造为亮点，打造家的概念。

搭建亮点：外部融合橱窗概念，打造二次传播亮点。内部植入教育意义极广的公益图片、TVC 等素材。

互动亮点：快递盒 DIY+ 独立手绘师，提升活动互动性。

图 3-6　Home For Hope 线下公益展

7. 传播与执行

（1）选择线上平台作为传播主战场

针对线上传播，京东物流依据平台运营模式、传播目标、平台用户属性这三项进行综合评估，然后进行投放。首先，明确平台内容展现属性，是短视频类、资讯类，还是社区话题类，采用视频、海报、文字、互动活动等不同的形式，进行内容初筛。其次，明确不同内容传播目标，进行曝光或转化，曝光可以选择社交平台，转化可以考虑点击广告类、信息流投放。最后，明确平台用户属性，明确项目目标人群，重点关注养宠或关注公益的爱心人士。

（2）联合公益组织，强化公益传播垂直度及号召力

京东物流联合亚洲动物基金、它基金、上海领养日三家公益组织，在 10 月 31 日前后，于微博平台转发主题 TVC 以及活动海报，并且在之后关注活动进程，持续转发，持续为活动增加曝光度。

图 3-7　微博平台转发主题 TVC

（3）行业媒体多角度输出，持续为活动造势

京东物流与"CCTV 公益之声""中国公益网""环球网""看点快报""凤凰网"等多家媒体合作，邀请他们通过发布新闻稿为活动造势，同时进行深度报道，

升华活动主题和意义，引发广泛关注。

（4）垂直社交渠道，覆盖高价值用户

针对以 90—95 后年轻人为主的受众，京东物流选择与年轻、有亲和力的宠物、生活、公益、情感等垂直领域的自媒体频道（@头条奇闻网）和关键意见消费者（@扬沙沙沙、@说咱丹东人的事、@小柴豆儿等）开展合作，邀请他们在微博转发介绍此次活动，同时通过抖音和自媒体达人联合造势，精准触达目标人群。

（5）同步开展线下传播

项目通过京东物流自有的渠道传播，精准定位宠物用品消费者，投放定制猫窝快递盒。

盒以为家公益静态展｜JDL京东物流联合京东超市宠物品类传递爱心

当我们走在小区、公园及城市的街角处，时常会看见无家可归的流浪动物在垃圾桶旁觅食，在废墟堆边遮风避雨。为什么流浪动物的数量不断增加？抛弃、弃养是重要原因。

为号召更多人关注弃养小动物问题，2020年11月7日、11月8日，JDL京东物流携手京东超市宠物品类、公益组织亚洲动物基金、它基金、上海领养日以及宠物品牌皇家、玛氏、麦富迪、冠能、伯纳天纯、最宠等，在龙湖杭州紫荆天街举办"盒以为家"公益静态展活动，号召更多人将快递盒循环使用，折叠成动物小窝，倡导不抛弃不丢弃，关爱小动物。活动累计超50000人次参与，其中亲子家庭占比超50%，关注领养的爱心人士占比超30%。现场参与快递盒DIY互动的人数超5000人。

图 3-8 京东物流联合京东超市宠物品类传递爱心

（6）公益 & 异业品牌曝光

京东物流联合皇家、杭州领养日、海马体、京东宠物、京东 PLUS 等，制作品牌联名海报并给予线下活动（静态展）支持。

（7）EC

站内配合战略性资源，诸如秒杀、品牌闪购、京品推荐官推荐等流量资源，打造活动闭环（宠物粮跨界，提升公益活动关注度及可信度）。

8. 市场效果

（1）高曝光。Home For Hope 品牌公益计划总曝光量超 8000 万人次，50% 参与公益展的用户来自线上传播渠道。

（2）广覆盖。项目精准覆盖 2000 余万养宠用户，10 万个异形快递盒精准送达养宠用户，80% 参与公益展的用户为养宠或亲子家庭。

（3）好反馈。项目落地过程中，积极救助 2000 余只流浪动物，让流浪猫狗吃上爱心餐、住上爱心小窝，90% 参与线上线下互动的用户表达了对京东物流的信赖与好评。

图 3-9　微博转发活动截图

第二节　汤姆·邓肯 IMC 模型解析：消除噪音打通接触点，适时反馈强化品牌关系

一、汤姆·邓肯整合营销传播模型

美国营销学家汤姆·邓肯阐释了在整合营销传播中品牌传播的过程。他建构了

一个互动的营销模型①，该模型阐释了整合营销中企业与消费者之间的互动过程，并从中实现品牌价值的塑造，如下图所示：

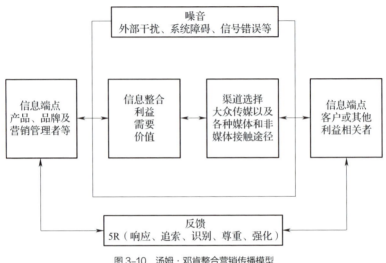

图 3-10 汤姆·邓肯整合营销传播模型

该模型中的要素如下：②③

1.品牌信息：消费者和其他公众接收到的与品牌有关的所有信息，这些信息以不同的符号载体进行传播，并赋予符号以特定的意义。品牌信息主要包括四大类：

（1）计划信息，是由广告、促销、个人销售、购买的材料、新闻发布、事件、赞助、包装以及年报等传递的营销传播信息。

（2）产品信息，指由产品设计、功能、定价和分销等传递的所有信息。

（3）服务信息，是指在与一个公司的服务代表、接待人员、秘书、送货人员以及其他相关人员的接触中获得的信息。

（4）非计划信息，包括与品牌有关或与公司有关的新闻故事、谣言、特殊利益群体的活动、交易的评价和竞争者的评论、政府机构或研究所的发现以及口头传闻。

① ［美］汤姆·邓肯.广告与整合营销传播原理（原书第2版）［M］.廖以臣，张广玲，译.北京：机械工业出版社，2006.
② 严力.基于汤姆·邓肯整合营销传播模型的玩具品牌传播分析［D］.杭州：浙江大学，2012.
③ 党楚.C2C电子商务网站整合品牌传播模型分析［D］.武汉：华中科技大学，2009.

我们分析的案例主要讨论的是计划信息，即和营销传播相关的信息。而信息整合，围绕信息接收方利益，需要和价值这一点，进行整合传播。

2. 渠道和品牌接触：这里的渠道主要是指媒体。媒体就像是一座在发送者与接收者之间传送信息的桥梁。营销传播信息通常由大众传媒传送，包括电视、广播、报纸、宣传物等单向传播媒介，和互联网等双向互动媒介。

3. 噪音：营销传播的干扰信息，消除噪音有利于提升传播的质量和效果。

4. 信息端点：包括营销信息的发出方，即产品、品牌或营销管理者等；营销受众，即营销信息的接收方，包括消费者和其他利益相关方。

5. 反馈：这里的反馈指双向的互动。企业接收消费者的评论和反馈，并及时适应消费者需要，对营销计划进行调整。"互动"把公司和其受众联系起来，并使得品牌关系的建立成为可能，从而促使品牌价值的创立。我们利用"5R"模型来描述双向互动中的行为。每一个 R 都有其对应的互动行为。

这个模型展示了公司与其利益相关者的互动关系，描述了关系创建中信息传播的各个因素。它把各种"信息来源"定义在企业、营销和营销传播级别上，并判明了所有的股东和顾客受众，体现了双向互动、整合营销的特点。

二、案例分析：基于汤姆·邓肯 IMC 模型的京东"盒以为家"体验营销解读

1. 信息端点：发出方和接收方

信息的发出方，主要是以京东为主体的、参与策划并组织整个营销活动的相关企事业单位。不同的参与者，在整个营销中起着不同的作用，也有各自的利益和目的。例如，京东物流为了突出自己"有速度更有温度"的理念，在长期的发展中，建立了 5G 智能物流示范园区，通过科技的应用，让物流服务更加智能化。而要塑造最佳的用户体验和企业形象，不仅要在服务质量上精益求精，也要在社会责任、与消费者的情感连接等感性领域进行提升。本营销项目的成果也超出预期，合作方的规模不断扩大，宠物品牌通过项目嫁接，为爱心人士和收容机构进行捐赠，可以提升自身形象。通过与政府、社会组织签订战略合作协议，企事业单位能从公益营销中获得良好的形象宣传。

信息的接收方，主要是消费者。为了明确目标群体，实现精准营销，京东通过

查阅文献、网文搜索和京东物流大数据，对用户群体进行调研，重点针对养宠物的用户，并对宠物用品消费者的属性和消费行为进行分析，从而建立消费者画像。经过用户画像分析，项目最终把消费者锁定在一二线城市的年轻用户。这一用户群体已经占据了很大的比例，足够使整个营销活动获得较好的成果。从圈层营销的角度出发，该部分用户是"种子用户"，可以从这一群体扩展到全民；从精准营销的角度出发，这一用户群体也是精准投放的对象，因为定制快递盒成本较高，无法作为普通的宣传品发放给每一个用户，而精准投放则可以降低成本。

2. 计划信息和信息整合

首先，从计划信息来看，"盒以为家"向消费者传递的理念主要有两个：一是环保，即推进快递盒的再利用，减少浪费和污染；二是温度，即关心流浪动物。活动核心的承载符号，就是京东的快递盒。

京东结合物流业特点，关注"遗弃宠物"这一社会议题。这一议题与每一个养宠物的消费者，与社区居民卫生、安全的生活环境都密切相关，回应了消费者的切身利益和需要。同时，DIY 快递盒，实现了快递盒的回收再利用，并且为流浪动物提供了容身之所，能让消费者获得价值满足感。

3. 信息渠道（媒介）的选择

在宣发媒介选择上，"盒以为家"战略采用了线上与线下相结合、传统媒体与新媒体互动结合、宣发与互动相结合的策略。从宣发上看，有权威官方媒体和大型新闻门户网站的背书，包括新华社等传统媒体，以及搜狐、新浪、腾讯、网易、头条、一点资讯、澎湃、环球网、凤凰网等新媒体平台。同样，除了线上宣发之外，也采用宣传海报等方式进行实地宣发。

项目互动包括快递盒线上 AI 互动、快递盒 DIY 和线下公益展。而为了进行更长期的营销活动，深化营销效果，该项目采取了长期营销的模式，快递盒上印刷有二维码，参与用户通过扫码，可以进行长期的跟踪和互动。

4. 噪音与消除噪音的策略

第一个是核心关注点的问题。该创意首先关注的是流浪动物问题，再从环保角度切入，这就产生了如何选择关注点的问题。实际上，二者并不矛盾，拯救流浪动物是与消费者的情感相关联的议题，而环保是社会责任议题。京东让两个主要议题成为相辅相成的两部分,用流浪动物的议题来引发用户的情感共鸣,引发他们对环保的关注,而流浪动物安置与环保议题的要求也是相契合的,因为流浪动物本身也会带来环境污染和疾病传播等问题。因此,从企业角度来看,两大议题与企业的社会责任和"环保"这一核心理念一致。

第二个是公益视频的争议问题,包括为什么要关注流浪动物、能否真正帮助到流浪动物,以及短片中的流浪狗是不是真正的流浪狗等。而在访谈中,项目负责人也对这些疑问作了解答:第一是精准营销,如果用户质疑把钱花在流浪动物身上是否合理,那么他本身就不是此次营销的目标用户,可以不用考虑;第二是与政府、社会组织和有关企业多方联动,用捐助宠物用品和修建收容所等实际行动,回应消费者的爱心;最后,用已经被收容的流浪狗进行拍摄,既符合流浪狗的身份要求,也可以降低拍摄难度。

5. 互动的效果

通过多媒体的宣传,以及类型丰富的长期互动,"盒以为家"取得了显著的营销成果,获得了充分的反馈,我们可以用 5R 模型来分析传播效果。

第一是关联(Relevance),对应的行动为"识别"。京东通过物流大数据精准识别出养宠物的消费者群体,投放个性化定制的"盒以为家"快递盒,从而降低营销成本,精准识别出有需要和有意愿的用户群体,提升营销的效果。

第二是感受(Receptivity),对应的行动为"追索"。即研究目标群体的消费偏好和消费习惯,从而发现他们的消费需求。在"盒以为家"快递盒的设计和投放上,不仅考虑到年轻群体的审美,进行了潮流的美学设计;在投放时间上也进行了精细的研究,尽量符合目标群体的消费习惯,并考虑到流浪动物过冬的时间段,且贯穿整个营销过程。

第三是反应(Responsive),对应的行动是"响应"。即回应受众的需求。在此次公益营销中,最重要的回应则是与用户的情感共鸣和关联。京东在前期通过大量调研来挖掘用户需求,并基于用户对宠物的情感寄托来进行项目设计。除了提供定制快递盒,项目最重要的是通过实际的行动,来满足用户的情感诉求,因此京东也联合了一些品牌进行捐赠活动、与很多企事业单位联手进行关爱流浪小动物和环保的合作,切实回应了消费者的爱心。

第四是回报（Recognition），对应的行动是"尊重"。尊重消费者与其他利益相关方的诉求，尊重社会利益，从而提升企业的市场地位和美誉度，这也是社会责任营销活动的一个核心目的。树立良好的企业形象，本质上是尊重消费者的需求与偏好，切实投身于消费者日常关心的社会问题，这样才能获得公众的更多尊重，提升用户忠诚度。

第五是关系（Relationship），对应的行动是"强化"。用户忠诚度需要长期的维系，因此也需要进行长远的营销考虑。采取长期营销的策略，也是基于以上考虑。同时，京东也在不断改善营销策略以强化和扩展这种联系，从而有效发挥营销的长期效应。

因此，我们可以利用这一模型，对营销传播各要素进行全面分析，包括传播者与受众、传递的信息、媒介选择和互动过程。

第三节　案例访谈："技术驱动，引领全球高效流通和可持续发展"

一、公司介绍

京东物流集团（JD Logistics）成立于 2017 年 4 月，隶属于资本雄厚的京东集团，是中国领先的技术驱动的供应链解决方案及物流服务商（品牌定位），以"技术驱动，引领全球高效流通和可持续发展"为使命（品牌使命），致力于成为全球最值得信赖的供应链基础设施服务商（品牌愿景）。

二、采访对象：Effy Wang 及喵老师

两位负责人表示，京东物流集团作为集体，每一部分都是不可或缺的。此次案例也是由多个部门、多位同事协同完成的，所以她们倾向于将此次采访对象设为京东物流集团。

三、采访记录

（一）创意的提出

1. 立足企业理念，传播品牌价值

Q：对于京东物流来说，本次公益营销是出于怎样的品牌诉求？将如何体现企业理念？你们又期待这个项目对于企业品牌价值的传播产生什么影响？

A："有速度更有温度"是我们京东物流的企业理念，本次公益营销其实主要是出于我们"传递温度"的品牌诉求，试图将京东物流与"品质""情怀""担当"关联起来，与用户建立情感联系，潜移默化地改变用户的消费选择。而为了体现"有速度更有温度"的企业理念，我们基于我们的物流场景来搭建整体的公益项目，通过对宠物小窝快递盒进行高效且高质的投放，嫁接京东物流"有速度更有温度"的服务场景。

对于这个项目，我们期望它能够帮助渗透京东物流品牌的核心价值，提升品牌认知和品牌美誉度，以及未来的合作价值，促进品牌销售与转化，维系用户满意度与忠诚度，总体而言，还是期待能产生多面向的影响力。

Q：2017 年，京东物流推出了"青流计划"，此后也推出过"Superbox 超级盒子"等项目，我们注意到这些项目同"Home For Hope 盒以为家"公益计划似乎是一脉相承的，他们之间有怎样的联系呢？是否考虑打造特色 IP 呢？

A：从"青流计划"到"Superbox 超级盒子"再到"Home For Hope 盒以为家"，你们可以将其理解成总、分、细分的关系。"青流计划"是我们的战略级项目，"Superbox 超级盒子"则是"青流计划"中的一环，深耕绿色包装，与绿色回收相关。而"Home For Hope 盒以为家"又是对"Superbox 超级盒子"项目中的一类社会价值的延展，即环保与流浪动物，更具有垂直度。

实际上，我们的 IP 已经打造成功了，目前，我们已经为"盒以为家"申请了国家专利。至于"Superbox 超级盒子"项目，明年我们也会把它单独拎出来，作为一个绿色供应链来做。

2. 建基物流场景，凸显公益价值

Q：请问你们当时是如何提出"Home For Hope 盒以为家"这个公益计划的创意

的？有什么契机吗？

A："Home For Hope 盒以为家"这一公益计划的诞生其实来源于我们本身的物流场景。最初我们发现，在全国，每天有数以千万计的快递盒被丢弃，而全年光是被扔掉的快递盒就可以铺满数十万个足球场。为了促进包装的再利用，实现绿色低碳，我们京东物流推出了战略级项目"青流计划"，关注环境问题和人类可持续发展的相关问题。而在"青流计划"之后，我们又衍生出了"Superbox 超级盒子"的创意，希望将快递盒的改造、利用与社会问题相结合，让更多人能在传播层面接受我们促进人类可持续发展的理念。在推进"Superbox 超级盒子"的过程中，我们又关注到，目前全国养宠用户基数庞大，由此衍生出了一系列丢弃宠物、宠物暴力繁殖、虐宠等社会问题，这使我们想要在原有环保理念的基础上，尝试融入保护动物这一公益元素，由此，便有了"Home For Hope 盒以为家"这一创意的产生。

Q：在创意案中，你们提到首先关注的问题是流浪动物，然后选取了环保这一角度切入，那么这一公益计划的核心焦点到底是什么？你们想通过哪些点引起受众的情感共鸣？

A：其实这个项目里的"环保"与"流浪动物"并不矛盾，本质上，情感关联和社会责任这两者是可以兼容的。

从企业的角度来看，这个项目主要是基于我们所处的物流行业而发起的，包装消耗问题不利于自然环境和人类的可持续发展，所以我们希望借助京东物流自身的企业影响力来号召大家关注环保；从市场营销的角度来看，流浪动物问题也会带来一系列社会影响，诸如环境问题、疾病传染等，同样不利于自然环境和人类的可持续发展。所以，无论是环保还是关爱流浪动物，我们所传达出的企业理念是一致的，即促进自然环境的优化和人类的可持续发展。同时，通过流浪动物的议题，我们可以激发更多的社会关注，所以我们对于"环保"和"流浪动物"这两个话题没有侧重，而是致力于将两者结合。

为了激发受众的情感共鸣，在这个项目中，我们着重想要唤起的是受众对于小动物本能的情感联结，使受众意识到养宠已进入情感需求层面；在创意落地的过程中，我们采用了很多具象化的表现形式，以文字、视觉等素材和方式展现，升华用户情感。

（二）创意的策划

1. 结合企业特色，提升营销效果

Q：我们了解到，"盒以为家"的项目核心"快递盒变宠物小窝"其实并非首创，为什么你们还会选择以宠物小窝快递盒为载体？这又如何彰显京东物流自身的特色呢？

A：确实有不少国内外的创意公司在尝试做这类项目，但我们创意的最大亮点其实并非盒子本身，盒子只是一个载体。作为一家物流公司，快递盒对于我们京东物流而言是一个非常重要的符号载体，对于用户而言也具有深入人心的效果，有一定的知名度和很强的相关性，因而我们使用这个创意可以取得更好传播效果。

同时，京东又不只是一家物流公司。相较于顺丰等其他单纯的物流公司而言，京东具有物流大数据的优势，在制作完快递盒之后，我们可以通过自己的物流系统在全国甄选出精准的养宠用户，比如近两个月购买过宠物粮或宠物健康用品的用户，从而让我们的快递盒投放更有针对性，并能够让我们的广告实现更为精准的漏斗曝光，达到营销效果的最大化。

我们还将"盒以为家"的快递盒与 AI 技术结合了起来，赋予了其更多技术上的交互功能。比如，在我们的"Superbox 超级盒子"项目同奥迪进行合作时，我们就在盒子上印上了二维码，用户扫描之后即可配合音乐同盒子进行一些 3D 化或者 2.5D 化的互动，激发用户兴趣，增加其体验感和参与度。

2. 进行前期调研，明确目标群体

Q：在前期的准备阶段，你们做了哪些形式的调研？最后的结果如何？

A：我们通过文献查询、网络搜索、京东物流大数据等方式进行了调研。因为涉及宠物小窝快递盒的投放，所以我们前期重点针对养宠用户、宠物用品消费者属性和消费行为进行调研。我们发现，目前我国独居成年群体规模接近 1 亿人，而养宠（犬、猫）人数量已达 6294 万（超 50%），因此我们选择将宠物用户作为快递盒的目标人群。这一方面是考虑到该群体基数庞大，另一面也是考虑到养宠用户对于宠物话题更具共鸣。此外，宠物消费领域不断升级，截至 2020 年，宠物行业市场规模接近 3000 亿元，在京东宠物用品消费排行榜中，宠物主粮、宠物健康护理类排名靠前。所以，我们根据用户属性、购买属性，做到精准投放。

Q：我们关注到，你们最后选择了宠物用品的消费者作为宠物小窝快递盒的投放受众，并特别选择了一二线城市的年轻用户作为快递盒投放及广告宣传的对象，选择受众群体是基于哪些考量呢？

A：最后之所以选择向宠物用品消费者投放宠物小窝快递盒，是基于营销层面的考虑。一方面，我们考虑到养宠用户对于小动物的接纳度较高，从圈层营销的角度出发，我们就把这个群体作为种子用户；另一方面，从精准营销的角度来看，因为快递盒整体是借助京东物流大数据进行投放的，且宠物品类的用户垂直度高，所以选择宠物用品的消费者。综合这两方面，我们发现，目前在养宠用户中，年轻用户占比非常大，很多都是独居的成年人，年轻用户有很大的规模——差不多达到6000 多万，尤其是一二线城市的 90 后、95 后，所以我们会倾向于将他们作为投放受众。

但实际上就项目本身而言，我们不只有快递盒投放，还联动了政府、媒体、异业，并做了全线传播，我们希望公益能量与热度是覆盖全民的。

3. 携手多方力量，升华项目价值

Q：这次公益营销中，你们与一些宠物品牌、公益组织进行了合作，这是出于怎样的考量呢？你们是如何选择合作方的呢？

A：我们采用了政、企、媒三方合作的模式，这使我们的传播更具影响力和权威性。总体而言，我们在以下五个维度同政、企、媒三方进行了合作：

第一，为了实现项目背书，增加公益活动的权威性，我们同上海市精神文明办、上海市公安局、上海市农委、上海市志愿服务公益基金会、阿拉宠等 10 余家相关单位、组织及平台合作组建了上海市政府文明养宠工作协调小组；

第二，为了提高项目的垂直度与号召力，我们连续 3 年紧密联动亚洲动物基金、它基金、领养日等国际、国内口碑较优的爱心公益组织；

第三，为了拓展项目的传播面，我们还联合京东物流商盟伙伴——京东超市、京东宠物、京东 PLUS、京东家电等，给予用户互动福利激励，实现全国市县镇百大点位全面覆盖；

第四，我们还同雀巢、玛氏、皇家、麦富迪、伯纳天纯、比瑞吉、最宠等国际性或全国性的高口碑宠物垂直类目企业合作，垂直触达养宠用户群体，提高项目的传播垂度和精度，并联合这些品牌针对个体爱心人士、全国多地流浪动物收容中心进行连续捐赠；

第五，为了使项目的宣传渗透到用户吃、穿、用、住、行等各个方面，我们选择与快手、农夫山泉、吉利、龙湖天街、T3 出行、海马体、大悦城、爵士上海等深入当下年轻、养宠用户生活场景的爱心企业合作，提高社交热度，助力声量跃升；

最后，从项目口碑维护和品牌价值维护的维度来看，我们同百余家媒体进行了合作，合作对象包括新华社、澎湃新闻、光明网、《文汇报》《新民晚报》《扬子晚报》《浙江日报》、搜狐、新浪、腾讯、网易、头条、一点资讯、环球网、凤凰网等，涵盖主流媒体、网络媒体等不同媒体资源。通过多角度报道来升华项目的意义与价值。

至于选择与怎样的品牌和公益组织进行合作，主要会考虑该品牌、公益组织与我们项目的契合度、配合度以及舆论风险这几个点。

4. 企业内部合力，整合营销策划

Q：这一公益计划的预算是多少？有哪些部门或人员参与了计划的筹备与实施？筹备了多久？

A：这个公益项目不仅是品牌项目，也是一个整合营销项目。从整合角度来看，预算往往包含了多个方面，比如我们自身以及政府、媒体、异业的多方位资源互动与成本分摊。总体来说，我们有百万级的预算，但由于预算中包含了各个方面，比如异业、媒体、政府提供给我们的一些渠道和资源，所以很难做到量化。

在营销分配上，我们在线上的资源投入要多于线下，线上主要投在传播渠道和不同的内容发布上，线下主要投在用户体验上。如果考虑非异业联动，还会涉及政府很多渠道的支出，这些预算的量化是不少的，单一的营销支出费用可能也是百万级别的。如果具体在盒子上，因为我们每年要投放超过 10 万个盒子，而且每个盒子的单价都要一二十元，所以盒子的制作成本是不低的。

这个项目发起和落实的核心团队是我们的市场部门，在项目执行的过程中，内部需要协同公关、媒介及快递仓储等部门及相应人员，外部需要协同政府、媒体、企业。

考虑到流浪动物寒冬生存问题尤为严峻，我们的项目通常选择在冬季10—12月启动，这样更容易引发用户共鸣。筹备工作一般会提前2个月左右开始，涉及各类流程和传播素材筹备工作，而项目的实际上线大概需要20天到1个月。前2个月的筹备期之后就直接进入预热期和爆发期，最后是收尾期。

5. 线上线下联动，扩大传播范围

Q：为何选择线上和线下相结合的方式？主要采取了哪些营销手段？

A：我们线上营销主要以曝光、口碑、引流转化为目的，手段以内容营销/跨界营销为主，重在扩散项目热度和用户认知；而线下则主要以用户体验、品牌服务为主，两种方式相结合可以更好地实现传播的效果。

Q：对于计划的具体的活动设计与执行有哪些考量？三大主要活动——"创意海报""公益TVC""静态展览"先后顺序的安排有什么讲究吗？

A：此次活动设计与执行的重要考量点主要是目的、主题、预算、人员安排、呈现形式、规模、传播方式等。按照"创意海报""公益TVC""静态展览"的先后顺序安排，一般情况下，创意海报、公益TVC会作为传播物料，在预热期和爆发期扩散，公益展会作为项目收尾期的闭环来落地，从而延长长尾效应和加强用户体验，让用户确实能够到具体的地方参与互动，亲自动手DIY我们的快递盒等环保相关的改造品。

Q：在"盒以为家"项目中，除了围绕盒子展开的活动，你们在疫情期间也进行了一些捐赠，这些捐赠取得了什么效果？同"盒以为家"的项目有什么联系吗？

A：整体来说，我们的捐赠是以宠物类用品为主，同亚洲动物基金会等社会公益机构进行合作，并根据他们的反馈信息进行捐赠，这样的反馈也是支撑我们继续做下去的一份动力。因为我们的项目是一个整合营销的项目，所以我们会强调对宠物品牌商、快消连锁等下沉协会，以及社会公益机构进行整合，用多方力量完成整个项目的运作。

在捐赠的过程中，这些社会公益组织的一线工作人员会扩大"盒以为家"这个项目的传播范围，同时他们作为捐赠的践行者也是我们项目的有力保障者。我们所有的数据其实都来源于他们的救助反馈，我们的每一份捐献也通过他们才能用最快的方式给一些需要救助的地方。所以，我们的捐款实际上除了能帮助到流浪动物以外，还能让我们走进这些一线人员，将他们也纳入我们项目的整合范围。

其实可以把盒子看作项目的一个纽带，这个纽带使我们可以同多方实现合作嫁接，整合一线的工作人员、社会公益组织、媒体、各个品牌企业以及政府，从而进行营销观念的传递，赋能整个项目的落地，最大化地向社会输出我们的观念，并用最快的方式走近一线工作人员，去协助他们和社会机构进行一些真正落地的公益项目。

（三）创意的施行

1. 定制创意盒子，投放外加追踪

Q：我们看到，"盒以为家"所选用的快递盒其实是定制的，但基于环保的目的，你们为何没有选择使用物流的正常普通快递盒来改造呢？

A：刚刚我们讲到，"盒以为家"的快递盒在投放时是针对用户进行了精准匹配的，就像投放广告一样，需要有针对性地投放，所以我们无法基于简单的商业逻辑直接把盒子发给购买了某个商品的人，这样可能会削弱我们投放的精准性。但是，我们也在试图让用户们直接改造收到的普通快递盒，这或许会成为我们"盒以为家"项目未来的发展方向。

Q："盒以为家"定制版潮流联名快递盒最后一共投放了多少个？具体是如何投放的？后续是否进行了追踪？

A：快递盒一共投放了 10 万个，但在制作的时候按照 30 万个的量来做。关于如何投放，举个具体的例子，比如在整个 12 月中，我们框定了一定数量的购买宠物粮的用户，假如你在京东商城上面下单购买了宠物粮，你就有机会得到这样一个快递盒。我们会尽可能多地抽取满足我们划定条件并购买了特定宠物用品的用户，然后再进行投放。因为我们有"211限时达"的配送服务，所以如果你在11点前下单，那么当天就能收到"盒以为家"快递盒包装的宠物粮。关于追踪的问题，我们有对应的广告系统来分配和把控实际投放的数据。我们会通过内部系统激活用户，并做二次触达，如邮件、短信等。

强调一个重点：我们打造这个宠物小窝快递盒项目的核心目的有两个，第一个是希望唤醒消费者，使之意识到流浪宠物需要救助，建立用户的情感价值关联；第二个是通过各大渠道整合行业内可能的合作方，落实公益项目的接力，更多地为社会创造一些实际价值。通过唤醒消费者的意识，加上深度联动政府、企业、媒体和下沉的社会公益机构，我们希望未来在新业态方面与各方开展一些更为深度的合作，比如推动宠物护照、宠物GPS等相关科技产品的普及，促进城市文明养宠信用积分制度的建立，帮助流浪收容所的管理等，改善社会的方方面面。

那么，我们的实际效果其实不是看盒子有没有被使用，而是看能否激起足够的用户情感，以及有没有将相关方整合起来，促进未来新业态的发展，这是很难简单地进行追踪量化的。但是对于京东而言，我们未来的项目能够实现多方面的整合和合作，并在项目的实际落地中能够顺利推行，实际上就能体现出目前盒子的价值。

2. 注重视觉传达，设计助力创意

Q：不难看出，你们在设计上投入了很多，当时是怎么想到去联系设计师（@栗子的栗_）和插画师（王禹惟）来进行KV设计的呢？针对这个设计，有哪些视觉传达的要求？为何会想到在公益行动中加入大量时尚潮流元素？

A：我们的设计诉求主要是从公益主题体现、品牌融合、美观这三个角度出发。设计往往能体现一个品牌在品质、精细度上的追求程度。因此，在设计师的选择上，我们会做匹配和把控，如选择跨界优质的设计师。

在设计诉求上，我们考虑的核心是公益主题的体现和其同我们品牌的融合，以及创意点跟美观度，尤其是美观度这部分，我们会重点考虑当下的年轻用户更乐于接受的设计。

而潮流元素则是基于我们的目标受众而进行选择的，关注宠物、流浪动物的多为年轻用户，我们希望匹配一些潮流元素或创意视觉元素来扩大项目的传播广度与接受度。同时我们也认为，设计和线下活动对于任何一个项目而言，主要是起到线上线下营销反哺的关键性作用，所以我们每年的创意方向 / 风格都会寻求突破，来为年轻人提供持续的新鲜感。

Q：你们还拍摄了很多公益短视频，这些短视频是如何讲述流浪动物的故事的？（视角、内容、形式的选择上）反响如何？

A：我们的视频会契合项目主题与宣传方向来进行定制化，也就是说，公益短视频的创意点是需要结合项目主题、传播方向来构思的。以 2020 年公益视频为例，我们主打"不抛弃不丢弃，和我们一起关爱每个 TA"方向，所以核心创意上，注重叙事结构及内容形式的创意表达。叙事结构采用了"反转"，内容形式采用了"戏中戏"，以此增加视频冲突性。开头是女演员抱着流浪狗拍摄"关爱宠物"的宣传片，让镜头前的观众误以为这是一支完整的公益宣传片。下一秒，镜头转变，女演员拍摄完成，众人把狗遗忘在现场，凸显宠物被利用和被抛弃只在一瞬间，强化项目主旨，调动用户情绪。

在前期的内容设计和筹划阶段，我们考虑到后续可能产生的舆情问题，所以在创作脚本的阶段，同我们公司的公关部门、我们的合作媒体，以及一些权威的爱心公益组织一起对内容进行了把控，对舆论事先进行了预测和监管，并基于公关的把控来修改脚本，希望在一定程度上缓解和避免后续可能带来的舆论问题。比如，我们考虑过是否要很直观地展现主人抛弃爱宠的行为，公关部门认为这样直接的呈现形式可能会让观众感到不适，从而产生舆论风险，因此，我们经过多方协调后选择在内容设计上并不直接展现主人抛弃爱宠的场景，而是选择用一只已经没有主人的流浪狗，通过戏剧性反转的形式，讲述流浪狗被二次抛弃的故事，以此传达我们"不要抛弃"的核心思想。我们想要传递的核心思想是，小动物不只是一只玩具，我们不应该随意处置小动物的去留，它们对我们的配合是源于对人类的信任，希望我们不要伤害以及辜负这份动物对人类的信任。

我们在故事中其实已经将"主人"或者"人"的角色隐藏了，而将视角放在小动物上，希望观众看过视频后更专注于被抛弃的狗本身，关注到流浪动物的困境，我们考虑过用户可能会产生反思、自责等负面情绪，这样的情绪与我们希望观众关注小动物、不要抛弃小动物的理念是一致的。

这个视频上线一周播放量破千万，除了我们自身的传播渠道，也会有合作方、达人、大 V、社群共同助力传播。

（四）创意的回顾

1. 实效超越预期，创意施行成功

Q：对于本次公益计划，你们进行了怎样的效果评估？采取了哪些方式？结果是否达到了你们预期的影响力或传播力？

A：我们主要从曝光、用户覆盖精准度、合作方规模、长尾效应几个维度来进行评估。结果超出预期，曝光量达 8000 万人次，合作方的规模不断扩大，宠物品牌通过我们项目的嫁接，为爱心人士和收容机构做捐赠，以及与政府联合签订战略合作等。

在策划时，我们就希望能在合作规模、项目曝光、项目长尾效应上达到一定效果。在合作规模上，希望能够不断丰富合作方的类型和数量，在 2021 年全方位实现政府、媒体、企业站台；在曝光层面上，目前公关部门测算，活动达到 8000 万人次的曝光；在长尾效应上，真正实现公益助力作用，从 2020 年至今，我们联动宠物品牌捐助超 7 吨宠物粮，并且在持续捐助中。

Q：线下公益展览参与人次有多少？你们如何获取用户的反馈？反响如何？有哪些需要调整或改进的地方？

A：线下公益展举办 2 日，累计 5 万余人次参与，5000 余名用户参与宠物小窝DIY 互动，其中 80% 以上为亲子家庭。因为线下活动主要是依托二维码来开展的，所以我们在现场用户 DIY 的盒子上印了二维码来进行追踪和激活。我们通过短信、邮件等方式激活用户，再通过礼券等方式同用户互动。我们也在试着不断优化这个系统，其实 2020 年的效果我们并没有做整合，2021 年应该会整理出数据并形成一个用户反馈结果，但总体而言，我们还是达到了寓教于乐的效果，后续我们会加强用户沉淀，实现用户聚拢。

Q：你们采取了多维度合作的传播策略，从实际效果来看，哪些渠道的效果更好？

A：效果需要依据内容属性来评估，总体上，各渠道都发挥了作用。在效果转化上，信息流的效果更好；在垂直用户触达上，物流广告的效果更好；在用户互动和教育意义传达上，异业联动、社交平台互动的效果更好；而在品牌建立上，政府、媒体相对有优势。

Q：该计划最终的市场反馈如何？给品牌带来了什么？

A：最终的反馈较好，主要体现在用户、内部、外部的不同评价或行动方式上。从用户来看，主要是教育意义搭建，满足用户喜好等；从内部来看，目前"Home For Hope 盒以为家"已被京东注册为品牌专利项目；从外部来看，政、企、媒多界持续的联动，一定程度上验证了项目所带来的实际意义。整个项目总体上为品牌带来了合作权威性及规模化，有利于用户情感价值关联，可以促进品牌潜在销售和转化。

2.吸纳已有经验，优化未来项目

Q：就实际取得的效果来看，盒以为家的快递盒能否真正解决流浪动物的实际需求？

A：我们思考过，在这个项目里，我们的企业到底想要做什么？最后我们认为，应该聚焦在"传递"这两个字上面。在明年、后年、大后年，无论怎样，我们都会继续做下去。一个网友给我们留言说，虽然部分人的素质不高，可能会妨碍这个盒子发挥作用，但是只要这个盒子放在楼下，能够给那些小猫、小狗挡一宿的风雨，他都会觉得这个盒子是有价值的。我们真的很难去把控这个盒子放下去之后到底会不会取得实际效果，因为哪怕我们投放了 10 万个快递盒，这个数量仍然是微小的，但是促使我们这个团队去发起，并且坚持拿这么多的预算去做这么一件公益活动的出发点就是，我们始终觉得这件事是有意义的，哪怕这个意义很小，但是我们还是会投入我们的精力和时间去把这个项目持续地做下去。

Q：在流浪动物的宣传视频发出后，你们收到了一些负面的评论，你们如何看待视频引发的舆论争议？

A：争议主要集中在三个方面，一是质疑我们为什么要关注流浪动物，质疑我们为什么要把这么多钱花在动物身上，而不去关注像山区贫困儿童之类的弱势群体；也有一些人因为曾经被流浪动物咬过，所以他们认为流浪动物不值得关注和帮助。那么，这些人本来就是不爱小动物的，也不是我们想要触达的目标用户，我们不会因为这样的负面评论就中止我们的项目。

二是质疑我们是否真正帮助了流浪动物，觉得我们只是在利用视频宣传而不会真正付诸行动。基于 2020 年收到的这类评论，我们也在考虑是否要多和政府、企业进行联动，比如资助一些宠物收容所，同时在文明养宠新业态方面展开更多的合作，站在企业的角度上实际去做一些事情。

还有人对视频的具体内容存在质疑，比如质疑视频里的流浪狗是不是真的流浪狗。其实我们在拍摄时选择的是一只已经被收养的，但是有过流浪经历的狗，没有选择一只正在流浪的狗直接进行拍摄，这是因为我们考虑选择已经被收养但同样有流浪经历的狗更能配合我们完成拍摄任务，而它也具有流浪狗这样一个角色的代表性。

Q：因为你们还在持续做这个项目，我们想了解在 2021 年的"盒以为家"项目中，你们对哪些部分进行了提升或者改变？

A：我们 2021 年的项目在冬季 10—12 月份启动，其中核心提升点有两个方面。一方面，在品牌价值延伸创造及项目公益权威性建立上，我们首度联合上海市政府，协同上海市精神文明办、上海市公安局、上海市农委、上海市志愿服务公益基金会、阿拉宠等 10 余家单位、组织、平台，举行"盒以为家"签约及启动仪式，希望各方可以在公共关系、线上线下渠道、营销活动上展开紧密合作。并且基于项目合作黏性和双方的友好互通，我们将在未来 3 年，针对文明养宠、流浪动物救助、宠物新业态等方面展开战略合作。

另一方面，在用户互动体验上，2021 年我们除了投放宠物小窝快递盒，号召用户二次改造外，还基于物流场景打造了"旧物改造征集"营销活动，呼吁用户将身边的废品进行再利用。如果他们将身边的废品改造成爱心宠物用品寄送给我们，还可以参与评选，从而有机会得到政府联动授权证书及相应激励等。同时，我们会让线上活动与线下活动关联得更加密切，爱心作品可以作为线下公益展的陈列品进行展出，向每一位参展的用户传递温度与爱。

（五）创意的启示

Q：根据您的过往经验，您认为一次成功的公益营销应该是怎样的？

A：成功的公益营销应该考量以下几个方面。

首先，从公益主题及立意角度出发，是否具有一定热点性，符合用户的需求。

其次，从人文角度出发，是否具有价值共鸣以及能否带来长尾效应，不能只考虑品牌本身，还要切实地做一些用户的情感关联。比如，在项目中，公益价值观念的输出是一方面，重要的是我们是否实际地联合了一些品牌去做出捐赠的行动、是否联合了一些异业来进行关爱流浪小动物和环保的合作以实现口碑维护。

最后，从传播的角度出发，一是同媒体、政府、异业联动进行一些跨界的合作，从而让整个项目更具号召力和垂直度；二是要考虑营销的差异化，包括 IP 的包装、VI 的统一输出、定制化的视觉内容产出等，从而提升用户的体验感；三是就渠道的筛选而言，需要找到适合的营销传输工具，能够针对目的，在内容和渠道上对症下药。

Q：在您看来，什么是"高价值用户"？

A：我认为高价值用户不是指自然人，这里我们可以将其理解为高价值需求。需求是多元的，包含内容需求、情感需求、自我认可需求、消费需求等。如果想要找到高价值用户，应该立足不同的项目或传播内容，从内容、目标及渠道几个角度衡量，以聚拢和评估高价值用户。

举个例子，在考虑投放"盒以为家"的快递盒时，我们会在前期通过大量调研来挖掘用户需求，比如基于用户对宠物的情感寄托的需求，把购买宠物用品的群体中的这类具有这种需求的用户评为高价值用户，然后再通过我们的广告渠道去进行精准的匹配和投放，通过挖掘高价值用户，做到价值最大化的输出。

（访谈人：孔泽龙、沈佳颖、邹宇凌、郑寒祺、姜柱惠、辛承润）

第四章

"创造型社会和人文精神营销":百事"和妈妈一起'绣'文化",传达"营销向善"理念

"把乐带回家"是百事公司在每年春节期间针对中国消费者推出的营销活动,与"妈妈制造"的合作是这一系列活动的第九个项目,其创新点在于将非遗文化与百事品牌文化相结合。

百事将可持续发展视为企业的战略核心,在追求卓越运营绩效、以丰厚利润回报股东的同时,又回报社会和所服务的社区,即营销活动所产生的影响必须对社会产生价值,百事称其为"目的性绩效",即"营销向善"(Marketing for Good)。

在被称为"国潮元年"的 2018 年,始终引领年轻潮流的百事可乐深刻意识到,年轻人对中国本土文化的价值认同感在逐渐加强。国潮复兴,唤醒了众多年轻消费者对本源身份的认同感,品牌的原创力也成了获取他们青睐的"秘籍"之一。

在这波风潮中,蓝色光标将目光投向传统非遗技艺,他们注意到非遗传承是一个备受关注的社会议题。据统计,12 年间,共有 105 项中国传统文化濒临灭绝。助力传统文化传承最好的方式之一,就是从传统中寻找到与时代接轨的内容,将其带到现代的新商业语境中,使品牌与传统文化相互赋能,启发传统与现代的潮流共生。

蓝色光标向百事公司建议使用"非遗传承"这一时代命题作为项目主题,这与百事可乐秉承的"营销向善"的发展战略相符合,也与"妈妈制造"项目的发展愿景"使传统文化重焕光彩"不谋而合,最终促成了此次合作,"百事:和妈妈一起'绣'文化"项目由此诞生。而乳源瑶绣项目标志百事可乐迈出扶助中国传统文化第一步。

第一节　案例复盘：让"妈妈制造"，"把乐带回家"

一、行业分析

当下，消费升级带来一系列产业、品牌反应。在中国市场上，各大品牌愈发关注品牌力（包括而不限于知名度、美誉度、忠诚度），追求消费者在价值、理念层面对企业的认可，满足消费者的情感诉求，并形成一个品牌生态、一个成熟的商业模式系统。当下，品牌竞争已经进入"深度品牌"时代。

借公益之力提升品牌价值冲击力成为一个绝佳选择。被美国人誉为"可口可乐之父"的罗伯特·伍德鲁曾说过："即使可口可乐的工厂被大火烧掉，给我三个月时间，我就可以重建完整的可口可乐。"可口可乐品牌的成功与其在公益营销上的投入不无关系，可口可乐品牌一直是倡导人性关怀企业文化的佼佼者，而公益营销也正是可口可乐保持企业永续竞争力的原因之一。可口可乐的"能打电话的瓶盖"曾引发全球热度，彰显了企业的社会责任与人文关怀价值观。因此，谈及公益营销，不能不对当下竞品的品牌经营情况作分析，不能不对其身处的行业大环境进行分析，以便从更深层次探寻"和妈妈一起'绣'文化"公益营销项目的必要性与意义。

（一）碳酸饮料行业龙头企业竞争格局分析

1. 概述

在可口可乐持续耕耘主业软饮料时，百事可乐开始品类多元化扩张。作为一家饮料食品公司，百事公司虽然营业额大幅领先其主要竞争对手可口可乐公司，但在净利润、市场份额、营销网络上均处于劣势，这大概是百事公司覆盖食品领域的"双刃剑"。

2. 基本介绍

在 20 世纪 90 年代，以可乐为代表的碳酸饮料风靡全球。发展至今，碳酸饮料已走过了上百年，可口可乐与百事可乐的红蓝之争始终不曾停止。

表 4-1 可口可乐公司和百事公司基本信息表①

指标	可口可乐	百事
成立日期	1886 年	1903 年(注册商标)
主营业务	碳酸饮料等软饮	碳酸饮料等软饮以及食品
营业收入(2019)	372.66 亿美元	671.61 亿美元
员工人数	86200	267000
总市值	2278.07 亿美元	1987.81 亿美元

3. 营业额对比

在营业收入方面,百事大幅领先于可口可乐。2019 年,百事的营业收入达到671.6 亿美元,同比增长 3.9%。同期,可口可乐则实现营业收入 372.7 亿美元,同比增长 9%。近几年来,以可乐为主的传统碳酸饮料市场遇冷,双方的经营业绩均出现了较大幅度的波动。

不过,从净利润来看,可口可乐表现亮眼。2014—2019 年,可口可乐的净利润整体高于百事。2019 年,可口可乐的净利润为 89.20 亿美元,同比增长 39%;百事的净利润为 73.14 亿美元,同比下滑 42%,其中中国区下滑幅度较大。

在市场份额上,可口可乐持续保持领先位置。从中国的竞争格局来看,中国碳酸饮料市场基本被可口可乐和百事可乐瓜分,其中,可口可乐的占比达到 59.5%,百事可乐以 32.7% 的市场份额排名第二。

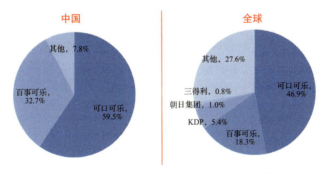

图 4-1 2019 年中国及全球碳酸饮料市场竞争格局②

① 前瞻行业研究院 . 2020 年全球碳酸饮料行业龙头企业竞争格局分析[EB/OL].(2021-02-23)[2021-12-31] . https://bg.qianzhan.com/report/detail/300/210223-7a857486.html.
② 同上 .

4.产品矩阵对比

可口可乐在产品布局上，以碳酸饮料为主，并在此基础上实现边界扩张。目前，可口可乐的产品主要有碳酸饮料和非碳酸饮料两大品类。百事公司的定位是食品饮料企业，除了饮料产品外，百事公司还涉足食品领域。

整体来看，与百事公司相比，可口可乐公司在碳酸饮料方面拥有广泛而坚实的品牌组合，拥有比百事公司更多的超十亿美元的软饮品牌。

图 4-2 百事中国产品矩阵图 [①]

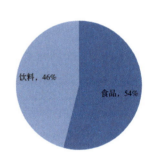

图 4-3 2019 年百事中国业务构成 [②]

5.营销网络

可口可乐公司自 1920 年正式开始全球化扩张，是美国最早启动全球化的快消品企业之一，目前各个市场发展较为均衡，且都进入成熟的状态。与可口可乐相比，百事的北美本土市场占据更大的比重。

6.品牌影响力

从全球影响力来看，可口可乐更胜一筹。2020 年 6 月，在凯度消费者指数发布的《2020 全球品牌足迹》报告中，可口可乐品牌荣登榜首，消费者触及数（CRP）达到 6094 百万次，而百事可乐则以 2156 百万次的 CRP 排第六名。

① 前瞻行业研究院. 2020 年全球碳酸饮料行业龙头企业竞争格局分析［EB/OL］.（2021-02-23）［2021-12-31］. https://bg.qianzhan.com/report/detail/300/210223-7a857486.html.
② 同上.

	品牌	CRP
1	可口可乐	6094
2	高露洁	4157
3	maggi	3117
4	乐事	2608
5	lifebouy	2450
6	百事可乐	2156
7	sunsilk	1981
8	多芬	1962
9	印多福	1907
10	雀巢	1834

图 4-4 凯度消费者指数《2020 全球品牌足迹》TOP10[①]

排名	品牌	所在地	2020	2019
1	可口可乐	美国	37935	36188
2	百事可乐	美国	18922	18520
3	红牛	奥地利	7073	7476
4	雀巢咖啡	瑞士	6185	5943
5	雪碧	美国	5443	5480
6	怪兽	美国	4548	4022
7	佳得乐	美国	4408	4198
8	立顿	英国	3500	2838
9	激浪	美国	2819	2646
10	芬达	美国	2694	3548

图 4-5 "品牌金融"（Brand Finance）发布的"2020 全球最有价值的 25 大软饮料品牌"排行榜[②]

（二）软饮料行业分析

1. 概述

当前软饮料行业整体处于平稳发展中，但新品类层出不穷，多元化发展趋势明显。相比细分市场规模有限但增长空间较大的能量饮料等，碳酸饮料行业增速缓慢，未来空间也相当有限，百事作为主营碳酸饮料的企业，势必需要挖掘存量市场，凭借自身品牌优势，开拓子品牌，争取气泡水等细分市场。

2021 年 6 月，百事在中国推出首款气泡水品类——bubly 微笑趣泡。气泡水符

---

① 前瞻行业研究院. 2020 年全球碳酸饮料行业龙头企业竞争格局分析［EB/OL］.（2021-02-23）
［2021-12-31］. https://bg.qianzhan.com/report/detail/300/210223-7a857486.html.

② 同上.

合消费者对低糖碳酸饮料的需求，bubly 微笑趣泡更是直接借助包装切入情感差异场景，与年轻消费者对话，依靠百事成熟渠道体系扩大市场份额，这对成熟经典品牌百事可乐而言，同样是一种挑战。因此，如何巩固自身独特性、凸显特别地位、守好已有占有率是百事对营销提出的考验。而"和妈妈一起'绣'文化"项目恰好借助非遗刺绣传承的经典性和代际传承的厚重感，强调了百事的经典性和正统地位。

2. 发展现状

软饮料是指酒精含量低于 0.5%（质量比）的天然的或人工配制的饮料。我国软饮料行业发展速度较快，经过 40 余年的发展，形成了产品种类繁多、品牌数目庞大的产品体系。本土软饮料企业，如娃哈哈、农夫山泉、怡宝等不断壮大，逐渐具备与国际大品牌抗衡的能力，牢牢占据中国软饮料市场的核心位置。

在产品竞争格局上，市场呈现"一超多强"的局面。按市场规模，依次为包装饮用水（1999 亿元）、即饮茶（1222 亿元）、果汁饮料（902 亿元）、碳酸饮料（864 亿元）……

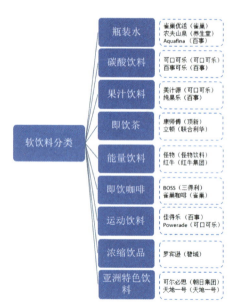

图 4-6　中国软饮料产品分类及代表企业 ①

---

① 前瞻产业研究院. 2021 年中国软饮料行业市场现状、竞争格局及发展趋势分析［EB/OL］.（2021-02-22）［2021-12-30］. https://bg.qianzhan.com/trends/detail/506/210222-e88f95fd.html.

二、项目目标

（一）提高百事品牌价值和社会价值

在目的性绩效层面，"百事可乐 × 妈妈制造"项目以人为本，从传统文化传承出发，借助公益活动与消费者沟通，在产生公益效果的同时，消费者也从心理层面构建其对品牌的认知，从而对企业的产品或服务产生偏好。

近两年"国潮"文化兴起，受众对于传统文化的密切关注正在引发新的营销点。蓝色光标很好地抓住了这一点，通过"妈妈制造"项目，以探索传统文化与年轻潮流文化共存的革新方式、以自身品牌的影响力为基础，持续引导新一代年轻人关注民族文化；通过培养文化自信，启发更多的年轻创造者，最终通过非遗文化与百事创新型的结合实现双向赋能，提高品牌价值和社会价值。

在此次合作中，百事以品牌创意重构传统，联手中国妇女基金会的"妈妈制造"项目以潮流让传统焕发新生，借助自身的品牌影响力构建起一条完善的非遗商业产业链，让年轻一代在创新中关注民族文化、热爱传统并产生品牌好感。

（二）向年轻一代介绍非遗文化

秉持着"营销向善"理念，同时考虑到"非遗传承遇到历史困境"是当时比较受关注的社会议题，蓝色光标建议以"非遗刺绣"为主题，促成百事与刺绣的联合。

蓝色光标在调查之后敏锐发现，文化的传承其实是从家庭开始的。家是文化传承的第一线，妈妈则是最好的老师。因此，蓝色光环选择了"和妈妈一起"这样一个有感情、有记忆的视角，通过深厚的文化底蕴和情感上的温度，呈现非遗刺绣传承过程中的故事和目前所遇到的困境。

"妈妈制造"项目打破了潮流与传统的边界，以创造性的方式传达非遗文化的独创性底蕴和技艺之美，吸引年轻一代的关注，希望非遗文化能够实实在在被看到、被了解、被传承，以品牌自身的影响力引导新一代年轻人关注民族文化之根，树立文化自信，助力破解非遗文化的历史困境。

（三）助力非遗艺人解决现实问题

刺绣是我国古老的传统技艺，蕴含着丰富的文化内涵和美学价值。但在非遗文化的传承遇到历史困境的时候，非遗手艺人同样面临着严峻的现实问题。"妈妈制造"项目致力于支援贫困地区的非遗艺人，为手艺阿妈们提供物质上的支持。项目还致力于探索从物质扶贫到"持续造血"的公益创新模式，寻找让非遗技艺"活起来"的商业化途径，持续给这些传承人提供工作的机会，助力非遗手艺人解决现实生活问题。

（四）拓展百事春节营销边界

百事"把乐带回家"春节营销活动从 2011 年开始，至今已有 11 年。百事"把乐带回家"活动诠释并承载了一代代中国人对"家文化"的理解与思考，见证了众多消费者阖家团圆的幸福时刻，成功塑造了"把乐带回家"的价值 IP；活动成功的关键就在于专注打造出了一个既与品牌相符，又和国内本土消费者密切相关的切入点——家文化。

"春节是最大的非遗"。利用消费群体最易受打动的时间节点，"和妈妈一起'绣'文化"项目以非遗工艺传承为落脚点，持续将百事"把乐带回家"这一品牌理念植入用户的情感和思想中，建立目标群体对百事品牌文化的高度情感认同，产生有力互动，拉动消费，提升品牌传播效果。自 2013 年起，百事便开始长期支持中国妇女发展基金会的公益项目，为偏远地区的妇女送去帮助和新年祝福。

将助力非遗传承与商业化的社会责任注入品牌营销价值构建，这一具有使命感与社会关切的品牌表达，无疑挖掘了营销内容的深度，拓展了营销价值的边界。

三、营销策略

"心意"和"新意"是本次百事可乐非遗跨界的关键词，以公益为初心的活动与非遗思路结合，成功强化了百事有底蕴、有创意、有个性的年轻文化品牌标识。

（一）主题选择

百事选择了刺绣这门具有文化多元性及媒介属性的技艺，"妈妈制造"项目借由非遗手工艺的推广，帮助当地贫困妇女或手艺人获得更多的工作机会，活动具有非遗传承和贫困帮扶双重公益性。搭载自有超级 IP "把乐带回家"，百事在新春之际，捐资成立"妈妈制造广东省游溪镇瑶绣合作社"，为当地的手艺阿妈们提供了一个安居乐业的家，实现了从物质扶贫到"持续造血"的公益模式转变，也为非遗文化技艺创造了传承之地。在扶持刺绣手艺人的同时，品牌用擅长的创意思维拓展了刺绣手工艺品的商业化运作模式；同时，刺绣极具画面表现力的特点，也巧妙地帮助营销方自然地达到品牌信息的传播效果。

（二）内容与形式的创新

百事制作了一部聚焦于非遗刺绣文化的纪录片《和妈妈一起"绣"文化》，它一改以往传统文化纪录片侧重宏大场面和技艺本身的记录模式，选择还原非遗技艺最本质的初衷，以非遗传承匠人对刺绣技艺的质朴热爱与传承牵绊为叙事角度，重新定义传统文化纪录片的发力方式。跟随着镜头视角，刺绣这项古老非遗艺术的富饶的原创力量淋漓尽致地被诠释了出来。

四、执行路径

为了符合"非遗传承"的项目理念，蓝色光标联系了支援贫困地区非遗艺人、帮助非遗技术商用化的"妈妈制作"（后来更名为"天才妈妈"）项目，并达成合作意向。随后2019年，百事资助成立了"妈妈制造广东省游溪镇瑶绣合作社"。

图4-7 "妈妈制造广东省游溪镇瑶绣合作社"挂牌仪式 [1]

---

[1] 韶关妇联．"妈妈制造广东省游溪镇瑶绣合作社"正式挂牌［EB/OL］．（2019-01-31）［2022-01-15］．https：//www.sohu.com/a/292713946_120041666.

百事邀请近百位手艺人打造了十米刺绣长卷《百家印记新春绣》，长卷长10米，高1.2米，串联起手艺阿妈对刺绣技艺质朴的热爱与传承牵绊。

图4-8 《百家印记新春绣》刺绣卷轴图①

纪录片拍摄团队辗转河北、云南、贵州、广东多地，深入传统文化发源地采集素材，筹备与制作耗时两个多月。6分52秒的纪录片串联起彝绣、苗绣、京绣、瑶绣的多位非遗传承匠人的精粹技艺与动人故事。

2019年9月，梨视频微博发布纪录片《和妈妈一起"绣"文化》。该片引发了网民对刺绣文化的讨论和转发热潮，上线几天即达到三百万次的播放量。

图4-9 梨视频上线《和妈妈一起"绣"文化》纪录片②

---

① 摩登氧分.百事公益跨界非遗刺绣，让传统技艺被看见［EB/OL］.（2019-12-20）［2022-01-15］. http://www.moderno2.com/？p=77174.
② 梨视频.百事匠心！绣十米长卷，创新传承中国创造"源"力［EB/OL］.（2019-09-05）［2022-01-15］. https://m.weibo.cn/6004281123/4413161698346835.

2020 年 1 月，百事联合中国妇女发展基金会于北京 UCCA 尤伦斯当代艺术中心，共同举办了"百事可乐 × 妈妈制造——解构传统，热爱再造"新闻发布会，锐意表达百事将持续溯源传统文化背后的创造力，不断以品牌创意重构非遗技艺，启发传统与现代的潮流共生，激发年轻一代的热爱。在本发布会的展览区，瑶绣潮流环保袋以及非遗刺绣限量罐系列产品引起大家的注意。两款环保袋所选择的"挤挤纹"和"人人纹"的绣纹，分别代表了"热爱"和"传承"；三款刺绣罐——苗绣罐"彩蝶翻飞"、京绣罐"卷云波浪"和彝绣罐"游鱼戏水"，传递了"溯源""共融""焕新"等亘古不变的理念。传统文化与潮流表达的创新组合，展现出百事对传统文化年轻化表达的探索与尝试。

图 4-10 "百事可乐 × 妈妈制造——解构传统，热爱再造"新闻发布会 [①]

百事专为年轻人打造的潮流文化线上体验空间——百事盖念店，抓住年轻消费者的兴趣，由此形成闭环商业链路，除了让非遗传承人拥有自主脱贫的思维及能力，同时也吸引了更多新生代去深入了解非遗背后的底蕴与内涵，从而真正理解非遗的价值，主动肩负起文化传承的责任。

2020 年 9 月，百事联合中国妇女发展基金会"妈妈制造"项目，与中国先

① Tom. 教科书级趣味年俗，"打开百事，把乐带回家"尽情释放情感共鸣［EB/OL］.（2021-12-30）［2022-01-15］. https://news.tom.com/202112/4123453103.html.

锋服装设计师王逢陈，共创透明剪纸挎包和瑶绣 T 恤，将潮流血液注入中国传统文化。

图 4-11　刺绣联名剪纸挎包的宣传海报①

以后，百事将继续和"妈妈制造"合作，推广剪纸这一项传统技艺。通过剪纸带领大家了解更多的传统文化，也利用剪纸创造更多年轻人喜爱的产品。该项目作为长期性项目，仍在持续进行中。

五、内容创意

（一）主题选择上的创新

"国风"和"传统文化"不能只是营销手法，不能只是一身皮，而失去灵魂。中国文化博大精深，要结合品牌自身特点，挖掘传统文化与品牌的关联，以年轻人的语言诠释传统文化并赋予其现代的美感，敏锐洞察受众与两者间的情感并形成共鸣。

活动主题是从"非遗传承"开始的，聚焦点则在于非遗中的刺绣文化。刺绣文化传承至今已有两千多年，在漫漫历史长河里，这项技艺没有丢失，这就证明了其自身

---

① 环球资讯汇．赛博朋克遇上千年国韵，百事可乐仍是弄潮儿［EB/OL］．（2020-09-09）［2022-01-15］．https://baijiahao.baidu.com/s？id=1677357144027435852&wfr=spider&for=pc．

特有的魅力。但是对于年轻人来说，刺绣仿佛是一件束之高阁的古董，似乎既不实用也不时髦。刺绣技艺难以支撑手艺人的日常生活，刺绣传承也面临着断层的危机。

百事将项目主题定为非遗刺绣文化，是想让大众感受到，百事通过品牌影响力，帮助刺绣技艺重新焕发生机，实现文化与历史的更好传承。

（二）内容形式上的创新

此次营销活动主要采用纪录片和展会的形式，这其实也是百事对自身的一种突破和创新。以往"把乐带回家"系列宣传大部分采用微电影形式，而此次项目采用纪录片、展会和线下体验店的形式，更具有一种真实感和亲切感。

1. 纪录片

此次项目从往年百事"微电影""精心设计的影片叙事"① 中脱离出来，通过朴素的情怀打动观众。

纪录片记录了《百家印记新春绣》的制作过程。百事团队用现代化的设计风格呈现了天南地北的民俗文化，并联合"妈妈制造"力量，汇集彝绣、苗绣、京绣、瑶绣的百位刺绣手艺工匠的技艺共同绣制。

一针一线串联起彝绣、苗绣、京绣、瑶绣的多位非遗传承匠人的精粹技艺和精彩故事，展现出刺绣这项古老艺术里丰饶的原创力量。把手艺传下去，让非遗文化被看见，妈妈的故事就是传承的故事。

2. 展会

2020 年 1 月，"百事可乐 × 妈妈制造——解构传统，热爱再造"展会举办。此次展会展现了中国多元而深厚的文化底蕴，更与当代文化自信萌发的年轻群体产生了共鸣，它不仅将千年刺绣非遗技艺带入大众视野，还让非遗文化成为年轻人日常生活的一部分。

3. 文化体验空间

线上百事盖念店及线下快闪店是售卖联名限量刺绣潮品、刺绣罐系列产品的主要平台。尤其是线下体验店，对于百事来说，也是一个创新。

对于很多年轻人来说，逛吃是最爽的生活方式之一。将与刺绣联名的产品

---

① 王怡飞.《把乐带回家》系列微电影中集体记忆的建构［J］.新闻前哨，2020（6）：108-110.

在线下体验店展示，不仅符合年轻人的生活方式、吸引着年轻人，还可以让日常难以见到的精美刺绣以一种可触碰、可接近的形式进入更多年轻人的生活。

4.情感风格的创新

百事公司连续10年举办的"把乐带回家"春节营销活动，体现出浓浓的家的味道。根据春节主题，活动设定温暖、温和的家庭风格。

《和妈妈一起"绣"文化》纪录片从妈妈们的故事出发，朴素地表现了她们所承担的传承的感情束缚和朴素的爱情。镜头扫过，精巧的刺绣作品将中国原创"源"力沉淀的历史之美和生命力一一传达。

六、媒介渠道选择

项目在选择媒介渠道时主要考虑两点：一是，是否具有大众性；二是，叙述文化领域是否出色。项目需要通过传播的力量赋能非遗传承议题并得到社会关注，因此选择接触面广、大众性强的媒介十分重要。最终，项目选择了"梨视频"等泛大众类媒体。"梨视频"的内容生产和输出特色明显，内容贴近现实生活，素材处理能力强。

同时，项目双管齐下，在线下交流方面也进行了布局。线下实体空间有一定的营业场所，体验商品和服务可看、可听、可用、可感、可参与，这些优势使得线下实体空间的营销体验具备独特竞争力。百事公司在2019年打造了线下互动体验空间"百事盖念店"，不仅仅提供产品的展示，还以产品的附加价值为侧重点，为大众提供了相互沟通的平台。本项目及时将刺绣联名产品，如刺绣限量罐、环保袋等上线，受到了众多年轻人的欢迎与喜爱，收集到了更多反馈。

七、效果评估

（一）量化数据

在传播数据上，"百事：和妈妈一起'绣'文化"项目吸引了300余家媒体，其中不乏CCTV1、人民日报客户端、人民网、新华社等权威媒体；在梨视频平台，纪录片上线几天后，播放量就突破300万。此项目累计获得超14亿的曝光量以及900万元的媒体价值。

图 4-12 项目效果图[①]

联合"妈妈制造"传承创新非遗文化
百事追溯原创"源力"

人民日报客户端 · 2019-09-16 17:44

继春节期间与"妈妈制造"项目联合打造《百家印记新春绣》十米刺绣长卷，百事公司在非遗传承与推广上没有放慢脚步，反而加快了创新发展的步伐。9月初，《百家印记新春绣》长卷绣制幕后故事在梨视频独家发布，百事公司走访多位非遗传承人和手工艺人，述说"被了解·被看见·被传承"的刺绣热爱与坚守；此外，百事推出瑶绣潮流环保袋，并打造3款融合传统元素与现代审美的非遗刺绣限量罐，以此吸引更多年轻人追溯中国创造"源力"，让传统重焕新生。

与传承人共"绣"年轻原创力

2019年10月31日08:24 来源：中国青年网

近日，百事公司制作的一部聚焦于非遗刺绣文化的纪录片《和妈妈一起"绣"文化》，在梨视频微博平台独家发布，该片点燃了网友们对刺绣文化的讨论与转发热情，短短几天播放量即突破300万。

6分52秒，串联起彝绣、苗绣、京绣、瑶绣多位非遗传承匠人的精粹技艺与动人故事，展现了刺绣这项古老艺术里丰富而富饶的原创力量。据百事纪录片团队介绍，该片拍摄辗转河北、云南、贵州、广东多地，深入传统文化源地采集素材，筹备与制作耗时两个多月。通过片子，能够感受到百事作为一个文化品牌，聚焦刺绣文化背后对传统文化年轻化表达的品牌思考与探索。

刺绣，是中国古老的手工技艺之一，在2000多年的历史发展长河里，孕育并传承了

十米非遗刺绣长卷 百事公司献上
2019新春"大礼"

2019-01-30 17:16:55 来源：商企信息

社会

日前，百事公司大中华区（以下简称"百事公司"）携手中国妇女发展基金会（以下简称"中国妇基会"）在广东省首次推出《百家印记新春绣》十米刺绣长卷，并举行"妈妈制造广东省游溪镇瑶绣合作社"落成揭幕仪式，正式开启2019"把乐带回家-妈妈制造"公益项目。

这幅长卷融合了多种非遗刺绣技艺，不仅呈现了年夜饭、家人团聚、走亲访友等春节传统活动，更展示了东北秧歌、南方舞狮舞龙、西北安塞腰鼓等不同地区典型习俗，生动展现中国天南地北年味年俗的同时，也让更多人了解刺绣这一门非遗文化的魅力。

图 4-13 权威媒体报道

① 蓝色光标. 昨天，我们被当众@了17次……［EB/OL］.（2020-08-27）［2022-01-15］. https://zhuanlan. zhihu.com/p/201091437.

在项目带动非遗传承和扶贫上，截至 2020 年 5 月，百事捐资成立的瑶绣合作社的成员已从挂牌成立之初的 8 位民间绣娘发展到如今的 89 位拥有高级刺绣技能的瑶族绣娘。通过将传统文化与现代潮流元素有机融合，开发出近百个拥有巨大市场潜力的非遗产品，使得更多人认识了瑶绣。众多非遗匠人实现了收入翻倍，迈出了非遗商业化从无到有的跨越式一步，助力了非遗传承。中国妇女基金会的"妈妈制造"项目自 2016 年 9 月启动以来，先后在 12 个省份建立了 40 多个合作社，覆盖蜡染、扎染、刺绣、羊绒、剪纸、盘绣、彝绣、藏秀、鲁秀、银饰等 22 种传统手工艺，开发了 20 余款具有东方文化特色、市场前景良好的非遗产品，带动 2000 余名妇女就业。[①]

（二）质性评估

百事利用自身的品牌影响力赋能传统文化领域，结合自身特色和优势，帮助了一些弱势领域或群体。

品牌与公益创新性结合，可实现双向赋能，不仅为手艺传承者提供了一个安居乐业的家，更以创新形式激发了非遗技艺的生命力，赋予传统文化以活力，从而被更多年轻人看到、了解、传承并热爱。

百事盖念店展出和"妈妈制作"合作的产品，抓住年轻消费者的兴趣，而且获得年轻消费者的一致好评。百事可乐不仅借助非遗文化深度践行了其"营销向善"的策略，更是对非遗技艺的商业化价值做了多样化的探索，有效拉近了品牌与年轻消费者的距离，实现了非遗"造血式"传承。

百事不断将品牌效应与公益价值做创新性的结合，实现非遗文化与品牌商业价值的双向升级。我们可以看见，百事正在尝试构建一整套行之有效的双赢机制，这不仅有助于提升非遗文化在年轻群体中的影响力，更有助于推动中国原创力的发展，以多元方式释放品牌自身的人文关怀。

（三）所获奖项

该项目获得了诸多媒体大奖。在第十一届（2019—2020）虎啸奖颁奖典礼上，"百事：和妈妈一起'绣'文化"项目斩获营销案例综合类与公益类银奖，单项类

---

① 百事公司启动"2019 把乐带回家·妈妈制造"项目 [J]．酒·饮料技术装备，2019（2）：70—71.

与公关传播类铜奖。虎啸奖奉行"引领趋势、鼓励原创、成就经典"之宗旨,坚守"做行业的建设者"的价值观,持续以强大的传播覆盖力、资源开发力、平台整合力和品牌影响力为行业真实呈现每一个案例作品的价值,致力推动中国数字营销行业的发展壮大。

百事公司的"把乐带回家·妈妈制造"项目荣获 2020 中国数字媒体大奖"企业形象与信息类及企业社会责任"金奖。这是百事"把乐带回家"项目首次获此行业殊荣。

图 4-14 "把乐带回家"项目获 2020 中国数字媒体大奖 [①]

在以"新消费、新势力、新动能"为主题的 2019 中国企业家博鳌论坛——食品发展大会上,百事公司荣膺"2019 年度食品企业精准扶贫奖"。自 2014 年以来,百事公司连续多年获得该项行业大奖。作为连续多年荣登"金箸奖"榜单的食品饮料企业,百事公司在取得卓越成绩的同时,以身作则积极回馈社会,获得广大消费

① Campaign. How PepsiCo looked to preserve ancient embroidery skills while alleviating poverty [EB/OL].(2020-06-03)[2022-01-05]. https://www.campaignasia.com/article/how-pepsico-looked-to-preserve-ancient-embroidery-skills-while-alleviating-povert/459947.

者的认可，为行业作出了表率。

因综合本土文化，陪伴年轻人释放激情与活力，百事公司荣获第三届 iSEE 创新奖"卓越创新实践奖"。"卓越创新实践奖"的设立是希望挖掘食品饮料行业中在领导力与变革、战略与执行、并购与整合、组织与文化、企业社会责任、运营管理、营销等方面具有优秀实践案例的企业，以推动食品行业的创新发展。本届活动提报的案例中蕴含了数字化、年轻化、可持续、创新模式等创新关键词。

第二节　4R 理论解析：适应需求并创造需求，追求各方互惠关系最大化

一、理论基础

4R 理论由 4P（指产品、价格、渠道、促销四要素，由美国密歇根大学教授杰罗姆·麦卡锡于 20 世纪 50 年代末提出）、4C（由消费者、成本、便利、沟通组合而成，由美国罗伯特·劳特朋教授在 20 世纪 80 年代提出）营销理论演变而来，三者产生于不同的经济时代和营销环境，虽有时间上的先后，但具有不同的特点，存在相互补充和相互促进的关系。

20 世纪 90 年代中期，美国著名学者唐·舒尔茨顺应营销实践的发展，提出了 4R 理论，阐述了全新的营销四要素：关联，即与顾客建立关联，以提高其满意度和忠诚度，减少顾客流失；反应，即提高市场反应速度，倾听和满足顾客的需求；关系，即重视关系，建立长期和稳固的关系；报酬，即重视营销回报，指任何交易行为的巩固与发展对于交易主体的双方来说都有经济利益。

表4-2 营销组合比较分析表 ①

项目	类别		
	4P 组合	4C 组合	4R 组合
营销理念	生产者导向	消费者导向	竞争者导向
营销模式	推动型	拉动型	供应链
满足需求	相同或相近需求	个性化需求	感觉需求
营销方式	规模营销	差异化营销	整合营销
营销目标	满足现实的、具有相同或相近的顾客需求，并获得目标利润最大化	满足现实和潜在的个性化需求，培养顾客忠诚度	适应需求变化，并创造需求，追求各方互惠关系最大化
营销工具	4P	4C	4R
顾客沟通	"一对多"单向沟通	"一对一"双向沟通	"一对一"双向或多向沟通或合作
投资成本和时间	短期低，长期高	短期较低，长期较高	短期高，长期低

二、分析框架

（一）营销理念：以竞争为导向

和以生产者为导向的4P理论、以市场需求为导向的4C理论一样，4R理论同样重视消费者的需求，但它更多地强调以竞争为导向。4R营销理论要求百事在日趋激烈的食品饮料行业竞争中，冷静地分析自身在竞争中的优劣势并采取相应的策略。

作为一个年轻调性的后起外国品牌，无论是与国产品牌还是与资格更老的可口可乐相比，百事都显然缺乏亲近感，而它高瞻远瞩地在春节这个最重要的传统节日持续举办"把乐带回家"的主题营销活动，且在本次公益广告活动中，选择了非遗传承中人们相对熟悉的刺绣，不故弄玄虚地追求新潮，而是追求"寻常"，百事凭借竞争导向的思维，成功地化劣势为优势。

百事可乐作为后起品牌，选择"通过刺绣记载历史"的非遗民族文化，让百事品牌在这样承载着厚重历史的刺绣作品上完成品牌露出，赋予了品牌冲击力极强

---

① 余晓钟，冯杉.4P、4C、4R 营销理论比较分析［J］.生产力研究，2002（3）：248.

的传统感、民族感；同时，活动的落脚点最后放在帮助传统技艺再焕生机上，又抓住了百事一向的潮流、年轻品牌调性。反过来，百事作为消费者主要为年轻人的品牌，又充分发挥自身影响力，更精准地向需要了解更多非遗知识、承担传承非遗文化的年轻人完成了传播。可以说，正是通过选择关键切入点，品牌方实现了多赢：既承担了社会责任，又借助本土文化底蕴完成了品牌价值增值。

（二）顾客需求：综合服务

4R 理论认为，"顾客需求已从对核心产品、延伸产品等物质的需要转变为对购买和使用过程中综合服务的需求；从需求个性特征化向需求个性瞬间化、感觉化方向转变；从终端产品交易向购买一揽子的全套解决方案转变。从强调规模经济，转变为强调范围经济。为了适应这一消费需求的转变，4R 营销采用了整合营销方式"[①]。

在数字化时代，营销操盘方必须认识到数字技术不仅仅停留在数据层面，数字化的维度还有很多，比如因短视频迅猛发展而衍生出的全新的电商生态——兴趣电商。在这个全新的领域，很多品牌方的期待变成了"重营重销"，这对服务商而言将是新一轮的能力迭代。最后能够存活的一定是既有专业能力，又有很强资金能力和方法沉淀能力的玩家。

中国当代消费者对文化消费，尤其是本土文化，有着非同一般的热情，因此，当百事发挥品牌财力、执行力为消费者提供现有项目，支持非遗传承、文化扶贫时，消费者会油然而生一种满足感。百事通过打造"和妈妈一起'绣'文化"这个集审美需求、公益需求、饮料基本属性于一体的一揽子产品，试图并相当程度上满足了消费者多层次的综合服务需求。

（三）顾客沟通：双向或多向

4P 理论中，卖方处于主动地位，信息沟通是"一对多"的关系。4C 理论认识到，消费者对产品销售的决定作用，强调平等的双向的"一对一"的沟通，但在运用中易走向另一个极端，即企业为更多地占有市场份额，在没有充分考虑顾客需求的合理性和企业自身实力的情况下，被动适应顾客需求。当企业因自身实力不能满

---

① 余晓钟，冯杉 . 4P、4C、4R 营销理论比较分析 [J] . 生产力研究，2002（3）：248.

足顾客进一步的需求时, 就会影响企业的长远发展。4R 理论在与顾客平等的"一对一"双向沟通基础上, 通过企业与顾客之间的合作与关联, 来达到与顾客建立长期的互利、互惠关系。4R 将顾客纳入企业, 使他们成为企业中的一员, 并强调顾客参与企业的产品设计、生产、维护等过程, 创造共同价值。因此, 双方的沟通不局限于狭义的"一对一"供需沟通, 分工、责任、义务、权力、利益都可能是双方沟通的范围, 沟通的手段更具先进性和多样化。

百事实力强大, 能在客户本位的客户需求和品牌本位的创造客户需求上达成一个很好的平衡。在供应端, 百事也有能力打造一个体系, "实现非遗商业化从无到有"。

"和妈妈一起'绣'文化"案例的创意重点就是"被了解"。营销活动有两端, 一端是濒临消失而本应被需求的古老刺绣, 一端是消费者。"企业的实际资产已经不如以往那么重要, 取而代之的是关系与沟通。"① 在进行项目策划时, 对于年轻消费者究竟想看什么、什么才会被喜欢并愿意传播传承, 其实是很难了解清楚的, 而营销方选择在年轻人聚集的潮流文化体验空间——线上"百事盖念店"及线下快闪店推出刺绣联名帆布袋与刺绣罐, 让日常难以见到的精美刺绣进入年轻人的生活, 这实际就是线下空间与媒介的融合沟通。

三、案例分析: 基于 4R 理论的百事非遗传承公益营销解读

整合网络营销是指统一运用和协调各种不同的传播手段, 使不同的传播工具在每一阶段发挥出最佳的、统一的、集中的作用, 目的是协助品牌建立起与消费者之间的长期关系。以最小的成本, 为消费者提供便利和回报, 以快速地树立自身的产品品牌形象, 达到营销目的。

从以上四个要素维度, 我们对"百事: 和妈妈一起'绣'文化"公益营销项目进行进一步分析。

(一) 年轻化定位锚定年轻人, 打造正向互需关系

"关联"营销要素指企业必须通过某些有效的方式在业务、需求等方面与顾客

---

① [美] 阿尔文·托夫勒. 权利的转移 [M]. 北京: 中信出版社, 2018.

建立关联，形成一种互助、互求、互需的关系，把顾客与企业联系在一起，减少顾客的流失，以此来提高顾客的忠诚度。

饮料并不是生活中的必需品，精美刺绣更是很少进入年轻人的日常生活，因此如果百事品牌必须去主动构建自身元素与顾客之间的关联，去创造消费者需要这个产品或品牌的触发点，那么活动的最高目标应当是转化一批核心忠诚客户群，使顾客自发地将自身与企业联系在一起。2018 年至今，"肥宅快乐水"一直是网络热点并直接关联可乐这一品类，但百事并未简单直接地借此进行营销，因为百事意识到"肥宅"并不是主流消费者需要的定位，反而是碳酸饮料品牌避之唯恐不及的负面标签。百事紧抓为年轻人引领时尚潮流的品牌定位，精准捕捉年轻消费者对传统的本能归属感，对潮流与复古交叉的天然认同感，打造了正向的互需关系。

（二）增强双向深度互动，提高市场反应速度

在相互渗透、相互影响的市场中，对企业来说最现实的问题不是如何制定、实施计划和控制，而是如何及时地倾听顾客的需求，并及时作出反应来满足顾客的需求。

百事作为国际化超级品牌，整体组织架构和体系都相当庞大，这决定了与国内初创公司相比，百事在面对市场需求浮动和互联网热点话题时反应均相对滞后。同样，在初创品牌以产品为中心追求销售转化时，成熟品牌需要持续构筑品牌力，不断完善品牌建设，以求品牌给产品赋能。据了解，类似的超级品牌往往至少提前一年制定品牌营销方向、框架、项目等，项目具有全局性，因此，这样的品牌在掌握时事热点、落实项目在地化方面存在难度。百事选择了中国本土规模最大的专业公关代理公司之一的蓝色光标，而蓝色光标也从零开始帮助百事策划并落地了《和妈妈一起"绣"文化》这个协同度极高（联合"妈妈制造"项目、中国妇女基金会及当地的政府一起扶贫）、凸显中国特色的项目，证明了本土营销企业在提高市场反应速度上的有效作用。

在百事公司植根中国 40 周年庆典活动上，百事公司董事长兼首席执行官龙嘉德（Ramon Laguarta）通过视频表示："如今，中国是百事公司全球最重要的市场之一，是公司增长的引擎之一。"百事公司 2020 年财报显示，其中国市场净收入已经连续两年实现了两位数的同比增长。中国市场的重要性不言而喻，与中国消费者之

间的关系是百事营销战略的重中之重。如何赢得中国消费者对品牌的认可？通过一个公益项目强化品牌的社会责任感，由此确立企业在中国消费者心中的品牌地位。内容能力与情感价值是 IP 成功的核心，差异化内容与情感温度，是维持 IP 的要义。在过往的 10 年里，百事"把乐带回家"的理念一如既往地传递最本真的共乐情感，增强自身在中国消费者心中"乐团圆"的陪伴地位，努力成为一个链接团圆仪式感的符号。而具有使命感与社会关切的品牌表达，是百事每年在"把乐带回家"活动中的另一个重心。公益营销在这一部分承担了重要责任。

但是项目最广泛的传播渠道为互联网社会化媒体上的视频传播，作为单向传播，缺乏对受众反馈的回应机制。根据采访得知，这一公益营销活动主要依靠媒体及消费者反馈和对帮扶团体带来的实质性效果来检验方案效果，可能无法形成完全回环的反应机制。不过，考虑到项目的公益性质和落地后主要执行方不是营销机构或品牌，所以可能无须将这一公益项目的反馈机制置于重要考虑地位。

（三）释放内容营造力，巩固年轻消费者强联系

4R 营销理论认为，如今抢占市场的关键已转变为与顾客建立长期而稳固的关系，把交易转变成一种责任，建立起和顾客的双向沟通互动关系。在这样的关系中，受众并不是被动的接受者，而是有判断力的个体。消费者是建立关系的主体，达成消费者占据主体地位、营销方予以响应的新型关系机制。因此，要影响消费者，必须重新认识其心理图像，了解消费者既有的认知和观念，然后适当地整合营销信息，使之与消费者的认知偏好相契合，即投其所好，从而建立和加强消费者对企业或产品的感知和认识。

百事品牌致力于成为一个年轻文化符号，一向以年轻人为品牌的主要受众。百事品牌洞察年轻人需求，营销策略也围绕年轻人市场展开，包括但不限于从品牌代言人着手，邀请当下年轻人喜爱的明星作为品牌代言人并持续更新、扩大代言人矩阵，创新饮料口味及包装等。"一个成功的关系，就等于一个成功的品牌。"[1] 正是这种成功的"百事—年轻人"强关系使百事的品牌价值水涨船高。

打造一个爆款相对容易，长期输出文化认同却难。百事借力非遗文化元素反哺

---

[1] Regis Mckenna. Relationship Marketing: Successful Strategies for the Age of the Customer [M]. MA: Addison-Wesley Publishing, 1991.

品牌传播，同时也希望能以自己擅长的年轻化审美赋能非遗商业化。《和妈妈一起"绣"文化》继承品牌调性，即使是公益广告最终也落在年轻人对传统文化的传承上，这也证明了百事始终将自身品牌与年轻消费群体紧紧绑定在一起，进一步巩固了与年轻人这一特定消费者群体的稳定关系。通过线上"百事盖念店"和线下快闪店这些特别的形式，百事将主动权让渡给了年轻人，它提供既定内容，让年轻消费者决定如何去运用和理解这些内容；释放流行文化的营造力，让刺绣、非遗手艺人的原创生命力成为年轻人日常记忆的超级符号，而不是短暂局限在一次"为公益而公益"的营销活动中。这一操作也符合"发现需求、满足需求、营造客户忠诚"[1] 梯度推进的关系进阶营销手法。

（四）联通年轻消费者受益，赋予营销活动势能

由于营销目标必须注重产出，注重企业在营销活动中的回报，所以企业要满足客户需求，为客户提供价值，不能做无用的事情。一方面，回报是维持市场关系的必要条件；另一方面，追求回报是营销发展的动力，营销的最终价值在于其能否给企业带来短期或长期的获得收入的能力。

站在年轻消费者的角度，为什么要关注这个公益项目？为什么要参与线上线下活动？当今，消费者更加注重能从某次消费活动中获得价值。顾客总价值（顾客购买某一产品与服务所期望获得的一组利益，它包括产品价值、服务价值、人员价值和形象价值等）与顾客总成本（顾客为购买某一产品所耗费的时间、精神、体力以及所支付的货币资金等，因此，顾客总成本包括货币成本、时间成本、精神成本和体力成本等）之间的差额就是产品让渡价值。[2] 消费者获得的利益回报，即产品让渡价值越大，营销活动才越有效。在《与妈妈一起"绣"文化》中，除了讲好一个让人产生共鸣的故事，百事是如何让消费者真正有参与感和获得感，发自内心地去"看见、了解、传承"非遗文化的？那就是通过品牌自身的力量、创意赋能非遗创新与传承，以百事擅长的年轻化审美赋能非遗商业化，让消费者透过百事和蓝色光标共同精心为年轻人打开的这扇窗，去"看见、了解、传承"。

[1] Barbara Bund Jackson. Relationship Marketing [EB/OL].（2016-01-13）[2021-11-01]. https://wiki.mbalib.com/wiki/%E5%85%B3%E7%B3%BB%E8%90%A5%E9%94%80.
[2] Philip Kotler. Marketing Management [M]. London: Prentice Hall, 1967.

第三节 案例访谈："借力非遗文化反哺品牌传播，以年轻化审美赋能非遗商业化"

一、公司介绍

蓝色光标是一家在大数据和社交网络时代为企业智慧经营全面赋能的营销科技公司。蓝色光标及其旗下子公司的业务板块有营销服务（数字营销、公共关系、活动管理等）、数字广告（移动广告、智能电视广告、中国企业出海数字广告）和国际及港澳台地区业务，服务内容涵盖营销传播整个产业链，以及基于数据科技的智慧经营服务，服务地域基本覆盖全球主要市场。

蓝色光标的历史最早可以追溯至 1996 年。蓝色光标于 2010 年在深圳证券交易所创业板上市（股票代码：300058），2020 年公司营业收入超过 405 亿人民币。公司总部位于北京，现有员工近 5000 人，在中国各大区域设有分支机构，并在北美、欧洲以及亚太其他国家和地区拥有国际业务网络。

蓝色光标持续服务于约 3000 个国内外品牌客户，其中财富 500 强企业 100 多个。客户涵盖游戏、汽车、互联网及应用、电子商务、高科技产品、消费品、房地产以及金融八大行业的知名品牌。

二、采访对象

编者对蓝色光标的员工 Think 进行了专访。经过这次深度访谈，我们对蓝色光标的整合营销战略有了更深层次的了解。对于此次访谈内容的呈现，我们也对 Think 先生的回答按主题进行了划分与梳理。

三、访谈记录

（一）前期调查

Q："把乐带回家"是百事年度春节传统营销活动的主题，与"妈妈制作"的合作是这一主题系列的第九个项目，当时蓝色光标与百事的合作是如何达成的？

A："把乐带回家"是百事针对中国消费者在每年春节期间推出的营销活动。

一直以来，百事的营销活动都秉持"营销向善"（Marketing for Good）的理念，即营销活动所产生的影响必须对社会产生正向价值。这也与品牌方及蓝色光标的营销观一拍即合。为此，我们建议采用"非遗传承"这一社会命题，这不仅是当时比较受关注的社会议题，同时也跟春节关系紧密，因为春节是最大的非遗。在这样的大思路下，我们找到了"妈妈制造"项目，该项目致力于扶持贫困地区的非遗手艺人并帮助她们找到非遗技艺的商业化途径。正是这一符合品牌方营销理念以及实际可行的项目方案，共同促成了此次合作。

（二）营销过程

Q：整个营销策划历时多长时间呢？这个项目属于短期阶段性的宣传还是长期性的宣传呢？

A：历时近半年，主要是在具体的营销创意上花费了比较长的时间。这个项目属于长期性的营销策划。因为"非遗传承"本身就是一个长期命题，品牌选择"非遗传承"并不是为了博得一时关注，而是希望能够借力非遗文化元素反哺品牌传播，同时也希望能以品牌擅长的年轻化审美赋能非遗商业化。

Q：在前期准备过程中，项目团队是如何进行调查研究的？

A：通过数据调查、实地考察、真人访问等方式进行消费者调研、竞品调查以及对公益组织及项目的考察审核等。

Q：经过调查研究后，关于百事这个品牌有哪些特点，有没有获得一些信息增量？

A：除了更了解百事品牌做"把乐带回家"的初心，即在高速变化的社会环境中倡导令每个人心之向往的阖家欢乐，我们也近距离领悟到百事品牌团队的工作风格及营销理念，简而言之就是"实事求是，追求卓越"，这其实是百事营销活动一直突破行业范式的核心引擎。

Q：在策划过程中，有没有考虑到竞品（例如可口可乐等）的宣传？对此是否实施了一些措施？

A：我们会去了解友商相关的资料，但只是作为参考。百事作为百年品牌，有其独特的品牌基因和精神，我们只需秉持百事的品牌调性进行创新策划即可。

Q：当时主要选择了哪些宣传渠道？具体考量是怎样的？在不同的平台是否采取了不同的策略？

A：主要选择"梨视频"等泛大众类媒体，主要是考虑到其受众基数大，这类媒体能够触达更多人群，同时也擅长讲述文化领域的故事。

Q：如何看待整合营销传播这个概念？在多平台的营销中，有没有考虑"用一个声音说话"？

A：整合营销传播的最大特点是协同不同资源将品牌的一个信息讲透，这对形成稳固的品牌认知非常有益处。对于"用一个声音说话"的观点，我们会辩证来看。传递的价值内核只要是一致的，讲故事的形式及风格可以因平台而异。

（三）反思与拓展

Q：在项目实施的过程中，会通过哪些方面来评价营销效果是否利于品牌价值的提升？

A：一方面会看媒体及消费者的反馈，另一方面，作为公益性质的项目，我们也会看项目执行后对于帮扶团体是否有实质性的效果。在百事品牌价值方面，一方面我们希望这个项目能够巩固百事年轻文化符号的标签，更多的是我们希望通过百事的力量，去赋能传统文化，让非遗文化被更多年轻人看到、了解、传承，直至热爱。

Q：在项目实施的过程中，蓝色光标面临的最大挑战是什么？

A：执行整体比较顺畅。挑战主要在前期的策划阶段，挑战是如何让创意本身具有传播性，同时又不缺失社会公益性。

Q：公益广告的话题常常是老生常谈，蓝色光标是如何对此进行创新的呢？

A：作为传播行业的一员，我们一直相信，无论哪种传播都在塑造人们感受、认知世界的方式。我们对传播有敬畏之心。公益之所以存在就是因为它是一种呈现并解决社会上某些问题的方式，这些问题恰好需要更多的公众关注。传播行业链接公众关注及社会现状，如果能再加以创新，便能够实现品牌传播及公益赋能的效用。虽然这种思路现在很多人都在做，但在当时我们算是践行比较早的一批。

Q：不光是《百事：和妈妈一起"绣"文化》，其实我们可以看到，蓝色光标很早就注意到"国风"和"传统文化"了，比如京东的《JOY与锦鲤》、奥利奥与故宫联名的礼盒等。那么，蓝色光标是如何想到将"国风"和"传统文化"融入营销的呢？

A：国潮当道，越来越多的品牌都希望借着这股"东风"，来实现自身的品牌溢价。但"国风"和"传统文化"不能只是营销手法，不能只是一身皮，而失去灵魂。中国文化博大精深，我们要结合品牌自身特点，挖掘传统文化与品牌的关联，敏锐洞察出受众与两者间的情感并形成共鸣，这样才能做到三赢。

Q：我们注意到，项目参与者中有中国妇女基金会，请问政府和非政府组织的参与分别在这个项目中发挥了怎样的作用？

A：前期主要是帮助我们寻找需要帮扶的人群。在项目中后期，各方会利用自身优势赋能项目，从政策、传播、资源等维度和品牌一起做好项目，切实为需要帮扶的人提供便利及实惠。

Q：您认为一次成功的营销应该是什么样子的呢？现代营销的趋势是怎样的呢？

A：所谓成功的营销，不能仅仅停留在数据层面。除了更精准地讲述品牌故事之外，我认为更重要的是"营销向善"。企业需要利用自身的品牌影响力赋能社会及社区，环保、健康、安全、文化等领域都可以，只要企业结合自身特色和优势，在一些弱势领域或群体中扮演积极的角色，并有一定影响力即可。

得益于科学技术的不断发展，数字化对于现代营销越来越重要。当前，我们处于数字经济时代，人和智能设备、人和社交网络的交互越来越多，我们能够对消费者进行更精准、更深刻的洞察和分析，最终赋能产品研发、渠道布局、广告投放、销售转化等不同领域，帮助企业在各领域降本增效。

Q：贵方在官网简介中提到，"以消费者为中心，通过数字技术更有效地与之沟通"。请问，除了通过大数据进行消费者画像之外，你们主要采取哪些"沟通"手段呢？

A：数字技术不仅仅停留在数据层面，数字化的维度有很多，比如因短视频迅猛发展而衍生出的全新的电商生态——兴趣电商。在这个全新的领域，很多品牌方的期待变成了"重营重销"，这对服务商而言将是新一轮的能力迭代。最后能够存活的一定是既有专业能力，又有很强资金能力和方法沉淀能力的玩家，蓝标正是具备这种全案能力的服务商。区别于传统电商，我们会分析兴趣电商的优势，通过数据看到什么样的内容是好的、是能够复制的，什么样的产品可以上游定制，什么样的数据资产可以挖掘等，给企业以最佳解。

Q：内容营销是近年来比较火的营销思路，您是怎样看待内容营销以及内容营销未来的发展状况的？蓝色光标是如何展开内容营销的？

A：随着社会消费诉求的全面升级，大众的消费观愈加成熟理性，消费市场逐渐由品牌价值观主导过渡到消费者价值观主导，以往品牌导向的沟通方式将逐渐被消费者排斥，基于消费者洞察而衍生的"内容营销"越来越重要。

作为公关起家的营销集团，蓝色光标一直将"内容"能力视作立身之本。以元宇宙为例，元宇宙要有沉浸感，要有体验，如果没有艺术化的加工，没有好的内容赋能，没有更好的服务落地，元宇宙就是一个空壳子。所以除了技术之外，内容和对内容的运营能力是元宇宙不可或缺的基本要素。凭借强大的技术、产品以及数据能力，蓝色光标将技术与内容深度融合，探索与元宇宙相关的虚拟人 IP 和技术、XR 技术、虚拟空间等业务方向，帮助客户在元宇宙时代更好地建立品牌和消费者的连接。

在虚拟人的运用探索上，蓝色光标在过去两年中帮助品牌客户打造了伊利金典牛奶虚拟 IP 形象"典典子"、《王者荣耀》虚拟偶像无限王者团、QQ 炫舞虚拟形象代言人星瞳等案例，也推出了国内首位广告公司虚拟创意人蓝零壹。

Q：蓝色光标提到"以内容创意为核心，为用户提供更有共鸣的原生沟通信息"，这里的"原生沟通信息"应该如何理解呢？

A：原生沟通信息，本质上是希望通过内容创意，打造更软性更自然的品牌信息，让消费者能够潜移默化地接受，从而建立品牌与用户之间的亲密关系。

Q：在信息碎片化时代，蓝色光标是如何进行全局化、整合化的思考并将其运用到实际案例之中的呢？

A：在信息碎片化时代，蓝色光标拥有全局思维意识和产业链整合能力，可以让创意作品从前端策略的思考、商业问题的解决和消费者的洞察角度出发，来为传播的有效性保驾护航。比如，为京东创作的品牌动画影片《JOY 与锦鲤》，是蓝色光标在创策驱动下实现品牌价值营销的经典案例。这是蓝色光标基于对品牌的深刻理解、对消费者的深入洞察、对创意的大胆表达，让品牌的价值主张和消费者的生活紧紧连接在一起，讲述了一个能让大家把品牌记住的好故事。

此外，如何在碎片化的内容里提升内容效率、沉淀品牌心智，蓝色光标也有着独到的解决方案——让每一个细分触点的内容都带动心智流量，一份流量两份效率，即既保留"流量动能"的短平快效应，也追求"品牌势能"的建设，实现心智留存。这方面的佼佼者是薇尔（Libresse）的《月经不隐藏》项目。过去两年里，蓝色光标有幸陪伴这个品牌从 0 到 1 起步成长。在竞争激烈的高端个护品类里，在与拥有成熟知名度和市场预算的老牌玩家的较量中，蓝色光标帮助薇尔另辟蹊径，飞速成长，成为品类里的超新星，成为该品类增长速度最快的品牌。

（访谈人：胡婧源、杨伽、袁小力、金滋永、孙泰宇、任珠僖）

第五章

"乐抚人心，向阳而生"："相信未来"在线义演传达音乐人的社会责任

新冠疫情肆虐，各行各业遭受冲击。作为中高消费的线下行业，演出业也进入了停摆状态。演出行业各部门的运转受到很大的影响。受直播带货等创新复工方式的启发，"云剧场""云演出"和"云比赛"等线上演出方式成为演出行业众多从业者的应对策略，"云演出"等形式开始进入大众视野。

受战"疫"背景下世界卫生组织"四海聚一家"线上慈善演唱会的启发，2020年4月20日，微博、网易云音乐、大麦网、虾米音乐、腾讯音乐娱乐集团五大平台，联合发起"相信未来"公益倡议，邀请华语乐坛上百位歌手加入义演。线上通过微博、抖音、快手等平台制造话题，持续造势；线下利用地标商圈资源实现活动曝光，吸引更多人关注、参与。2020年5月4日晚七点半，首场线上义演在优酷、腾讯、央视频等视频平台同步播出，随后一周内，义演的后三场接连播出。

义演以"对抗焦虑，回归日常"为主调，音乐人希望把自己的表演，献给每一位在平凡岗位上努力奋斗的普通人。活动由著名主持人白岩松、汪涵、华少三地连线主持。节目曲风多样，包含流行、摇滚、民谣、古典等种类，共吸引王菲、那英、老狼、王俊凯、易烊千玺等280余组音乐人加入义演。义演播出后，收获了4.4亿人次的观看量，达到了"乐抚人心，向阳而生"的效果，体现了演出及幕后工作人员的社会责任与公益心，堪称中国音乐史上最大规模的线上义演。

第一节　案例复盘：特殊时期以音乐凝聚人心，收获霸屏热搜

一、行业分析

（一）义演

"义演是出于某种道义或公义、公益的文艺、娱乐表演，组织者和演出者不取或少取报酬是义演的基本特征。"[①] 义演可筹集一定的物资钱款或传递精神慰藉，是艺人社会责任的体现。

近代以来，城市经济、生态环境的改善为义演提供了基础，娱乐业的繁盛、义赈的兴起、西方慈善方式的注入激发了义演在中国的发展。电视广播行业兴起后，国内外举办了很多影响重大的义演活动。如：1993 年 4 月 17 日，香港演艺界"减灾扶贫之星"抵京，准备参加 18 日晚在北京人民大会堂举行的"减灾扶贫创明天"大型义演，为西部贫困地区同胞筹集善款。谭咏麟、梅艳芳、林忆莲、张学友、刘德华、黎明、郭富城、李克勤、成龙、李连杰、梁家辉、张曼玉等香港艺人参加。这是中央电视台与香港无线电视台第一次携手转播现场演出，收视人数约 10 亿。截至 1993 年 4 月 19 日，中国国际减灾十年委员会收到了 360 多万人民币和 400 多万港币的捐款。

1985 年 7 月 13 日，一场名为"拯救生命"的大型摇滚乐演唱会在英国伦敦和美国费城同时举行，这是一场横跨多地区的摇滚音乐演唱会。该活动旨在为发生在埃塞俄比亚的饥荒筹集资金。演出持续了 16 个小时，并通过全球通信卫星网络向 140 多个国家播出了实况，估计总共吸引了近 15 亿的电视观众。全世界 100 多位著名摇滚乐歌星参加了这次义演，包括鲍勃·迪伦、保罗·麦卡特尼、麦当娜·西科尼等。活动募集到 8000 万美元，鲍勃·吉尔道夫也因此得到了 1986 年度诺贝尔和平奖的提名。

尽管所处时代和展现方式不同，但音乐义演有一个不变的核心，同时也是一个共同的愿望——不关乎民族、国籍和肤色，不涉及语言区分和阶层划分，通过音乐

[①] 朱从兵. 慈善义演性质的确定与可能的三重悖论 [J]. 史学月刊，2018（6）：5-9.

把身处不同地域、不同职业、拥有不同生活经验的人团结起来，努力让世界变得更美好。

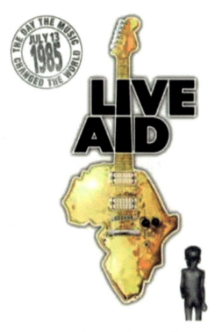

图 5-1 "拯救生命"宣传海报[①]

（二）线上演出

"线上演艺即指通过个人设备（接入互联网的手机、计算机、平板电脑、智能电视机等）观看或收听，以录播或直播形式完成，通过线上销售的以舞台艺术为表现内容的无实物演艺产品。它是媒体技术升级后舞台艺术传媒化的新品类。"[②]

疫情发生前，线上演出主要聚焦于晚会节目直播等，是在满足现场观众的基础上，以电视、网络作为一种记录式补充，扩大节目影响力的手段。在线下演出场馆因疫情关闭后，各国演出团体等也积极展开自救，线上的云演出顺势而生。除了已有节目的云端传播外，也有演出制作团体尝试制作全新的云作品，如"宅草莓不是音乐节"在网上创下了五天直播 100 万人次观看的纪录。

---

① 百度百科 . LIVEAID 词条［EB/OL］.［2022-11-26］. http://baike.baidu.com/item/LIVE%20AID/2474351?fr=aladdin.

② 黄忆南 . 走上云端的舞台艺术［J］艺术评论，2020，201（8）：130-142.

图 5-2 "宅草莓不是音乐节"海报①

　　线上演出打破了场地的限制，可以让更大规模的观众观看，并通过实时弹幕与艺人进行互动，拉近观众与音乐的距离。但线下演出独特、震撼的感官体验是线上演出尚不能传达的。

二、受众来源及特征

（一）来源

　　据受访者介绍，基于本次活动的社会公益性质，艺人的来源很广泛。且义演内容真诚开放给所有有视频播放资质且承诺无商业条款的平台同步播出，故并未具体针对某类受众进行内容编排。

（二）特征

　　义演的成功不仅体现在其本身的正向价值上，也体现在活跃于微博等平台的超大粉丝群体为参演艺人创造的曝光度上。超百位艺人的加入和微博的宣传，使得粉丝群体在本次义演观众中占较大比重。他们的组织结构灵活，活跃度高，积极推动

①　摩登天空.宅草莓不是音乐节 |70组音乐人和你一起度过宅家时光［EB/OL］.（2020-02-04）［2022-11-26］. http1//c.m.163.com/news/a/F4HTR46N0517PMEV.html.

义演相关内容的评论、转发、互动，为义演带来了超强传播力。

此外，在疫情宅家的情况下，更多人通过视频平台进行娱乐消遣，音乐义演这一形式很好地满足了当下大量用户的视听习惯。

三、类似案例分析

（一）"四海聚一家"线上慈善演唱会

图 5-3 "四海聚一家"线上慈善演唱会中文海报[①]

① 红网时刻.世卫组织"战疫"音乐会《四海聚一家》将在抖音、西瓜视频、今日头条播出［EB/OL］.（2020-04-20）［2022-11-16］.http://moment.rednet.cn/pc/content/2020/04/19/7083898.html.

2020 年 4 月 18 日，由歌手 Lady Gaga 策划、世界卫生组织和全球公民公益组织合作举办的线上特别慈善音乐会"同一个世界：四海聚一家"，通过电视和网络全球直播。音乐会由脱口秀主持人吉米·法伦、吉米·坎摩尔、史蒂芬·科拜尔共同主持，参与嘉宾有 Lady GaGa、泰勒·斯威夫特、席琳·迪翁、酷玩乐队主唱克里斯·马汀、约翰·传奇、张学友、陈奕迅、郎朗等。音乐会旨在致敬和支持奋斗在一线的医护工作者，募集所得款项将用于为一线医护人员提供防护设备。

活动发起之后，Lady Gaga 的推特（Twitter）账号和优兔（YouTube）的相关主题视频迅速得到了网友的支持。"全球公民"的"同一个世界：四海聚一家"主页也得到了广泛响应。

本次音乐会借助 Lady Gaga 等人的名人效应进行前期宣传。活动方还与阿里巴巴、亚马逊、苹果、脸书、照片墙（Instagram）、腾讯音乐娱乐集团、推特、优兔等流媒体平台合作，运用互联网技术和传播手段，打破时间和地域的界限，极大地提升了公益活动的覆盖面、参与度、到达率、影响力和操作性。

（二）宅草莓不是音乐节

2020 年 2 月 4 日，摩登天空在 B 站直播了第一场"宅草莓不是音乐节"，这是草莓音乐节自 2009 年开办以来，首次在线上举行。这场音乐节播出内容包括自制内容和以往草莓音乐节现场录播片段两部分，播出平台除了 B 站还有摩登天空旗下的票务及视听平台"正在现场"，这场直播收获了将近 10 万条弹幕，最高浏览量有 49 万。

本次活动联合张韶涵、新裤子乐队等 70 余组音乐人，以"Hi，我也在家"为主题，以"音乐人宅家分享 +2019 草莓音乐节演出现场"的形式，进行了连续 5 天的直播，每天直播时长 6 小时左右，让"Hi，我也在家"的主题成为家人和朋友之间的定心丸。除了歌曲演唱，本次活动还播出了音乐人的日常生活片段，让观众看到音乐人活泼的另一面，以此增进彼此的关系，扩大活动的影响。

（三）有我陪你线上音乐节

微博音乐联合微博明星、吉利博越发起了"有我陪你线上音乐节"活动，邀请了黄龄、海泉、曹格等百余位音乐人。从 2020 年 2 月 17 日开始，每晚 8 点—10

点，明星们以直播或录播的方式在线唱歌、弹琴、与粉丝云互动。

上线首日，贾斯汀·比伯在家随意弹唱的未发行歌曲，几分钟就达到了 30 万人次的观看量。凭借一首 *How to Love* 在抖音大火的音乐天才刘宪华，受到了大家广泛关注。

图 5-4 "有我陪你线上音乐节"海报①

---

① 南京钧生吉利 4S 店. 拒绝"丧"生活 Justin Bieber 等明星齐聚 # 有我陪你线上音乐节 # 盛会 [EB/OL]．（2020-02-23）[2022-11-16]．http://www.sohu.com/a/375149013_120164381.

四、营销策略与具体执行

（一）项目背景

美国时间 2020 年 4 月 18 日，Lady Gaga 为久居在家的大众策划、举办了一场名为"四海聚一家（One World：Together at Home）"[①]的在线义演。除 Lady Gaga 之外，保罗·麦卡特尼、安德烈·波切利、艾尔顿·约翰、克里斯·马汀、比莉·艾利什等音乐人参与其中。足球选手贝克汉姆和演员伊德里斯·埃尔巴的出场更提高了大众的兴趣。

图 5-5　参与"四海聚一家"活动的音乐人

这次义演的序曲开始于 2020 年 3 月 16 日，酷玩乐队主唱克里斯·马汀在个人照片墙上以"Together at Home"为标题开展了小演唱会直播。相隔近 1 个月，2020 年 4 月 6 日，世界卫生组织在其会议中连线 Lady Gaga，宣布举办这场义演。此次演出是为了支持在抗疫最前线战斗的医生、护士等医疗人员，并通过确诊患者家属分享实际体验来提高大众对疫情的警惕感。

---

① 　HOF 练习生 . Lady Gaga 集全球巨星，这场抗疫慈善音乐会将载入历史［EB/OL］.（2020-04-22）［2022-11-16］. http://new.qq.com/rain/a/20200422A0OE9W00.

这场长达 8 个小时、多达 110 多组音乐人参加的"四海聚一家"活动实际上是活动"相信未来"的前奏。就在"四海聚一家"开演的当天，在前后不到 24 小时的时间里，"相信未来"义演的主题、参与平台及播放规则、音乐人参与规则等迅速敲定。

（二）项目目标与营销策略

2020 年 4 月 19 日，大麦网总裁李捷看完"四海聚一家"后，联系网易云音乐 CEO 朱一闻，决定举办一场中国版的"四海聚一家"。当时，世界级的音乐盛事"四海聚一家"引起热议，但由于语言、技术等问题，国内大多数观众无法观看。同时，为了让中国音乐人发出自己的声音，音乐人老狼在朋友圈发起了"15S"（15 秒）音乐接力活动。截至 2020 年 4 月 20 日零点，接力视频合集已达 26 分 30 秒。

在此特殊时期，大麦网与网易云音乐就音乐行业在疫情时期能够做些什么多次开会讨论。音乐人与观众有诉求，加上有老狼的接力活动试水，举办中国版的"四海聚一家"便成了顺理成章的事。网易云音乐的朱一闻、丁博和大麦网的李捷、尹亮达成一致，共同推动这场义演。当晚，高晓松加入组委会，建议将主题定为"相信未来"或类似表达。此时，中国已经度过了疫情高峰期，应该关注、鼓励那些普通人，重点要放在对未来的希望上。

组委会从始至终一直坚持，义演一定要是开放的，在不带商业企图的前提下，任何平台都可以参与。当腾讯音乐提出想作为第二批发起人时，组委会所有人都觉得"大家都可以参与"。"既然是公益，就不要分第一批、第二批，显得有里外亲疏之分，大家应该都是平等的。"最后结果符合团队的设想，国内头部的五大音乐平台都在同一时期、不分主次地参与其中。

（三）团队组织与实施编排

不久，包括环球音乐、索尼、华纳等国际唱片公司在内的各大华语音乐唱片公司以及优酷、腾讯视频、央视频等视频平台也加了进来。5 月 4 日，第一场演出由 57 个平台同时播出。有 170 家机构参与了整场活动，音乐人加上主持人一共 282 组，工作人员 300 多人。①

① 新京报官微. 高晓松"相信未来"的 20 天：不虚此行，与有荣焉［EB/OL］.（2020-05-14）［2022-11-16］. http://baijiahao.baidu.com/s?id=1666652821514834190&wfr=spider&for=pc.

筹备工作从 4 月 20 日持续到了 4 月 28 日，整个团队连轴转地工作。

"相信未来"的团队中，阿里影业负责人李捷兼任大麦网总裁不到两个月，项目执行人尹亮三天前刚就任大麦网副总裁。优酷派出"双十一"晚会的精干筹备组，包括任义演总导演的孟庆光。开设的工作群覆盖直播、艺人统筹、宣传推广等。

20 日 7 点左右，虾米音乐、微博等平台的负责人也被邀请进群，筹备工作继续推进。组委会开了将近 5 个小时的电话会议，做出三个决定：一是将义演倡议书率先发布出去，号召艺人参与；二是解决艺人关于版权的顾虑，不单独传播艺人演唱的歌曲，禁止对之进行任何商业使用；三是绝不排斥有竞争背景的平台。丁博将不能做商业的原则细化为不能做付费观看、不能引入会员观看机制、音画不能拆开等。做纯公益义演，任何平台只要有视频播出资质都可以转播。这也意味着仅需沟通便可获取音乐线上播出版权，为所有平台减去了风险和成本。

从讨论义演举行与否，到确定演出基调，再到开始执行，整个初步筹划不到 24 小时便完成了。以五线谱里"Fa"的发音为灵感，20 日下午 4 点 44 分，"相信未来"义演倡议书正式发布。①

艺人统筹组和导演组尤为辛苦，常常是凌晨三四点结束工作，接着早上 10 点准点开早会。计划五一假期上线的义演，留给筹备组的时间只有短短半个月，还要联络数百个歌手、敲定主持人、编排制作节目、撰写确定台本，等等。后期制作环节，导演组基本是在机房通宵工作。②

4 月 29 日到 5 月 3 日为编排阶段。

一般来说，商业演出、颁奖礼等商业活动都可能会出现艺人、唱片公司的番位、排序等问题，但这一次并没有出现。高晓松提前做了准备，如果艺人统筹无法解决艺人、唱片公司的排序问题，他会负责协调，但是没有人提出关于番位的要求。由于是义演，组委会选择以艺人姓名首字母排序，也没有按照平时商业售

---

① Tech 星球. 揭秘"相信未来"：一次深夜群聊，24 小时促成史上最大在线义演［EB/OL］.（2020-05-06）［2022-11-16］. http://baijiahao.baidu.com/s?id=1665908259182927133&wfr=spider&for=pc.
② 财经故事荟. 相信未来义演开启新生活：阿里文娱团结抗疫的"心力"［EB/OL］.（2020-05-08）［2022-11-16］. http://baijiahao.baidu.com/s?id=16660820/8924311640&wfr=spider&for=pc.

卖的形式放大其中更有名气的艺人名字；只是按照活动主题稍微调整了部分顺序，如郎朗夫妇弹的《黄河颂》、国家乒乓球队演唱的《我爱你中国》、温拿乐队演唱的《朋友》是非常点题的内容，因此安排在最后。前三天的开场为王菲、朴树、那英。在线下商业演出中，开场是最不重要的位置，因为这个时候观众一般还未进入状态，比较知名的艺人会被安排在压轴演出，但由于本次活动是义演，这些"潜规则"并没有出现，而是按照组委会最初的理想方案执行。

除了名字和演出排序，组委会也没有对音乐类型区别化对待，而是让每一天的演出都做到多元化，每一场演出都有各个年代的音乐人，包含流行、嘻哈、摇滚、民谣等。高晓松认为，这个编排思路可以给大家展示一个多面的中国音乐圈，"尤其是不同风格的音乐可抚慰不同的人，多元的音乐可以安慰更多的人"。[①]

高晓松说，如果说义演还有遗憾，那就是还有70多组音乐人的作品没有放出来。他们制订了"相信未来、发光不止"计划，未来将通过各个发起平台将这些作品播出来。

本次义演虽然没有舞台，很多艺人甚至没有专业化妆师、造型师，但因为真诚、自然，反而深得观众的支持与喜爱。

（四）执行路径与媒介渠道选择

首先，为了引起大众兴趣，宣发团队从内容线、娱乐线和明星线发掘亮点，充分利用、打通微博、抖音和快手等平台资源，围绕内容进行话题设计，掀起大范围内的互动，不断扩大传播声量，实现热搜霸屏。

其次，通过线下新零售及本地生活渠道等，对不同人群进行渗透，进行持续性"轰炸"。同时，利用线下地标、交通商圈资源实现活动曝光，其中地标亮相包括广州珠江新城高德置地4K LED大屏、万菱汇首层4K LED大屏、银泰百货全国320块内外屏，及西安、成都、昆明、青岛等地户外广告资源。在开演前5天，网易大楼的外墙上挂了三幅"相信未来"义演巨型宣传海报，不少人拍下了这一幕。

---

① 新京报官微.高晓松"相信未来"的20天：不虚此行，与有荣焉［EB/OL］.（2020-05-14）［2022-11-16］.http://baijiahao.baidu.com/s?id=1666652821514834190&wfr=spider&for=pc.

图 5-6　第一场演出结束后的微博热搜榜

图 5-7　线下户外大屏宣传

（五）核心创意与难点

"相信未来"与"四海聚一家"的不同之处是，后者的核心目的是为医疗人员筹集物资，为此 Lady Gaga 在开演前一周亲自与蒂姆·库克等 68 个企业的 CEO 联系，筹集了 3500 万美元；而"相信未来"的核心目的是唤醒大众对未来的信心，希望借此机会帮助音乐人复工。组委会在一开始便达成了共识：有了"四海聚一家"的前车之鉴，本次活动需要撇开最麻烦的募捐部分，并且国内抗疫也过了需要募捐的阶段。

另外，"相信未来"的难点在于大量人员需在有限时间内筹备一场全国性的演出，所有的沟通工作都必须在线上进行。明确的分工以及强有力的调度是活动顺利开展的前提。另外，由于义演工作较为开放，欢迎平台、艺人等合作方随时加入，所以准备过程变化不断，需要大量的调整和跟进。

五、效果评估与总结

（一）传播效果

1. 数据总结

参与"相信未来"义演的艺人有 280 多组 300 多位，加入的机构、平台、媒体有 170 多家，播放总时长约 10 小时。截至 2020 年 5 月 7 日，"相信未来"在线义演前两场演出直播在线观看累计 2.7 亿人次，全网热搜 163 个。

截至 2020 年 5 月 10 日最后一场义演播出，全网累计 4.4 亿人次观看。在微博平台上，义演活动话题总阅读量高达 176 亿，视频播放量 82 亿。活动期间，有 169 个话题登上微博热搜，23 个登上抖音热搜，28 个登上快手热搜。全网传播视频片段超 170 个，鹿晗、王俊凯等知名艺人表演片段播放量则达到数百万。

据统计，由中央媒体、自媒体、境外媒体发布的稿件超过 400 篇，其中原创稿件有 66 篇，媒体对义演核心人员进行了 6 场采访，速记合计 98750 字。就国内的文娱行情而言，这场义演属于一个非常成功的案例。

图 5-8　本次活动的相关报道

2. 媒体评价

"相信未来"义演被包括中央广播电视总台、人民视频、新华网、《新京报》等在内的 20 余家主流媒体报道。活动被红星新闻评为"这是继 1986 年《让世界充满爱》百名歌星演唱会后，华语乐坛歌手最多、质量最高的一次集结"[①]。《羊城晚报》认为，"这次义演，可以说打破了音乐圈的'次元壁'"[②]。

3. 用户价值层

参加"相信未来"义演的艺人受众广泛，因此不管是喜欢流行音乐的人、喜欢古典音乐的人、喜欢摇滚的人，还是对民谣感兴趣的人，都可以找到自己喜欢的节目。

4. 公众人物影响力与流量

发起人本身具备很强的影响力和人脉资源，邀请到圈内众多艺人，制造出多个话题与热搜。艺人间互相联系，扩大了活动的参与圈层，越来越多的艺人主动参与。

5. 渠道、平台影响力与流量

项目由大麦网执行，由微博、网易云音乐、大麦网、虾米音乐、腾讯音乐娱乐五大平台以及优酷、腾讯视频和央视频三大视频平台发起。

其中，微博是目前流量聚集地，平台互动性高。"相信未来"的官方微博在线上演出结束后将演出视频单独上传。知名艺人的参加也使整个活动得到粉丝们的自发传播。

网易云音乐与腾讯音乐为目前中国两大主流音乐平台，受众广泛，因此通过这些平台可以了解到义演受众的音乐兴趣点，为义演的广泛传播提供了受众画像。快手、抖音等短视频平台的加入使"相信未来"的宣传达到了全民推广的效果。互为竞争平台的相互合作，将资源、力量强有力地整合起来，起到了更好的宣传效果。

---

① 红星新闻."相信未来"在线义演首场今晚开唱，群星歌声传递"爱是唯一的向导"[EB/OL].（2020-05-04）[2022-11-16]. http://www.sohu.com/a/392992858_116237.
② 中国青年报.高晓松策划在线义演，"相信未来"打破音乐圈"次元壁"[EB/OL].（2020-04-28）[2022-11-16]. http://baijiahao.baidu.com/s?id=1665192297073733140&wfr=spider&for=pc.

图5-9 "相信未来"在线义演结束后发布的所有参与的音乐人及平台[1]

---

[1] 新京报官微.高晓松"相信未来"的20天：不虚此行，与有荣焉［EB/OL］.（2020-05-14）［2022-11-16］.http://baijiahao.baidu.com/s?id=1666652821514834190&wfr=spider&for=pc.

6. 负面的声音

高晓松在微博发布"关于发起《相信未来》在线义演的倡议"之后，微博博主"@李孟珂"发布了一条视频"致高晓松：关于发起不要参与不要观看不要搭理《相信未来》在线义演的倡议"。他认为，这场义演在本质上是平台、大公司对音乐人的一种剥削。虽然义演本身可能并没有冠名、不插播广告、不需要会员，但只要点开这些平台，就为其带来了流量，这些平台本身也存在广告，即使不会体现在义演中，也能间接地使平台获利，而同意免费出演的音乐人则无法收到任何报酬。

李孟珂提出，四月份的时候很多音乐公司已经无法继续下去，面临经济困难甚至破产，这个时候大家开始返工，也有许多线上音乐会已经改变了"卧室演出"的模式，在设备比较好的演出场所拍摄更高质量的内容，因此他认为在内容方面，此次策划只是单纯依靠资本。观众的每一次点击实际上都是给平台"送钱"，而且如果内容质量过关，多数观众也是愿意花钱的。如果高晓松愿意，实际上是可以联合平台给艺人提供报酬的。同时，他认为，线上义演的最佳时机已经过了，义演举办的时间选在疫情在中国已经得到控制的阶段，真正困难的时候他们并没有发起义演。

李孟珂的反对与质疑也被转发、讨论，是不容忽视的声音。他的质疑并非毫无根据，濒临破产的音乐人、音乐公司、线下演出场所等则迫于道德压力需要给这场义演提供免费的资源，而这些资源并非零成本。

7. 国际宣传效果与影响力

据《相信未来》义演项目大麦网营销负责人张昕所言，本次义演没有单独进行海外宣传。该义演在优兔上通过优酷和中国国际电视台（CGTN）的官方频道播出，但是两个频道的观看次数累计不超过 2 万，优酷的官方优兔频道有大约 1.5 万观看次数，而中国国际电视台官方频道则只有 4 千多观看次数。

（二）获得的奖项

作为国内史上最大规模的在线音乐义演，活动的形式不拘一格，在仅仅不到半个月的时间内，完成了节目的宣传、编排，衍生出了"平行麦现场"线上 live 新业态，这些都实属不易。因此，本次活动获得了第十二届虎啸奖评审团大奖、公益类金奖、内容营销类银奖。

第二节 "网络整合营销传播"理论的"4I"原则解析：精准定位传递网络营销新要求，多维创新体现整合传播开放和包容

一、"网络整合营销传播"理论

（一）"网络整合营销传播"理论

"网络整合营销"理论产生并流行于 20 世纪 90 年代，由唐·舒尔茨提出。它是"整合营销"理论在新时代的发展，是其分支理论。在传统媒体时代，信息自上而下地传播，消费者主要是单向、被动地接受信息。而随着网络媒体的发展，信息开始过剩，走向多向、互动式流动。按照传统的营销理论，企业难以在人海中精确定位自己的客户，客户也难以在繁多的产品中挑选出自己最满意的那一个。网络提供了触达顾客的更好方法，"不单单让整合营销变得更加可行，且能最大限度发挥其优势和特点，让顾客在整个营销中的地位得到提升"[①]。

以 4P 整合营销传播理论为基础，经过 4C 理论、4R 理论的发展，"网络整合营销传播"理论（EIMC）应运而生，这一理论"仍然以整合营销的理论为基础，但是更加专注、强调各种互联网营销方式与渠道的利用，已经逐步成为当下商业、媒体营销活动的主要形式"[②]。

网络整合营销传播理论是在互联网尤其是社会化媒体高度发展的环境下，描述、推测、概括、综合企业利用网络内外的多种工具和渠道，实现企业营销目的的种种行为的理论。该理论的核心仍在于对社会化媒体本质的洞察，因此，公益传播和公共服务领域也常将其作为理论工具进行案例分析。

（二）网络整合营销传播的 4I 原则

1. "4I"的内容

网络整合营销传播有其需要遵守的原则，经过概括，可表述为 4I 原则，即趣味（Interesting）原则、利益（Interest）原则、互动（Interaction）原则和个性

---

① 陈洁. 奢侈品网络整合营销在中国市场的应用研究［D］. 上海：上海外国语大学，2014.

② 宁文娜. 基于 4I 营销理论的企业 APP 设计研究［D］. 西安：西安建筑科技大学，2017.

（Individuality）原则。与其他理论不同，4I 原则始终围绕用户利益展开，强调利用网络技术挖掘、定位用户需求，用有趣、好玩、吸睛的内容吸引用户，使其愿意主动加入传播环节，激发用户内容生产的潜力，并尽可能地顾及特定群体的个性化需求，为用户提供独特的参与体验。

2."4I"的优势

网络整合营销 4I 原则来自网络整合营销大量的实践总结，贴合了新媒体发展的趋势，体现了网络营销创新的要求，为未来传媒营销实践指出了方向。网络整合营销 4I 原则和大数据营销的特点与要求有着很高的契合度，二者相辅相成，能够更加精准地定位消费者，从而制订更为合适的营销策略，符合大数据时代传媒发展的根本需求。

此外，4I 原则还具有极强的开放性和包容性。它并不囿于营销活动发起方本身，而是有意识地规避了自我封闭式或自嗨式的传播，强调各参与主体在内容、形式和渠道等各方面的创新，以及视觉、听觉、感觉等多维度的创新，因此，4I 原则也能兼容当下时兴的诸多营销模式，并与之配合。

二、基于网络整合营销传播"4I"原则的"相信未来"在线义演公益传播解读

（一）趣味原则

1.原则内容分析

（1）重要性

与传统媒体时代不同，当下对传媒产品趣味性的追求已经成为内容生产者的共识。另外，在同质化竞争愈加严重的当下，趣味性作为创新的重要方向，有助于媒体开拓新的差异点。从受众的角度看，在信息井喷的时代，趣味性是传媒内容在纷繁复杂的信息海洋中获得受众注意的关键。

（2）基于"趣味"的受众信息消费特征解读

"信息消费是人们选择、享用传媒产品和传媒服务，以满足某种需要的日常活动的总称，它强调了受众的主体选择性和目的性"[①]，关注受众信息消费过程以及这个过程中体现出的心理特征、消费特征是开展各种传媒营销活动的前提条件。

---

① 刘峰.大数据时代的电视媒体营销研究［D］.上海：华东师范大学，2014.

受众的信息消费具有多样性与统一性。受众信息消费是多元化的，但是有一些需求是不会改变的。

受众信息消费具有稳定性的特征。受众信息接收和消费变化幅度都处于相对较小的范围之内，但同时信息消费又可以实现边际效应递增的效果，因为传媒产品经过受众反复消费、传播与参与，能够实现传媒价值的增长，这个过程受到营销活动的推动可以具有更强的活力，而趣味正是能在其中发挥有效作用的元素。

（3）"趣味原则"受到"娱乐化"的影响

4I原则中的"趣味原则"是网络整合营销取得良好效果的一种保证，但在营销实践中，受到市场竞争以及逐利心态的影响，许多营销者为了迅速达成目的，采用披着"趣味"外衣的"低俗""恶俗"内容和方式进行营销推广。这会对营销活动产生损害，也和趣味原则内在要求相悖。

2. "相信未来"义演中的趣味原则

（1）注重趣味呈现

大数据有助于人们在营销环境中找到同受众的喜好具有直接相关性的、符合营销目的的各种趣味性内容。

在受众喜好上，疫情期间的众多调研显示，这段时期人们的需求是多样的，有的想要获取知识、密切情感交流等，而趣味性的需求贯穿始终。

在营销目的上，本次义演在一定程度上受美国"四海聚一家"义演趣味形式启发，并在"对抗焦虑，回归日常"的主题下进行多种音乐形态多元呈现。"这次义演并没有对艺人提出过多的要求，在表演形式及表演曲目上，并未进行任何限制，只是规定了视频要4K，各种各样的创意都是艺人们自由发挥出来的。"张昕说。

演出的创意来自参加义演的艺人，在纸上写满"相信未来"的曹格；带着狗头帽唱歌的朴树；自己策划一人分饰多角的海泉；站在路边凸面镜下唱歌自拍的周迅，被称为"热心市民周女士"；演唱《默》时即兴改词，一句"我不要做饭"让人捧腹大笑的那英。

旨在缓解焦虑、带来趣味的音乐活动采用多种有趣的展现形式，维持了客户信息需求多样性和内在趣味要求一贯性的统一。

图 5-10　在纸上写满"相信未来"的曹格①

图 5-11　头戴狗头帽子唱歌的朴树②

---

① 果酱音乐."相信未来"义演完整视频回顾：华语音乐从未如此充满力量［EB/OL］.(2020-05-06)
［2022-11-16］. http://www.163.com/dy/article/FBUIN3K905178IH0.html.
② 清者钓娱.相信未来义演，朴树狗头帽子太抢镜，网友：太可了，点赞!［EB/OL］(2020-05-05)
［2022-11-16］. http://baijiahao.baidu.com/s?id=1665857148921538708&wfr=spider&for=pc.

图 5-12　拿着手机在街头清唱《天涯歌女》的周迅[①]

（2）趣味打破传统壁垒

"相信未来"义演在一开始并没有那么多平台参与，但是，随着越来越多的人关注到了这一活动，觉得其内核富有深意、展现形式轻松有趣，想要加入进来"玩一玩"，参加的艺人越来越多，想要合作的平台也越来越多，最终出现滚雪球效应。趣味性吸引了更多人加入，而更多人的加入又增加了趣味性的滚雪球的现象。

图 5-13　随着艺人和参与平台的增加，演出场次逐渐增多

①　果酱音乐."相信未来"义演完整视频回顾：华语音乐从未如此充满力量［EB/OL］.（2020-05-06）［2022-11-16］. http://www.163.com/dy/article/FBUIN3K905178IH0.html.

（二）利益原则

1.原则内容分析

（1）来源

对利益的追求是人类活动的本质之一，在网络整合营销阶段，营销者、受众各方利益都有不同的表现形式和实现渠道。一般客户都有客观存在的潜在利益，针对这些利益开展的营销活动，一般都能实现预估的效果。

（2）重要性

和其余三个原则的不同之处在于，利益原则体现了网络整合营销传播的根本目的和本质，在具体的营销活动中，违反利益原则就会对营销效果产生非常直接的不利影响。另外，利益是整合所有营销活动的关键点，能串联起不同的参与者。需要注意，利益元素并不会简单地给各方带来利益的共赢，其中必然有着多方的博弈，一个参与者若是仅仅追逐自身利益的最大化而不顾其余参与方的利益，必然会对传媒营销效果产生不良影响。

（3）利益原则下利益的具体维度

受众的利益需求并不仅仅指物质利益，受到社会环境和个人追求的影响，受众利益需求呈现出多层次、多维度的特点。

首先是受众的信息利益维度。这一维度是受众利益需求最基本的维度。不能满足受众基本信息需求的节目营销，哪怕趣味性再强、互动性再高，都会在播出后引来受众的不满。

其次是受众的社会利益维度。由于互联网社交平台的发展，受众在现实生活中的各种利益需求开始迁移到传媒领域，他们希望在传媒参与的过程中也能够得到源自现实生活的利益满足感。当现实生活的利益满足受到一定程度阻碍的时候，这一期望将会更加强烈。

再次是受众的经济利益维度。和社会利益一样，人们对经济利益的需求在传媒参与的过程中也愈加强烈，不论是出让一部分传统经济利益，如发红包、抽奖等，还是出让一种"虚拟化的利益认可"，都能为受众带来经济利益维度的满足，提高受众在营销活动中的参与程度。

最后是受众的个性化利益维度。不论是在现实世界还是在传媒世界，总有一些需求因人而异，没有办法归类，因此可称之为个性化利益维度。

2. "相信未来" 义演中的利益原则

（1）挖掘不同主体间利益的相关性

"相信未来" 义演的背景是世界性疫情的发生。在这场疫情中，受众困在家中，无法享受户外娱乐活动，很多线下的音乐会都取消了、电影院也关门了，很多人可能会觉得无聊；演出活动被影响，疫情下音乐人的收入基本归零；政府对保障群众的身心健康的需求提升；众多视频传媒网站期望结合社会利益和经济利益，为受众提供合适的观看内容，同时帮助音乐行业渡过难关。这些不同主体的利益需求错综复杂，同时存在交叉点。

大麦网准确洞察了需求的交叉点，发起了线上义演活动，在满足受众娱乐需求的同时，协助艺人们开展演出活动，联合微博、网易云音乐和虾米音乐，在优酷等视频网站进行直播，传递积极正向的社会价值。

（2）洞察受众不同利益维度间的相关性，循序渐进地满足受众信息利益

在营销过程中，受众的利益需求是多元和复杂的，如果可以全面地认识受众不同利益维度之间的相关性，便能够在具体的传媒环境中寻找到最合适的方案，实现良好的传播效果。

"相信未来" 义演邀请多名歌手进行多流派歌曲免费义演，综合满足了受众各个维度的需求。

在信息利益维度方面，本次义演受到 "四海聚一家" 的启发，想要传达一种鼓励的精神，但由于中国疫情抗击已经取得了一定的成果，本次义演和以感谢医护为主题的美国义演相比，"大家能够调动的资源、乐手，比纯粹在家隔离参与 One World 演出的欧美音乐人条件更便利一点"。义演展示形式更加日常化、轻松快乐，以 "对抗焦虑，回归日常" 为主基调。

而实际演出中，"相信未来" 义演的主题展现循序渐进，第一天主打对抗焦虑，第二天则是回归生活，第三天是恢复工作，第四天则集中体现华语乐坛的新锐力量，在主基调确定的情况下，具体信息传递更加多元。①

---

① 央广网 .130 组音乐人集结仅用 15 天 "相信未来" 义演传递温暖［EB/OL］.（2020-05-12）［2022-11-16］ http://baijiahao.baidu.com/s?id=16664515622435667588&wfi=spider&for=pc.

图 5-14 美国"四海聚一家"义演

本次义演总导演孟庆光说："我们不愿重复苦难，而是向每一个平凡的奋斗者致敬。"为准确传达"鼓励每一个在平凡岗位上奋斗的普通人"这一主旨信息，歌手们进行了充分的准备。王菲在与常石磊合唱《人间》时，为了鼓励大家向前走，她修改了歌词，把"不是天晴就会有彩虹"改成了"天晴之后总会有彩虹"。

多位艺人通过音乐记录了人们在这一特殊时期的价值观与情感，鼓励了每一个认真生活的普通人，传达了克服疫情的信心。

图 5-15 王菲与常石磊合唱《人间》

（3）洞察受众不同利益维度间的相关性，满足受众其余维度的利益

在社会利益维度，心理学家诺曼提出，消费者的情感需求可以分为三种水平：本能水平，是指人和物品交互时通过五感而激发的情绪；行为水平，就是让用户享受其使用过程，在使用中产生愉悦的情绪；反思水平，是人们对产品富含的信息、内容和意味的理解与体会而产生的情感。[①]

比如，谭维维演唱《如果有来生》，温柔的腔调，动人的词曲，令人内心倍感鼓舞和安慰。特别是到了第二段，谭维维演唱完"去大草原的湖边，等候鸟飞回来，等我们都长大了，就生一个娃娃"后，画面展现了许多孩子加入合唱的场景，各种童声汇集在一起，引发了画面内外的情感共鸣。[②]

图 5-16 《如果有来生》合唱画面[③]

---

① 吴琨.情感化设计与品牌情感识别 [D].长沙：湖南大学，2007.
② 果酱音乐."相信未来"义演完整视频回顾：华语音乐从未如此充满力量 [EB/OL].（2020-05-06）[2022-11-16].http://www.163.com/dy/article/FBUIN3K905178IH0.html.
③ 同上.

这一形式让人们在看到孩子时产生保护欲、怜爱之心，视频中的互动、评论功能充当了联系受众的桥梁，令人足不出户就享有新的社会联结，激发了人们的本能水平的情绪。而通过咀嚼歌词和许多孩童参与的形式，人们领会到距离再远，情感也能相通，由孩童带来的未来会更加美好，由此满足了反思水平的情感需求。

在经济利益维度，主办方在这次活动中付出了巨大的人力成本和制作成本，产品本身的价值很高。对于价值远远大于价格、内涵丰富、形式有趣的演出，受众拒绝的可能性大大降低。

在个性化利益维度，组委会召集了不同领域的艺人参与，有网友评论说："没见过哪个演出能包含这么多不同圈子的明星歌手和音乐人的，无论是大众的还是小众的，你都能找到喜欢的。"本次义演包含的艺人、音乐人多达282组，资深音乐人王菲、民谣歌手朴树、年轻人心中的偶像蔡徐坤、流行乐坛的中心邓紫棋、独立音乐人左小、看起来不那么主流的彩虹合唱团，各种类型音乐的受众都得到了满足。

（三）互动原则

1.原则内容分析

（1）背景

网络媒体的一个重要的特征是互动性大大增强，受众不再仅仅作为信息的接收者，而是能够以更便捷的方式和极低的成本在各种网络营销平台上进行互动。因此，针对当下网络社会互动性强这一特点提出相应的营销理念十分重要。

（2）重要性

4I理论更注重受众接受信息之后的反馈，强调让受众参与到信息的传播与互动中，让受众与传播者之间拥有平等的互动交流，从而为营销带来独特的竞争优势。[①]成功的营销一定建立在良性互动的基础之上，互动的频率、强度和深度都将影响营销的效果。

（3）受众地位的变化

互动原则建立于品牌利用网络的特性与受众进行交流，引导受众参与到营销活

---

① 干艺笛.国产艺术电影新媒体营销模式研究［D］.广州：广州大学，2019.

动中，而不是单方面"强制受众接受信息"。这一原则强调了要把受众作为一个主体，发起受众与品牌之间的平等交流，给受众留下深刻的品牌记忆。营销者利用网络的便捷性，通过"换位思考"，改进营销策略，满足受众的多种需求。[①]

2. "相信未来"义演中的互动原则

（1）线上形式的优势

相对于线下的传统演出形式，线上的直播演出形式能收获更多的关注度和话题，它不受场地等客观因素的限制，使得受众群体大大增加。

线上的形式不仅能在义演的过程中实时获得大量的观众反馈信息，在义演前后也能充分地利用反馈信息进行调整和总结。

（2）多平台推广使互动范围扩大

多平台的宣传推广意味着义演通过更多的渠道与网民进行互动。

本次义演的宣传不仅借助互联网各大视频平台，也借助了百度、微博、今日头条等其他类型的平台。因为这次演出的公益性质，各大商业平台放弃商业考量，合力推进，使此次义演取得了很好的推广宣传效果，吸引大量的网民参与互动、进行讨论。

（3）基于情感交流的互动效果

"情感需求是人类最深层次的需求。"[②] 在这种空前的疫情危机下，所有人都在经历一样的困境，"相信未来"义演的发起初衷是在疫情中给人们带来希望和鼓舞。因此，它跟传统的音乐节目不同的一点就是，活动带来的情感交流是覆盖所有受众的——借助各大平台的公开呈现形式，受众之间、受众和主办方之间都能够感受到对方在相对不寻常的环境下的迷茫与坚强，因此能更广泛地通过义演达到"共情"。

无论是义演的主题、目的，还是音乐人在表演过程中给人们带来的切实的鼓励，都给人们带来了丰富的情感互动体验。受众与音乐人之间的情感互动，受众之间在互动平台上进行的情感交流，都使义演达到了良好的互动效果。

---

① 李昊.基于 4I 理论的抖音短视频信息流广告传播策略研究［D］.武汉：湖北大学，2021.
② 徐永顺，周宇，刘渊，章力.重大突发公共卫生事件中的居民情感需求挖掘［J］.图书馆论坛，2021，41（9）：76 86.

（四）个性原则

1.原则内容分析

（1）必要性

在互联网时代，人们接受信息广泛、思想多元，每一个人都是独一无二的个体，个体的全面发展必然带来差异化与个性化的延伸。一方面，有亮点和特色的营销更容易被发现和关注，另一方面，了解用户的个性化需求才能投其所好地提供个性化服务。

（2）重要性

个性原则是在结合产品个性的基础上，揣摩并满足消费者的个性需求，从而使营销更具个体性和特殊性。个性化的营销能精准定位消费者的喜好和需求，从而更容易引发消费者的互动与购买行为。在传统媒体时代，要做到个性化营销十分困难，而在网络媒体时代，技术的发展让个性化营销变得普遍起来，因此在同质化严重的当下，能否针对不同受众群体定制个性化营销策略也是营销成功与否的重要前提之一。

（3）进步性

4I 理论最大的发展是关注了"人"，强调"以受众为中心"，同时注重内容和互动，也兼顾了企业和受众的利益，符合当今时代的需求。个性原则是 4I 理论以受众为中心进行营销的最直接的体现。

2."相信未来"义演中的个性原则

（1）塑造亮点，打造独特性

明确产品自身具备的特色、个性是对产品进行营销的基础。"相信未来"义演在个性上做到了让人眼前一亮。在形式方面，义演采用了一种基于疫情大背景下的全新的视听体验形式。

在内容方面，对音乐人的表演形式没有任何限制，音乐呈现形态多元，抛弃了华丽的舞台，更为质朴地演绎音乐，更加贴合疫情中人们的心境，展现了音乐鼓舞人心的作用。

在性质层面，主办方摒弃了一切商业元素，将"不排除有竞争关系的平台"都吸收进来列为关键规则，创造了新的合作模式，让商业社会中的公司和平台，摒弃利益，共同努力，且没有品牌冠名，不要音乐版权，不插播广告。

种种亮点造就了这档节目的与众不同，使它区别于其他综艺娱乐音乐节目，有自己的独特之处。

（2）借助互联网平台，对受众喜好进行分析和把握

信息传递的个性化是当下网络传播的一大重要特征。在大数据时代，通过现代网络信息技术，网络媒体能够精准定位用户群体，深入了解受众需求，有针对性地进行营销传播。

在此次义演的线上传播过程中，对受众的个性化需求的满足主要体现在一些互动平台上。平台通过大数据，以兴趣为导向，对用户进行分类，为营销做好了用户分类筛选，针对性更强。比如，各大平台上的不同音乐人的粉丝群体，通过个性化推荐或者是粉丝群体内部的消息等，了解到音乐人的相关信息，从而对此次义演有一个人概的了解，产生兴趣。

图 5-17　有粉丝基础的部分艺人

这一点主要是基于各合作平台已有的大数据用户筛选的构架来完成。"相信未来"义演本身并非商业活动，在营销方面，并没有明显的根据个性原则进行的主动营销，但是由于合作平台的广泛和实力强大，使个性原则得到了很好的落实。

第三节 案例访谈:"公益的初衷促成一呼百应,各方一拍即合"

一、公司介绍

大麦网(DAMAI)成立于 2004 年,是中国领先的现场娱乐全产业综合服务提供商,业务覆盖演唱会、话剧、音乐剧、体育赛事、曲苑杂坛、亲子活动、展览休闲等多个领域。

2017 年 3 月,大麦网成为阿里巴巴全资子公司,融入阿里大文娱业务布局。2017 年 9 月,大麦网升级为阿里文娱现场娱乐事业群,启用新的品牌形象及定位,提出"去现场,为所爱"的全新广告语,业务架构分为大麦网、MaiLive 及麦座,三大子品牌同步发展,为现场娱乐行业提供从内容出品、渠道触达到落地服务的一站式服务,为现场娱乐行业赋能,打造行业新生态。大麦网未来将专注于演出票务营销,MaiLive 扮演现场娱乐内容出品合作伙伴的角色,麦座则将主攻智慧场馆整体解决方案。

作为阿里体系内连接文娱产业线上和线下的关键链条,大麦网在巩固自身在票务领域原有优势的基础上,同步推动供给侧改革,为演出行业打造一站式的宣发平台。大麦网搭建品牌宣发阵地,构建演出厂牌、巡演 IP 商家矩阵,提高宣发效能。

二、采访对象

张昕,大麦网品牌中心及市场宣发总经理,"相信未来"义演项目大麦网营销负责人,深耕内容营销十余年,曾就职于光线传媒、爱奇艺、优酷等内容平台,从事综艺、电影、演出等多品类内容的宣推工作。

三、访谈记录

(一)项目基本信息

1.背景和初衷

Q:这次义演选择线上音乐会这种方式的原因是什么?

A：在疫情的大背景下，很多线下演出，包括电影院都停掉了。大家大部分时间待在家里，我们想要寻找一种能够抚慰大家心灵、带给大家力量的形式，这种形式就是音乐。采用线上音乐会的形式，可以让大家足不出户也能感受到音乐的力量。

Q：在本次活动前，在美国那边也有一个类似的义演——"四海聚一家"。你们是受此启发，发起这次活动的吗？

A：这是我们考虑的一个因素，但也要看到"相信未来"义演的独特性。在国内，如此大规模、如此多艺人参与、制作周期如此短、实现起来难度如此大的事情，这是第一次。

2. 合作对接

Q：这个义演项目很大，在大多数交流只能通过线上进行的情况下，在合作对接方面有困难吗？艺人对接还算融洽吗？

A：合作对接比较顺利。我们和微博、网易云一拍即合，艺人们也非常配合我们的计划。这件事情宣布后，源源不断地有人加入。大家都认为，这是一件能够抚慰心灵的事情。参与的艺人和曲目越来越多，最后形成了四场演出。

3. 受众定位

Q：当时有没有具体设定受众群体？还是处于疫情中的所有人呢？

A：此次义演没有设定专门的受众，因为我们觉得这场演出属于公益性的，具有社会性，没有具体针对某种受众做背景或内容编排。不光是受众方面，艺人的来源也很广泛，包括港台的艺人、大陆现在特别有流量的艺人、一些从选秀节目出来的艺人，他们都是陆陆续续地、很主动地加入这场义演。

（二）内容创意

1. 机位要求

Q：在艺人的视频里不止一个机位。有没有提前和艺人对接视频的录制要求？

A：我们会对艺人的节目录制提出基础的要求。比如，视频要横屏录制、最好要达到1080P以上的清晰度、整体时长不能少于二分钟等。但是每个艺人也会有自己的一些想法和创意在里面，不管是多机位的发挥，还是不同场景的发挥，曹格的录制就是在他的院子里进行的，这个并没有限制。

2.曲目编排

Q：对艺人的选曲及整体曲目编排有什么要求吗？

A：对艺人选曲没有特别要求，让他们自由发挥。整体曲目编排思路是按照艺人提交作品的先后顺序，及受众的反馈。编排时可能会有一些穿插和差异化，同一类型的曲目我们会选择放在不同期，降低观众的审美疲劳。

（三）营销策略

1.行业环境

Q：此次义演由五大平台联合推出。本次义演是如何借助这些平台的力量的？

A：我觉得其实是反过来的，不是因为五大平台联合推出才推广了这个项目，而是有了这样的一个影响很大、意义很大的项目，大家看到了这次义演的影响力，包括这件事情的公益初衷，所以才有越来越多的平台愿意加入。

2.营销方案与效果

Q：第一场演出是5月4号，定在青年节，这是有什么考虑吗？还是刚好在那个时间推出？

A：首演时间其实没有什么特别的考虑。从有了这个想法到筹备、最终上线，前后不到一个月，时间非常紧张，演出最后恰好是在五四青年节推出。

Q：你们对艺人和主持人等自带的流量有什么样的看法，在营销过程中对此有针对性的方案吗？

A：基于项目本身的公益性质，我们其实没有考虑艺人的流量问题。在播出的那几天，整个义演事件在微博、抖音上都是一个霸榜的状态。艺人无论是否带流量，都倾力付出。我们更多关注的是艺人歌曲的选择和呈现状态。比方说，周迅是对着路上的反光镜唱歌，还有的是在买菜的路上唱，等等。这会让大家觉得即使不能见面，但音乐无处不在。

营销过程没有特别的针对性方案。当然，我们会提前看视频素材，总结大家可能会讨论的一些内容，在微博或抖音发布内容时，我们把提前预设好的方向带上，我们的判断基本和大家的讨论一致，营销方案正常实施。

Q：这次义演从策划到宣发，时间比较短，最终达到了你们预期的效果吗？

A：首先，我们做这件事情的初衷是给大家正能量，在这个环境下，给大家提供精神抚慰。不管是从影响力方面，还是在参与平台方面，有越来越多的平台，甚至存在竞争关系的一些互联网公司最后都加入我们，一起宣发，这种效果其实是非常符合，或者说超出我们的预期的。

3. 管理统筹

Q：在本次义演中，我们看到了高度的统筹能力。您认为，这次活动在组织框架上有什么优越性呢？

A：不管是哪个方面，包括艺人、各家平台、各家物料、营销统筹，背后是一个强有力的团队。大家的分工非常明确，比方说，有专人负责跟各大平台对接，所有的信息汇总和其他对接都由这个人负责，但是不同区域、不同领域或不同渠道推荐过来的艺人由不同人来负责。分工明确以及强有力的调度是统筹能力的重要体现。

Q：这种统筹能力是基于你们之前做线下活动培养出来的统筹能力，让它在这个特殊的时期转移到了线上来继续运作？

A：这种统筹能力在演出行业是非常重要的，是一直以来都要具备的基本素质。只不过这一次采取纯粹线上的形式，变得更需要强统筹、强效率。

Q：您觉得在线上办公的效率会更高吗？这样进行统筹会不会有些困难呢？

A：线上办公这种形式是有困难，所有人的时间线不能完全重合。消息的回复有滞后性，如果当面对接的话，可能一分钟就可以解决问题，所以线上办公效率还是会受到影响的。

4. 媒介选择及视频制作

Q：在媒介的选择上，义演选择视频网站作为主要传播载体。那么，宣传方面是选择什么渠道？

A：宣传主要借助的是互联网视频平台，其他的平台，比如说微博、抖音、快手等平台都加入了。你可以把它理解为全民推广的项目。那段时间内，整体报道、宣传反响都不错。

Q：在合作对象中还有央视频，这个义演项目与中央级传播媒体也有一些对接吗？

A：对，央视频也加入了。这件事情虽然由我们发起，但后来变成了一个非常社会化的项目，集合了多方的力量。

Q：优兔上也有活动的视频。当时你们考虑过扩大受众，增加海外传播的这条线吗？还是只是同步上传？

A：主要是同步上传，没有单独面向海外进行宣传。但还有一些优兔的博主会自发传播这样一个正能量的义演，甚至自己也加入与我们义演类似的表演中，形成良好的互动。

5. 经验与展望

Q：具体执行与原计划相比，有什么困难和变动吗？

A：嗯，困难就是随时变化，但我们要拥抱变化。整个活动虽然从策划到执行时间较短，但影响力还是很大的。于是，不停有各种平台、艺人，或者是合作方，选择加入。这就需要我们不停地进行调整，包括和各方的对接、剪辑等，压力还是比较大的。

Q：此次义演营销的成功提供了什么样的经验和启示？

A：此次线上义演开启了我们大麦网对线上演出这样的一个新形式的尝试。以前，线下演出是大家更多选择的方式。但在现在这样不确定的环境里面，演出选择更加多样，线上演出的业务将是我们沉淀下来的宝贵资产。

另外，在社会影响力和社会温度层面，我们觉得这是成就感很大的一件事。因为其实整个过程非常困难，但是我们克服所有的困难把演出呈现给大家，收获了大家的良好反馈。在当时，我们觉得收获非常多，也为此骄傲和自豪。

Q：会在之后的线上演出中尝试 VR、5G 直播之类的新技术吗？

A：会，其实我们在一些项目中已有一些这样的尝试。例如，2021 年 12 月 25 日，大麦网联合中国移动举办的"第十五届音乐盛典咪咕汇"就在线上演出技术上做了升级：运用多机位观看渠道、VR、虚拟偶像等做出了音乐元宇宙。但如果要特别成型、完整的话，它可能还需要一段时间的技术调试。

（访谈人：金娜延、朴钟赫、安帝丝、杨巧雨、周沁怡、李旖敏）

第六章

"为了亿万家庭的幸福"：方太"隔壁的家人公约"品牌社会责任行动

　　据统计，中国有 2.4 亿游子在异乡拼搏奋斗。他们步履匆匆，如同迁徙的候鸟，为梦想远走他乡，但梦想的背后，始终藏着对家人无尽的牵挂。方太发起"隔壁的家人公约"行动，从邻里的角度切入，正式向所有人发出一份幸福公约，无论是难伴父母左右的游子，抑或住在老家的邻居，呼吁更多的人加入共建和谐邻里的行动，让他乡游子多一分安心，让家家户户幸福无忧。

第一节 案例复盘："互助小益"让"个人与家庭"延伸至"社区与邻里"

一、行业调研

方太集团创建于 1996 年，是以智能厨电为核心业务的幸福生活解决方案提供商，为人们提供高品质的产品和服务。

从 2003 年第一台集成灶面世以来，集成技术通过不断的改进，逐渐在厨电领域占有一席之地，成为引领未来厨电市场的新方向。和中国大多数传统产业一样，传统厨电行业也难以摆脱低价、同质化竞争的困境。年轻的集成灶行业给予厨电行业一种新的气质，在高端市场一骑绝尘。从美大、火星人、帅丰、亿田到森歌等，厨电企业都高喊打造高端品牌，准备在高端市场一较高低。在传统厨电领域，老板电器与方太都以高端定位牢牢掌控着市场的主动权。同样，集成产品要在新型厨电市场上掌控话语权、建立品牌地位，高端化是必经之路。新旧产品的对抗，抢占消费者的认知尤为重要。集成灶企业要想改变消费者的认知，必须打赢高端市场的竞争。集成灶以高端定位、匹配产品的功能属性、整合传统的三大件功能、实现蒸烤一体等优势，代表了前沿的厨电技术，符合未来厨房的发展趋势，同时对做饭的效率、厨房的空间都有明显的提升，高价格显然符合市场规律。此外，消费升级成为大趋势，年轻消费群体崛起，他们对国货的信心空前高涨，品牌的影响力愈加突出。集成灶企业要想确立高端品牌，需适应新的消费变化，满足年轻人对高品质的追求，降低与消费者的沟通成本，与之建立更加稳固的信任基础。当前，集成灶企业需要通过系统的品牌升级，完成向高端市场的跃进，以适应一二线城市消费者的心理需求；同时，面对城市住房面积较小的情况，集成功能可充分解决消费者的痛点，能够快速建立高端形象。集成灶市场的竞争正处于焦灼态势，专业集成灶品牌、传统厨电企业、白家电企业混战在一起，谁最终能站稳高端市场，还不到下结论的时候。但是可以确定，产品、渠道、传播这三大密钥，将决定谁能笑到最后。

关爱用户、为用户营造绝佳烹饪环境和美食体验，已成为方太人的使命。方太始终用善意与仁爱之心，持续推动创新。方太产品的人性化设计，处处体现对用户痛点的理解与关爱，最终获得国内用户的信任。随着技术的进步和高端市场需求的快速升级，方太在高端市场的技术创新也驶入"快车道"。20 多年来，方太不断打破传统厨电产品的边界与思维定式，用技术创新对厨房的功能与内涵进行重新界定，引领健康绿色的美食烹饪和生活方式。国内外跨国制造业巨头无一不是找准领域，默默耕耘数十年甚至上百年，才获得良好的口碑。中国制造历经了 30 年快速发展，但国际知名品牌不多，重要原因在于企业心态浮躁、贪多求大、盲目跨界搞多元化，最终除了将宝贵的企业资源消耗殆尽外，一无所获。面对诸多所谓投资热点，方太对厨电产业的专注与执着坚守堪称难能可贵。长久的专注铸就了方太在厨电领域的"专家"称谓，也塑造了中国厨电的高端品牌。从蒸微一体机、三合一水槽洗碗机到欧近跨界吸油烟机星魔方，从单一厨电产品到厨房成套嵌入的全面解决方案，方太保持了对优化烹饪环境与美食体验的专注度。方太坚持"互联网 +O2O 融合"，引领前卫生活方式。基于对高端用户需求的持续关注与精准把握，方太在持续提升中国家庭厨房幸福指数的同时，致力于为高端用户营造一种优雅前卫的厨房烹饪体验。由方太原创设计的三合一水槽洗碗机，将洗碗、果蔬洁净及水槽冲洗功能完美融合，从根本上解决了欧式洗碗机虽然价格不菲但只能洗碗、无法洁净果蔬和冲洗水槽等诸多弊端，为中国家庭营造出令人惊喜的全新厨房体验。2015 年，高端生活方式 O2O 社交平台——"方太生活家"正式发布，这标志着中国家电产业"线上线下融合"探索的新模式、新平台开始落地。依托"方太生活家"平台，方太为用户量身定制"厨房管家"，为高端用户及美食爱好者搭建了 O2O 的实时交流与分享平台，使用户的线下个性化需求在线上平台得以落地和释放，最终获得以美食烹饪为主的各种高品质生活体验。

2015 年，方太提出"成为一家伟大的企业"的新愿景。何为伟大？方太将其分解为四个特征：用户得安心，员工得成长，社会得正气，经营可持续。伟大的企业在追求利润的同时，也追求超越利润的、更有意义的理想。对于方太，这个理想便是"为了亿万家庭的幸福"。尽管技术不断发展，但人们对美好生活的向往是不变的主旋律，这是方太基于"幸福"打造品牌形象的原因。同时，这种"幸福观"推动方太不断地打造幸福社区。方太不仅要对产品的品质负责，还要对用户的幸福负责，这种超越利润的仁爱之心，铸就了方太"因爱伟大"的企业基因。方太秉持"创新的原则是有度"的信念，以"创新的目标是幸福"为方向，摒除行业智能泡沫，打造真正让用户更加方便、健康、安全、幸福的智能厨电。2018年，方太发布FIKS智能生活家系统，这个基于高端嵌入式厨电产品的智能厨房生态体系，使厨电不再独立存在，真正实现了生态协同，满足了快节奏的生活需求，提升了用户的幸福感。发现用户需求容易，进行颠覆式创新、解决产品痛点却并不容易，创新的周期长、成本高、不确定性高，方太始终保持每年不低于销售额5%的研发投入（远高于业内2%—3%的平均水平），组建了750余人的研发团队，建设了8000平方米的全球规模最大、设施最先进的厨电实验室，拥有近3000项专利。方太舍得投入，舍得利润，舍得速度，唯一不舍弃的是对用户的真心与责任。方太用良知驱动创新，赋予创新以使命，用创新帮助用户追求幸福、创造幸福。

二、市场调研

（一）方太的市场定位

从1996年成立至今，方太集团已经有20多年的历史。这20多年中，它的市场定位是逐渐明确的。它在成立之初就明确了自己要做高端独特领先的厨电产品的目标，但是在发展的过程中又不可避免地想要做更多的产品以获取更大的客户群体。2010年，方太与特劳特战略定位咨询公司开展合作，将自身的品牌定位为中国厨电专家与领导者。品牌定位包含两个部分，一是高端厨电产品，二是中国品牌。这成为方太在日后发展的主基调。

方太在后来的发展中，一直强调品牌的高端性，它砍掉了中端产品，仅保留高端产品。创建及维护品牌形象成为方太发展中的重要任务，它以此来构建企业持久的竞争优势。方太立足厨房烹饪商业布局，从烟灶消成套化、嵌入式，到后来的洗碗机、净水机、烹饪机器人等多品类的扩容，再到集成式、智能化的布局，做大了厨电在厨房的商业空间和场景[①]。

---

① 国际金融报.厨电企业2020年成绩"大比拼"：方太、老板双雄格局分化［EB/OL］.（2021-02-26）［2022-11-16］.https://baijiahao.baidu.com/s?id=1692770125307500166&wfi=spider&for=pc.

方太不仅注重产品门类的扩展，同样重视技术创新。得益于产品功能和技术的双重创新，方太成为国产厨电领域的专家与领导者，并连续多年在"中国消费者理想品牌大调查"中获得第一名。此外，方太还致力于打造新渠道、新物流，多方面创新，扩展方太的商业模式，提升销售效率。[①] 因此，方太获得了消费者的认可，消费者只要选择高端厨电产品，就会选择方太。

由于方太品牌定位高端，因此它的客户群体也多是收入较高的人群，或者是讲究生活品质的人。2020 年，方太集团实现营收 120 亿元，同比增长 10%，其中方太家装渠道同比增长 50%。[②] 方太依靠自身过硬的产品获得了成功，而这种高端定位也在某些方面给方太的发展制造了一些障碍。

相比大众消费品而言，高端产品的客户群体是比较小的，因此方太想要在高端人群之外扩充一些客户群体，但若放弃自身的高端定位，以中端甚至低端产品来获取顾客是不明智的。和转变自身产品定位比起来，方太选择转变消费者的观念。

图 6-1 "隔壁的家人公约"视频截图

"隔壁的家人公约"是方太的一个公益广告项目，但是该广告将社会责任与品牌传播结合起来，通过对方太品牌形象的传递，建立品牌美誉度，希望最终实现对消费者的转化。

---

① 方太官网. https://www.fotile.com/news/543.html.
② 国际金融报. 厨电企业 2020 年成绩"大比拼"：方太、老板双雄格局分化［EB/OL］.（2021−02−26）［2022−11−16］. https://baijiahao.baidu.com/s?id=1692770125307500166&wfr=spider&for=pc.

（二）"隔壁的家人公约"目标受众

此次营销的目标受众是背井离乡在外奋斗的移动居民。他们既游离于当前社区之外，也远离家乡的父母亲人。[①]因此，他们也许此时并不是精准的客户群体，却是方太的潜在客户群体。

图6-2 "隔壁的家人公约"策划创意

三、项目策划

（一）策划目标

方太"隔壁的家人公约"项目的策划目标主要有两方面，一是拓展幸福社区共建公益计划，二是提升品牌形象。

方太于2015年将企业愿景升级为"成为一家伟大的企业"。茅忠群总裁提出，一家伟大的企业不仅是一个经济组织，要满足并创造顾客需求，而且是一个社会组织，要积极承担社会责任，不断导人向善。同年，方太的品牌主张也升级为"因爱伟大"。[②]

① 张婷. 方太《隔壁的家人公约》，从家庭走向社区 [J]. 现代广告，2019（19）：44-45.
② 梦姣. 以"幸福"为主线 探索多方共建模式 方太启动万家幸福社区共建计划 [J]. 消费指南，2019（9）：44-45.

方太认为，与厨电产品距离最近的社会细胞是家庭，而幸福又是每个家庭的共同追求，于是，2018年，方太的企业使命顺势升级成"为了亿万家庭的幸福"。在此企业使命之下，方太发起多方共建"幸福社区"的行动，而打造"幸福社区"是一个循序渐进的过程，方太认为"幸福社区"建设更高层次的目标是"互助公益"。从同年方太发布会主题"幸福共比邻"中也可看出，"隔壁的家人公约"项目是对如何提升家庭幸福的思考与拓展，是方太对共建万家幸福社区计划的延伸与提升，是从"个人与家庭"延伸至"社区与邻里"的项目。

方太从"为了亿万家庭的幸福"这个新使命出发，寻找现在家庭社会中存在的问题。方太注意到很多"身在他乡，难伴父母左右"的游子，对无法陪伴父母的情况感到忧虑，因此明确了"帮助这些游子照顾老家的家人，唤起邻里之间的互帮互助"的项目目标。

从品牌的角度看，公益广告是能让消费者获得情感体验与心理满足，从而增强对品牌的信赖感的工具之一。品牌的优良形象留在受众心里时，可提高品牌的知名度，使受众逐渐认识到品牌本身及其产品。方太已经通过多年的项目发布塑造了品牌文化，并传达了品牌对幸福社区的基本价值观，从而影响了更多的家庭，引导了正向的社会。这又让方太文化在受众心中获得深度渗透，通过文化认同，产生品牌认同。此次项目作为品牌建设的一环，提升了品牌的形象，随之提高了品牌效益、积累了品牌无形资产。

（二）核心创意：写给"邻里"的"书信"

"隔壁的家人公约"项目从邻居的角度切入，结合中国"远亲不如近邻"的邻里文化，号召邻里相互帮助，自然地吐露人们的心声。

方太替游子们写的"书信"也是策划创意的核心。该书信被制作成视频、海报等形成并投放至媒介传播。方太还邀请游子们在线一起共创公约。也就是说，参与者通过H5落款时，以自己的名义，作为公约共创者的身份，写给自己老家社区一封信，扩大影响力。[①]

---

① 张婷.方太《隔壁的家人公约》，从家庭走向社区［J］.现代广告，2019（19）：44-45.

图 6-3 《钱江晚报》上的"隔壁的家人公约"海报

  人的幸福感源于人与人之间的情感，最简单的一种是邻里之间的情感。通过给邻里家人的书信，道出邻里之间和谐关爱的美好生活，从而表现品牌的价值观，体现品牌的社会责任。在 2019 年度幸福发布会上，方太提出新的企业使命——为了亿万家庭的幸福。要让亿万家庭获得幸福，方太需要在高品质产品的基础上，更多地考虑用户情感价值的满足。茅忠群强调，方太不但要提供无与伦比的高品质产品和服务、打造健康环保有品位的生活方式，还要传播中华优秀传统文化，让亿万家庭享受更加美好的生活，实现幸福圆满的人生，获得真正的幸福。方太从传统文化中汲取智慧，提炼出了衡量家庭幸福的四个关键词——衣食无忧，身心康宁，相处和睦，传家有道。衣食无忧是幸福最基本的物质保障。这并不是说一个家庭要拥有多少物质财富，而是要以积极乐观的心态看待当下的拥有。身心康宁不仅在于家庭成员身体健康，还在于彼此之间相互关心，一家人拥有良好心态，保持身心愉悦。在物质和身心健康之外，家庭幸福感还来自相处和睦。"父子笃，兄弟睦，夫妇和，家之肥也。"自古就有家和万事兴的说法，和睦相处的一家人总能营造出幸福的氛围。方太强调，要想获得上述家庭幸福感，其方法也并不复杂，"我错了！""我也错了!""我帮你!""谢谢你!""我爱你!"就可以给大家带来幸福的能量。以这五句话为核心,方太发起了亿万家庭幸福计划,鼓励家庭成员每天常说这五句充满能量的话,还将经过上万名方太员工实践并取得非凡效果的"五个一"能量法,从企业内部推向更多的用户和合作伙伴。具体来说,这"五个一"包括:立一个志、读一本经、改一个过、行一次孝和日行一善。以中华优秀传统文化为企业基因,十年间,方太将文化战略贯彻到企业发展的各个层面,以文化为抓手不仅实现了高效管理,指导了企业的创新和发展,还顺应了文化自信的潮流。通过优秀文化的传播,方太成功地以文化的认同增进了消费者对于品牌和产品的认同。不难发现,方太所追求的"幸福"是多维度的,不仅是自身和员工的幸福,更是千万用户的幸福,以及由此延伸到的亿万家庭的幸福。它是方太的企业使命使然,已经超越了单纯的产品销售,更注重情感和价值观的共鸣,为建设一个充满"幸福感"的社会贡献方太的智慧与力量。

四、项目执行

(一)时间线

"隔壁的家人公约"项目从前期策划到落地,耗时两月。其间,方太与多方交流沟通,从"为了亿万家庭的幸福"的使命出发,寻找现代家庭社会中存在的问题。方太发现,很多从故乡迁徙到异乡的人无法融入目前所在社区圈,而面对远在家乡的父母,他们自己又无法陪伴左右照顾,这就很容易对亲人产生惦念和忧虑,家庭幸福感也大打折扣。最终,方太与微笑明天慈善基金会、网易新闻客户端一拍即合,共同发起了这场公益活动。

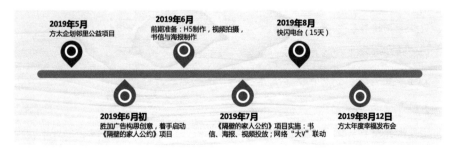

图6-4 "隔壁的家人公约"项目时间线

（二）整体内容 + 媒介渠道

1.起始于一封简单诚挚的书信

图6-5 "隔壁的家人公约"项目宣传海报

书信内容：

致老家的邻居：

身在他乡，难伴父母左右，时时挂肚牵肠。

不敢劳烦诸位，只些许小事，

如恰巧得见，求您慷慨相助：

父母步履迟缓，如您在小区驾车，

求您开慢点，等一等。

父母搬提重物，恐损伤腰臂。

求您搭把手，送进电梯就好。

雨雪湿滑，若见我父母不慎摔倒，

求您扶一把，不论因果。

我身边近邻，如需相助，也必出手效劳。

或许，他们正是您惦念的亲人。

远亲不如近邻，祝福您，住在隔壁的家人。

——您的邻居　顿首

2. 书信用视频广告片发布＋机场海报等形式在媒介投放。线下增加了宣传曝光，特别是在高铁站、机场等交通类媒体投放了大量的《致老家的邻居》书信画面，为广大在外奔波的游子说出了他们的心声。通过线上线下相结合的方式，触达更广泛的人群，引发公众对共建幸福社区的共鸣。

3. 将书信做成 H5，让用户签名扩散。参与者通过在 H5 签名，以自己的名义，以公约共创者的身份，将信发给自己老家社区，扩大了影响力。

4. 联合网络"大 V"＋各大品牌跨界扩散。活动期间陈龙、章龄之、王栎鑫等明星，《环球时报》《Vista 看天下》《每日经济新闻》等媒体，中国银联、中国移动等国民品牌纷纷加入。

5. 线下快闪电台（FM812 幸福兆赫），讲述动人的邻里故事和幸福公约故事。

（三）效果评估

超 35 万人参与了"隔壁的家人公约"公益活动，"致老家的邻居"相关微博话题阅读量突破 6000 万，视频播放量累计达 2.65 亿次，11 家党政机构、44 家媒体机构、55 家品牌及高校也参与了此次活动。线下活动也引发强烈反响。根据方太方面介绍，活动上线后几天，已有多家大型物业公司主动询问，希望方太能分享"隔壁的家人公约"项目相关传播物料，他们希望在所管理的社区内进行宣传投放，营造和睦的社区关系。超 2300 万观众场外收看了方太 2019 年度幸福发布会。

图 6-6 "隔壁的家人公约"活动的"国爱伟大"海报

第二节 SIPS 模型解析：着眼品牌价值的"幸福社区"构建，揭秘口碑营销的内在规律

一、理论介绍

2011 年，日本著名广告公司电通株式会社提出了数字时代的消费者行为分析工具——SIPS 模型。SIPS 模型是对该公司 2005 年提出的 AISAS 模型 [Attention（注意），Interest（兴趣），Search（搜索），Action（行动），Share（分享）] 的重塑和延伸，分为四个阶段：共鸣（Sympathize）、确认（Identify）、参与（Participate）、分享与扩

散（Share & Spread）。

SIPS 模型立足消费者，着眼于品牌价值，深入剖析了品牌在消费者行为的"Search—Action—Share"三个环节形成口碑的内在规律，该行为过程包括共鸣、确认、参与、分享与扩散四个阶段。"共鸣"指以充分满足并引导消费者期望为基础，提高营销的靶向性；"确认"是指消费者对营销产品进行价值判断与价值选择的过程；"参与"是卖方将用户画像融入营销方案的过程，旨在激发消费者购买意愿；"分享与扩散"是指用户在良好消费体验的刺激下，主动进行口碑社交化推广的行为。四个阶段环环相扣，紧密相连，产品信息通过引起消费者的共鸣，促进消费者与品牌之间进一步沟通；消费者在交流过程中会确认触发共鸣的产品信息对自己是否有益；完成确认后会逐渐参与到产品互动的过程中；当获得良好的参与体验时，消费者便会主动进行分享和扩散，对产品进行二次传播。[①] SIPS 模型基于全生命周期视角，动态描述了消费者从产品信息识别、购买欲望激发到体验分享的消费心理波动路径，主张通过深挖营销价值、客户泛在连接与信息实时共享等手段，提高传播效果、传播品牌价值与理念、营造品牌口碑，最终实现整合营销的良好效果。

SIPS 模型通过分析消费者与企业、消费者与消费者之间的双向互动，弥补了传统单向的消费者分析存在的不足，是大数据时代解释消费者行为过程的有效分析工具。我们尝试在 SIPS 模型理论的整体关照下，剖析方太"隔壁的家人公约"项目公益广告的整合营销传播策略。

图 6-7 AISAS 模型分析

二、基于 SIPS 模型的方太"隔壁的家人公约"营销策略解读

（一）共鸣（Sympathize）——家人挂人心

使消费者"心动"，引发共鸣并捕捉这种瞬间是促成消费者转化为真正购买者的重要方式。当代社会，信息庞杂，消费者的注意力是激烈的竞争点。"隔壁的家

---

① 孙丽萍.SIPS 模型下的旅游类短视频传播分析——以房琪 kiki 为例［J］.视听，2021（5）：131-132.

人公约"定位"游子"受众，从实际调研与国人深层文化心理出发，抓住"游子"挂念家中老人的心理，通过精准社区投放，引发广泛共鸣。

"隔壁的家人公约"是方太携手微笑明天慈善基金会、网易新闻共同发起的一个公益共创项目，也是方太"年度幸福发布会"举办前的一个重要造势活动。一个声音，一种形象，在关注"社区关系""邻里幸福"理念的背后，是方太的企业追求和品牌理念。

"隔壁的家人公约"简单而朴素，温暖又别具一格，恰到好处地说出了很多人心底隐藏的情感。方太认为，很多东西不是复杂才能打动人心。精确定位、做到实处才可达到帮助人的效果。从唤起共鸣的措施上来看，方太准备了线上全平台传播渠道，以期达到最好的曝光效果，通过线上线下相结合的方式，触达更广泛的人群，引发公众对共建幸福社区的共鸣。

（二）确认（Identify）——润物细无声

情感影响的行动比那些只是建立在理智思考之上的行动更深切、维持得更长久。游子牵挂家中的老人，这无疑触及了无数中国人心底的共同情感。"隔壁的家人公约"的号召不仅触动情感，而且是建立在理智思考之上的行动。"远亲不如近邻"这句古话是很多人的共识，大家互帮互助、共建幸福邻里，获益的将是每一个

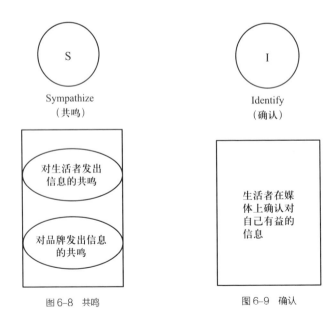

图 6-8　共鸣　　　　　　　　　　　　　图 6-9　确认

人。该公益活动一经发布，不仅各品牌、媒体联动，而且也得到了政府许多机构的主动转发及参与，同时得到了大众的广泛支持。

以微博平台为例，在网易新闻客户端与天极网发布"隔壁的家人公约"活动并号召大家参与后，微博网友对该公益活动表示支持，活动得到了广泛的正面反馈。"很喜欢方太的这个活动"是对该项目的肯定；"真的是很暖心呀，幸福公约大家一起遵守""这么有意义的活动必须支持一下"是对该活动的参与；"瞬间喜欢了，方太是有爱心的企业""佩服佩服，关注方太这样有爱心的企业"则是对方太品牌的认可。在这一过程中，方太的忠实顾客会对方太品牌的价值理念进行进一步确认，增加了品牌和消费者之间的黏性；潜在消费者会被方太的公益活动所打动，进而上升到对方太企业和品牌的确认与欣赏。方太的"隔壁的家人公约"公益项目达到了良好的效果。方太面对的是明确的消费受众，但品牌宣传未必是针对精准受众，透过受众的身边人影响受众，从而扩大受众覆盖面，这是方太的品牌营销策略。

品牌共鸣理论认为，当一个品牌与顾客之间的共鸣度较高时，顾客的重购意愿、用户黏度、忠诚度等就会显著提升。[①] 2018 年，方太提出"家庭幸福观"后，有用户评论说："第一次看方太的'因爱伟大'，觉得牵强、俗套，又很难留下印象。没想到，几年过去，每次都对方太的广告充满敬意。这个品牌真正的伟大之处，或许就是润物细无声。""隔壁的家人公约"项目同样延续了这种"因爱伟大"的品牌理念和"润物细无声"的品牌营造精神。

（三）参与（Participate）——掌握游子心理，精准打动人心

方太替游子们向老家的邻居寄出的这封书信，虽只寥寥几句，但道尽了远离至亲的他们的惦念与忧虑，也写出了他们盼望老家近邻"搭把手"的小小心愿。

"隔壁的家人公约"项目首先推出了一部视频广告，投放在小区电梯、卫视TVC、机场、高铁以及朋友圈等渠道，以"致老家的邻居"作为开篇，透过影像传达书信内容。此视频仅有一分钟，没有绚丽的色彩、强烈的打光，以白描且恳切的方式，呈现了游子最真实的心态。从"出门在外牵挂父母"的朴素视角，切入为

---

① 温韬，陈丹丹.关于品牌共鸣的研究综述及展望［J］.商业经济研究，2021（18）：73-77.

人子女心中共同的痛点，恳求老家的邻居在父母有需要时伸出温暖的双手。值得注意的是，本片特别采用黑白色调，摄影师杰森·彼得森（Jason M. Peterson）谈及黑白摄影时曾说过："我试图捕捉人类的情感，让观看者感受到一些东西，而黑白色的照片有助于让人将注意力集中到情感上。"方太一向擅于用黑白影调记录细碎而真实的情感，过滤掉色彩因素的干扰后，观众会更专注于演员的口播文案及片子表达的内容，进而完全投入其中。

图 6-10　参与

在参与阶段，可将受众分为四类：一般参与者、粉丝、忠诚客户以及狂热信奉者。就媒介产品而言，和消费者（受众）进行互动，使其能够获得参与的满足感，对扩大产品知名度、提升传播效果尤为重要。良好的互动参与，能够促进普通消费者向粉丝、忠实用户转变。"隔壁的家人公约"就公益性质的广告层面而言，选择受众时的切入点颇为独特，游子是 2.4 亿人的大群体，同时也是一群善于进行网络传播的年轻人，因此向他们喊话可以很迅速地让受众参与其中。利用视频及 H5 书信文本作为原始素材，方太给受众提供了一个开放且能自由进行符号互动的文本生产空间。活动通过传递一封写给老家邻居的家书，吸引受众主动参与文本的重塑及创作，进而在此过程中获得认同感，其他观看者也能感受到这份真实，由此"写给邻居的幸福公约"这一新概念在受众中得以巩固。由此，"隔壁的家人公约"所生产的影像产品能够通过个体、粉丝群、各类社交平台与受众进行积极的互动，实现广泛的传播。

（四）分享与扩散（Share & Spread）——从点、线、面到立体矩阵传播

此阶段着重打响"品牌口碑"，引发二次共鸣及传播。

"隔壁的家人公约"不是古板的公约，而是一个由公众共同制定的公约，起初受众因好奇而在 H5 模板上自行生成内容，发在朋友圈让那些在老家工作的朋友看到，希望他们能够帮助自己。爆款内容的传播，必须要直抵人心、触碰人性，此次方太以简单的书信、平实的语言讲述游子朴实动人的心声，透过受众之间的互动，达成"以小见大"的共情效果。

融媒体是对媒介生产和传播既有秩序的重新理解和重构，融媒体充分利用各类媒介载体，在人力、内容、宣传等方面进行全面整合，实现"资源通融、内容兼融、宣传互融、利益共融"[①]。通过用户主动分享进行二次发酵传播，是现今的社交媒体时代打造爆点的重要方式。这种传播借助用户的社交媒介，通过人际传播与跨平台扩散，提高话题传播效率。"隔壁的家人公约"从个人发出的一封信（点的发出），透过人际关系间的传播（线的交织），再到整个社区的宣传（面的覆盖），打造全媒体传播环境下的传播范围立体化、最大化，实现内容策划"点、线、面"的立体有机统一，把一个点放大到极致来收获"爆款"，进而实现作品与受众共融的传播矩阵。

S

Share & Spread
（分享与扩散）

在连接之中
分享与扩散

图 6-11 分享与扩散

现在中国市场上缺乏具有文化自信的品牌。近年来，方太不断在传播中融入自身的文化基因，与用户在情感和心灵层面建立默契与共鸣，在其广告的背后传达儒家仁爱的文化思想，建立独有的文化底蕴，用质朴的方式让人们感受到厨电科技给生活带来的品质改变。方太"因爱伟大"的核心始终不曾改变，只是根据承载的传播诉求变换了演绎方式，如今以"幸福"为主题的营销活动，符合人类对幸福的永恒追求，以自身准则及品牌价值观影响更多家庭，也是企业承担社会责任的体现。

截至方太 2019 年度幸福发布会举办之日，此次线上线下结合的社会共创运动达到了良好的传播效果，"致老家的邻居"相关微博话题阅读量已经突破 6000 万，视频播放量达到 2.65 亿次，并有超过 35 万人发起了"隔壁的家人公约"。

三、小结

"隔壁的家人公约"用简单的概念引发公众对共建幸福社区的共鸣，通过长期挖掘品牌理念与个人、家庭、社区和世界的故事连接，生产出打动观众、吸引受众参与的"情感商品"，再借助"多屏多网多介质"的融媒体传播矩阵建构集体认同，进而回到"SIPS"的良性循环中，产生发散的市场效应。方太作为一家一流的

---

① 何海翔、夏临. SIPS 模式下乡村振兴的传播图景——以《田园中国》节目为例.《当代电视》，2021（9）：16.

企业，在企业文化的塑造上展现了一个有高度的品牌应有的格局，用科技创新和人文关怀与时代交流，再透过沁入生活的广告成为打造品牌社交形象的"引领者"。在品牌外化的主张背后，方太以内化的企业文化做支撑，创造受众的情感共鸣和集体认同。

第三节　案例访谈："有中华文化底蕴的品牌，因爱伟大"

一、公司介绍

创立于 2003 年的胜加是广告界的故事大王。凭借精准锐利的策略思维和令人震撼的原创能力，胜加广告已为腾讯、阿里、滴滴出行、优信二手车、银联、雀巢、方太、海信、添柏岚等多个一线品牌客户提供系统化、定制化的深度服务。从品牌定位、创造品牌核心价值及产品的核心故事表达，到包含互联网的整合营销传播，胜加创造了一个又一个广为人知的传播案例，更是为方太连续全案服务 19 年。

19 年来，胜加匹配了优质的团队人员持续为方太服务，而胜加讲故事的方法和理论也是基于方太的案例而形成的。随着方太产品的增加、业务的壮大以及进一步走向世界愿景的成形，胜加一步步地跟进和协助。胜加也会有意识地根据方太的发展调整自己的组织架构、内容产出的方式，双方敢于为对方冒险，就像开始做互联网传播的时候，大家对这条路心里都没有底，但还是愿意小规模试错，在共同担当的风险的同时，也共同享受案例成功带来的成就。

二、采访对象

谢启明先生——方太"隔壁的家人公约"项目负责人。

三、访谈记录

（一）前期调研

Q：可以简单介绍一下方太 2019 "幸福共比邻"项目吗？

A：方太在 2018 年举办了新品发布会，将目光聚焦在邻里间，提出"幸福共比邻"的主张，在 2019 年希望通过线上线下全方位传播整合营销活动，贴合邻里主张，所以它就是一个品牌的广告。从品牌的角度去说，提高品牌美誉度的同时也让更多人知道品牌正在做这个好的事情，进而去了解这个品牌在做什么样的产品。

品牌建设是长期的，本项目的契机是在行业内非常有名的 AWE 展览（中国家电及消费电子博览会），我们从这里去思考方太可以做些什么？当时，方太恰好主打"为亿万家庭谋幸福"，这是一个以"邻里"为核心的社区概念，从小夫妻、三代同堂、三口之家等去思考。方太作为有中华文化底蕴的品牌，跟着国家政策走，它不只是一个厨电品牌，也关心很多其他话题，"因爱伟大"的口号讲的便是有爱有度，这也是方太的一个抱负。

方太讲求反馈自然，从空气、水、食物这三大要素出发，通过我们的产品让整个社区变得更加好，让人与人之间、家与家之间、邻里之间、朋友之间关系更加紧密，因而有"为亿万家庭谋幸福"这个方向。接着的问题就是，"邻里"的概念要怎么做呢？要如何走出厨房去谈关于人与人之间的关系呢？那就从现在的我们出发。我们这些不在家乡的游子一年回家一两次，没能好好关心家里的老人，因此方太想帮一帮这些人，首先关心这些受众的家人，并且是从"邻里"的角度去帮助这些人，最后做一个隔壁邻居公约。"隔壁的家人公约"由此诞生。

那么，我们为什么写得那么文绉绉？因为我们认为，既然要做这样请求别人的事情，就要以很郑重、很正式的方式去恳请大家。当家人在外面不小心摔倒了，请帮忙扶一把；有时候东西特别重，可以帮忙搬到电梯里，我们讲的就是这样简单的小事。

"隔壁的家人公约"不是一个我们定的公约，是一个我们大家定的公约，很多人会写他们的公约，然后发在朋友圈，给一些在老家工作的朋友看，希望他们也可以帮助自己。我们应该让这个东西做得更加立体，这个立体在于，我可能今天从某个人那里听到，明天从别的人那里听到，后天又从另一个人那里听到，这样才会有更好的传播效果，基于好的出发点，把它做出来，大概是这样一个模式。

Q："隔壁的家人公约"项目在准备过程中，有没有其他备选方案？

A：没有，就这一个方案，有些时候，方案不一定要多，虽然创意可以很多，但拿出来的一定是精心挑选的，可能不止一个好创意，但绝对不会是二三十个，这些你可以放在心里面过滤一下，把最好的三个拿出来，这样才对。

Q：前期调研时，你们是如何确定本项目的目标受众的？

A："游子"这一受众群体感觉很宽泛，但是他们都是方太的潜在消费者，他们可能还没结婚，但将来可能会需要厨具。你们可能觉得面对的目标很大，但有些东西是 a 传给 b，b 传给 c，可能不会精准规定 35—40 岁的受众，我们面对的是明确的消费受众，但宣传不一定是针对这群人。那用什么方法可以去影响到他们？是不是透过他们的孩子或他们的妈妈来影响？现在的广告铺天盖地，因此要因地制宜去聊这些事比较好。

（二）创意策划

Q：活动策划从无到有的时间轴大概是怎样的呢？

A：这个项目进行得比较快，想到这个概念到确认可能就一周，但其间要有很频繁的交流沟通，后续拍片、设计平面、做出平面总归也要十几天，从无到有也就一个月左右吧。但绝对不是说所有项目都是这样的，我们也经历过进行了一年多的项目需要从头来过，所以这个项目算是比较顺利的。

Q：在制定营销策略时，是否特意筛选了平台？此次采用了 H5 交互、视频广告、线下快闪等多种方式，这些营销方式的比重大概是怎样的呢？

A：平台是根据创意而定的，"隔壁的家人公约"这个项目适合在社区里面去做，所以我们在社区进行投放，也在网络上进行投放。主要还是以两个点为中心：因创意而定，因预算而定。

Q：公益营销策划跟普通营销策划相比，最困难的点在哪里？

A：想不出来呗！但是针对我们这个项目，你不能说它特别公益，它是在公益跟产品之间，或者可以说就是一个品牌类项目，到最后我们讲的还是方太的品牌，想通过这个片子、这个创意去说服大家。

（三）媒介执行

Q：为什么选择电台作为线下快闪的投放渠道？

A：以前投放电台最多的是汽车广告，那么选电台也是根据这部分人群去选择，当我们要让人开车开慢一点，那不在电台里说，要在哪里说？不过，也不只有这个因素，我们这个项目一开始是书信的方式，其实在电台里说也会更有味道、更郑重一点，用广播去讲，会更打动人心，我觉得也有这个原因吧。

Q：如何选择跨界合作伙伴（银联、中国移动、苏宁易购等）以及网络"大V"的？

A：我觉得所有选择都还是在围绕创意，方太曾经有个创意项目——"有厨无厨"，有些人会觉得家里没有厨房的话可以更大，也有些人觉得没有厨房要怎么做饭啊！基于这个创意，针对有厨，我们可以去跟叮咚买菜、家庭用品类的品牌结合；无厨的话，我们可以跟外卖或麦当劳这种快餐无厨派结合。根据创意去决定需不需要跟品牌合作、跟哪类的网络"大V"合作，也只有创意出来后才可以知道跟什么品牌更合适、用哪种方式传播更好，这个项目也是这样思考的。

Q：这个活动是如何通过社会话题引流，来扩大其声势的呢？前面提到物业公司，是有主动去找他们吗？

A：有种方式叫做二次传播，意思是当我们把自己的想法发出去，其他人看到后也想要用这样的方式表达，他们就被我们吸引了，这是一种双向的关系。虽然我们本身会规划好投放哪些渠道，但如果这些创意吸引到另一群人，他们也会反馈过来，比如一些物业公司，觉得跟我们这次方案有关系、认同我们的想法，自然就会来找我们。

Q：在项目最终的复盘中，你们发现哪些渠道的效果是比较好的？

A：说真的，我们当时没有大胆的统计，不过据说吸引了30余家媒体报道，视频累计播放量达 2.65 亿次，微博话题曝光量超过 6000 万次，超过 35 万人发起了"隔壁的家人公约"。这些听下来你可能会觉得某个看起来最有用，但事实上我们也不可能只用那个，而是要配合去打、组合去做，我们不能只单靠一个平台。

Q：执行的过程中，最困难的点是什么？你们是如何解决的？

A：其实就是怎么执行呗，怎么拍、怎么做平面，虽然是简单几句话，但要执行到位还是比较困难的。

Q：片子里的年轻人是怎么找的？

A：片子里的人其实都是模特，但是我们会从中找出更像素人的模特，我们拍了十几个人，要求每个人读一段，虽然只有简单几句话，但是要对着镜头特别有感情地说出来也是不容易的。但重点还是，视频上的这些人要更像素人，因为素人更贴近大家一点。

（四）行业视野

Q：在您看来，整合营销策划对于一个公益项目来说，它的价值在哪里？

A：首先，我觉得不用去界定是不是公益，公益虽然有好的地方但是不能一直去用。像方太这样的品牌，我觉得每年可以有一个这样的项目，方太之前在中秋做了一个光明村的片子，也是偏公益的。我们在快手上找了一个老师，以快乐教育、快乐做饭为主打，给他编了一个故事、想了一个设定：在一个村里，大家通过笑声发电，如果没有笑声，村里就会暗下来。这个村里的孩子都是留守儿童，是什么东西支持他们笑呢？除了普通笑话书，就是这个校长，校长是他们的亲人，通过做饭可以让大家充满欢乐，大概是这样一个故事。我讲这个案例是说，像我们在中秋时做的这样一个案例，不妨讲公益的故事。创意是天天都有的、会不断出现的，也可以说像是武器一样，遇到合适的活动，就把它拿出来用呗。

Q：就公益营销策划来说，要如何去确定成本和最终收益的平衡点呢？

A：品牌的美誉度更多的是要慢慢积累的，就像不可能只给房子盖一片瓦片，这个项目可能不足"一片屋顶"那么大，但我们希望可以通过这个品牌广告，去转化销量，这是最理想的状态。但当我们每次都这么去想的话，可能就不一定能做出真正好的创意，但这个也跟品牌本身的要求有关系，毕竟方太也是要做产品广告的，所以广告终究是两条腿并行的，只是在层面上不一样。

Q：您如何看待企业社会责任与利益之间的关系呢？

A：其实社会责任源于品牌，我们希望品牌的美誉度不是通过炒作个话题出来的，我们要做的是不损害品牌利益。谈到企业社会责任，我觉得只要是中国公民就应该有，这是绝对不会错的。如果不跟社会一个方向，大家也不会认同，所以总体要跟着国家的方向、跟着企业的社会责任走。

Q：您认为传统品牌应如何打造自己的品牌社交形象？

A：现在有很多传统品牌追求换新，可能是通过换包装、主打国潮等方法，哪怕方太也是一样。方太以前感觉比较高端、难以接近，但我们也会与时俱进，跟这个时代、这些人的脚步一起，也会起到引领的作用。所以我觉得，做成一个令人向往的品牌，国货、国潮是他们的一条路，而"引领"是我们的方法。

Q：你认为什么样的整合营销策划是成功的？

A：跟你们介绍一个案例——"Salla 2032 夏季奥运会"。萨拉是北极圈里的一个小镇，它为了申请夏季奥运会做了一个公益广告，讲的是由于冰川融化了，他们就可以申请 2032 年夏季奥运会了。虽然最后没有申请成功，但引起了热烈的反响。大家开始思考：为什么这样一个地方去申请了夏季奥运会？其实他们谈的就是温室效应，让大家意识到环保的重要性。他们所有的海报、片子做得很好很全，我觉得是很聪明的项目，而且这是一件真实的事情，不是只在 PPT 上面讲述的文字。我们认为，好的广告、好的整合营销策划是真的能打动人的。

Q：所以您觉得是创意、落地、赢得反响三个方面吗？

A：我觉得是"真诚"吧。我们这个行业说的是"热爱"，可能特别虚或特别假，很多人会想：这个事情真的值得热爱吗？但说白了，不热爱的话，也不会愿意花时间去学，那这些背后是什么在支撑？是真诚，这是不会骗人的，做广告就是不能骗人。

Q：带着热爱，您觉得累吗？

A：当然累呀！当你又累又辛苦的时候，你会想着：我就这点钱还要做这些工作，但是你换个角度想想，虽然就这点钱，我做得也很辛苦，但我还挺喜欢这份工作，这样不就过去了嘛！

（五）补充采访

Q："隔壁的家人公约"是一个成功的项目，但会不会有活动脱离品牌的风险呢？或者说跟方太有什么样的紧密关联呢？

A：我们跟方太合作这么多年，其实提出的这个"因爱伟大"到"幸福的智慧"，体现的是方太的利他经营哲学，将企业"小我"变成国家、民族的"大我"，这不是单纯指方太品牌经营逐利的转型，而是为全中国家庭追求幸福生活而奋斗的愿景。而且这个"幸福"的含义是包含物质和精神两个层面的，物质层面是享受好的产品，以方太每年发布的油烟机新品为例，它们都致力于把油烟伤害降到更低，不论是通过提升吸油烟效率，还是通过智能科技优化功能，都是为了给消费者带来更健康、环保、有品位的厨房生活体验；在精神层面的话，近几年我们打出的广告就是在产品生产、营销等环节，为方太的客户创造文化和情感上的认同。

（访谈人：金髓桓、朱秀敏、姜岚、田晓丽、游子仪、沈惠彬）

第七章

突破偏见，找寻自我："别回郑州" 春节城市级互动话题营销

　　2019 年至 2020 年间，全国跨城流动求职者达到 300 万人以上，其中职场年轻人，特别是 95 后的跳槽频率达到了平均每半年一次，他们选择离开一线城市，回到家乡发展。近两年来，成都、杭州、重庆、西安等新一线城市发展劲头十足，有越来越多的年轻人选择回到当地发展，同样，作为新一线城市的郑州也是这样。但是在城市中，仍然有一些年轻人囿于偏见，不敢选择遵从内心，困在理想与现实之间。本地青年文化平台"样荡 YOUNGDUMB"察觉到年轻人的这一困境，通过拍摄《别回郑州》，希望帮助年轻人打破偏见，遵从自己的内心，真正地活出自我。

第一节　案例复盘：“别回郑州”，触及认同，引发共鸣

一、项目洞察与策略实施

年关将至，大量返乡就业人群的复杂情绪在累积，这些年轻人需要一次及时的情绪宣泄和情感呼应，也更需要一些就业和创业机会。但作为新一线城市的郑州，始终处于尴尬阶段，在北上广深人才回流的当口，听到最多的却是“别回郑州”，对郑州的偏见依旧铺天盖地，“别回郑州”就抓住这个偏见并放大，并让这句话成为该视频的主题。

春节返乡潮的现实背景是这一视频引发共情的最佳时机。郑州真的不是好的就业之地吗？当然不是，但是如果要引发郑州人的共鸣，必须有效发起一次全城话题讨论。

1. 本地热门公众号特别专题，用共鸣促传播，用实际的就业和创业机会做助燃剂。

2. 高铁站、写字楼实地采访，真人真事拍摄海报，让内容真诚、真实、与你我相关。

3. 依靠郑州本地公众号“样荡YOUNGDUMB”高质量的图文采编能力，形成优质内容。

二、活动执行

（一）营销目标

样荡秉持一向的理念，关注年轻人的内心世界，注重人们内心情感的共鸣。此作品主要关注的是年轻人的城市归属感。样荡以这样一个话题引发出大家对城市以及自己归属感的思考，希望年轻人在舆论中打破偏见，做回自己。

（二）目标人群

样荡本身的受众是郑州人，更具体地说，是郑州的年轻人。“别回郑州”更是以情感打动那些寻找共鸣的年轻人，那些被“舆论”裹挟的想要回到却没有回到郑州的年轻人，在某种意义上，还包括那些在异乡漂泊的被舆论裹挟而不敢回到家乡的年轻人，不局限于郑州的年轻人。

（三）主题信息的设计

"别回郑州"的出发点是做好的倾听者与回应者，倾听年轻人的烦恼，触及他们的内心世界。"别回郑州"项目的灵感本身源于倾听，与此同时，对于年轻人的烦恼有所回应，鼓励年轻人在偏见中找到自己，鼓励年轻人不要被外界舆论所裹挟，做出自己的选择。

项目展现形式为一种形象、一个声音，受众群体为年轻人，展现年轻人反叛、年轻、时尚的形象，传达年轻人想要突破偏见、找寻自我的理念。项目主旨内容为打破偏见、找寻自己——在这一点上，表现为对反叛形象的塑造。别回郑州——但是我回来了，这本身就是一种反叛。

（四）信息风格的设定

样荡公众号一直关注城市年轻人真实的生活状况，受访人表示，想要找到城市年轻人纯粹的生活，脱离枷锁。"别回郑州"展现的是漂泊在异乡的郑州人，在想要回到郑州时所面临的各种声音。

（五）调研内容

调研内容主要为三个问题：为什么要回来？为什么之前没回来，现在回来？回来后有没有质疑声？得到的答案也是此次调研的主题：归属感的问题和认同感的问题。

（六）媒介选择

"别回郑州"以样荡公众号为主要发声平台——作品本身是为了样荡公众号而拍摄，同时以数英平台作为辅助发声端，即作品每次会顺带发在数英平台上，以获取专业意见点评，但是很遗憾，我们查看了此项目在数英平台的评论，评价不高。第三投放点为抖音，但是目前已经下架，原因不明，但是当时的流量并不理想。

三、效果评估

（一）数据层

此次《别回郑州》在微信公众号共计收获 2.2 万阅读量、111 个点赞和 106 个在看，推文下方的留言评论共计 92 条，其中大多数留言的字数超过 100 字，许多年轻人分享了自己与郑州的故事，用户参与度远超预期，互动性十分强。

（二）专业认可层

1.虎啸奖。虎啸奖以其独特的"性格"魅力吸引了包括国内顶尖专家学者在内的数百位数字营销实战一线的知名专家。虎啸专家团由广告主、研究机构、协会、传播机构、品牌媒体机构中资深望重的专业人士组成。行业最大阵容的专家队伍使虎啸奖有着高度的专业性。①《别回郑州》获得虎啸奖便是对其专业性的认可。一方面，该视频广告站在社会的层面立意，创意很好，立意够高；另一方面，"别回郑州"这个名字站在营销专业角度来讲，也是一个天然自带流量的话题。除此之外，当下一直在讲的共情能力，即情绪营造和情感链接，也在《别回郑州》中得到了很好的体现。

2.数英奖。数英奖是业内首个全透明在线公开评选的广告营销创意奖。数英平台汇聚了广告行业爱好者、从业者、专家的诚实表达，结合数据算法的分析提炼，识别并表彰那些达成广泛精确触达、兼备智慧和创意的广告营销案例。《别回郑州》获得数英奖也体现了其创新创意性。然而，数英平台亦有很多专业评委对《别回郑州》进行了严厉批评，例如有些评委批评其只提出问题而不给解决方案，也有评委批评其没有城市特色，缺乏郑州城市形象。《别回郑州》在数英平台的评分也只有4.8分，并不是特别出彩。

（三）用户价值层

《别回郑州》从对郑州返乡年轻人的调研做起，贴近郑州年轻人的生活，十分接地气，成功拉近了与用户之间的距离，从而引起了众多网友的参与和讨论，引发了无数郑州年轻人的情感共鸣，有效实现了与用户之间的良好沟通，公司的黏性用户数量也得以有效提升。

（四）渠道价值层

1.微信公众平台。《别回郑州》在微信公众平台上获得了较大成功，阅读量高达2.2万，大量用户在推文下方回复、评论，分享自己的故事。微信公众平台是需要关注才能推送的，也就是说，只有客户主动发起，才能建立关系，那么这些客户往往是具有很高忠诚度和活跃度的，我们将其称为粉丝型客户。这里，很多客户是忠实的读者，很多读者也就变成了忠实的客户，两者身份重合度很高。这是能为商

---

① 数云.数云入选虎啸奖颁布的《中国数字营销生态图（2020版）》两大板块［EB/OL］.（2020-12-02）［2022-11-16］.https://www.163.com/dy/article/FSRASENB05388X9K.html.

家带来高价值的客户群体，也是平台存在的最大价值所在。[①]公众平台正在成为一个开放型的客户关系管理（CRM）系统。在平台上，每个订阅客户的身后都会自动形成一个独特的数据库，这个数据库记录着客户的阅读习惯和关注重点，记录着客户每次发起的会话和交易历史，这些数据对企业了解自己的客户是非常重要的。[②]

《别回郑州》在微信公众平台上吸引了大量流量，使得三川的公众号“样荡YOUNGDUMB”增长了大量粉丝。公众平台不在于使用频率，而在于传递价值。哪怕客户一个月甚至是半年才使用一次，只要使用的时候，公众号提供的东西有价值，用户就不会将其从关注列表里删除，而是会对该公众号产生依赖。通过这次话题营销，三川实际上收获了大批的粉丝型客户。

2. 抖音。抖音不仅是一个短视频分享平台、一个社交平台，也是一个兴趣消费转化的营销平台。在用户价值层面，抖音用户普遍具有高活跃、高占比、高黏性的独特价值。在用户画像层面，抖音覆盖全年龄段、女性、一二线城市用户超50%等关键词。[③]本次《别回郑州》的项目负责人余波在抖音拥有大量粉丝，平均每条视频的点赞量在3000以上。余波经常在抖音上分享设计策划经验，而《别回郑州》被他作为一个案例上传到抖音平台。然而，这条视频在抖音上反响平平，之后余波将其下架。究其原因，一方面，《别回郑州》作为一个超过1分钟的公益视频，情节简单，少有波折，并不适合在抖音短视频平台发布；另一方面，余波在抖音的粉丝与该公司微信公众号的粉丝重合度较低，微信公众号的粉丝多为郑州的年轻人，而抖音的粉丝覆盖的地区更广，年龄段也更广，郑州与其并无较大关联，难以引发相应的情感共鸣。

（五）品牌价值层

1. 品牌关系。汤姆·邓肯曾创造性地提出了“关系利益人”的概念。他认为，品牌资产主要源于公司与顾客以及关系利益人之间的关系，而这种关系主要是通过沟通而建立的，传播和沟通成为品牌资产经营的关键所在，关系利益人是品牌关系

① 福州吃喝玩乐直播. 微信公众号的“超级市场”［EB/OL］.（2018-12-05）［2022-11-16］. https://cloud.tencent.com/developer/news/366274.

② 何西军. 简析网络时代的整合营销传播［J］. 华中科技大学学报（人文社会科学版），2002（2）：57-61.

③ 茂鸿新闻. 抖音的营销价值是什么？抖音营销价值及平台定位［EB/OL］.（2020-03-03）［2022-11-16］. http://douyin.maohoo.cn/news/1792.htm.

的驾驭者。① 因为信息无处不在，关系利益人可以通过这些信息整合出品牌形象，从而决定其对品牌的支持度。《别回郑州》准确洞察到郑州年轻人的痛点，并进行积极回应，与其用户结成了十分亲密的相互依赖关系，使得用户对于公司的品牌支持度大大提高，品牌关系得以建立并维持。

2. 品牌形象。《别回郑州》不仅是一个话题营销的典型案例，也作为一个数字公益创新广告荣获虎啸奖银奖。公益广告以宣传社会人文精神、树立文明理念、推广科学生活方式为主题，这种公益视角和公益化的诉求点，与企业要在大众心中树立回报社会、关心大众的形象相吻合。② 在服务广告、产品广告、形象广告和公益广告四种广告中，公益广告是塑造品牌形象效应最独特的一种方式。而三川公司正是通过公益广告这一独特的方式来塑造自身的品牌形象，表达自身的社会责任感和人文关怀。③ "别回郑州"是三川公司挖掘的社会公益主题。在策划的过程中，三川团队也有意选择各行各业的年轻人，接触更广泛的社会群体，引起更强的社会效应和关注。这一方面是为了引起更多共鸣，引发更大流量，另一方面则是为了更大程度地提高社会对于此话题的关注，从而改变社会态度，影响甚至扭转人们对于郑州的城市偏见。《别回郑州》也成功地做到了这两点，实现了商业利益和社会利益的成功整合，塑造了一个深具人文关怀的品牌形象。

第二节 5R 理论解析：顾客中心的价值创造同心圆，实现品牌资产累积

一、理论阐释：5R 整合营销理论

早在 1990 年，美国学者罗伯特·劳特朋就提出用 4C 营销理论来替代 4P 理

---

① 卫军英 . 关系创造价值——整合营销传播理论向度［M］. 北京：中国传媒大学出版社，2006.
② ［美］汤姆·邓肯 . 广告与整合营销传播原理（原书第 2 版）［M］. 廖以臣，张广玲，译 . 北京：机械工业出版社，2006.
③ 黄知常，杨义 . 品牌形象塑造中的广告创意策略［J］. 中国集体经济（下半月），2007（2）：85-87.

论。他认为，企业应该同顾客进行积极有效的双向沟通，建立基于共同利益的新型企业/顾客关系。[①]而美国西北大学唐·舒尔茨教授在2001年对4C理论进行延伸，提出5R理论，更强调企业和顾客的双向互动。

舒尔茨认为，应该用4C和5R来代替4P。他指出，营销组织面临的最大的挑战是更多地去理解他们的客户和潜在客户的需求，在竞争的市场环境中，营销公司必须从原来的4P理论转移到5R理论。5R理论是在4C理论基础上的延伸，在以顾客或潜在顾客为系统中心的同时，强调企业与消费者的双向互动。[②]这个理论以顾客价值感知、顾客关系的获取与维系作为核心线索，能够比较深刻地描绘顾客的消费心理与行为，但是较少涉及整体战略协同、传播方法与媒介等整合营销传播的执行层面。

唐·舒尔茨在2003年出版的第三本著作《整合营销传播：创造企业价值的五大关键步骤》中进一步结合顾客价值创造对5R理论进行了阐述：由于整合营销传播将顾客置于企业的中心地位，因此它也改变了有关价值的整体概念。是顾客在决定价值，并且有所选择地从营销系统中创造价值，只选择那些对其来说具有最大价值的要素，人们可能会将此称为需求链，而不是供应链。[③]舒尔茨团队将这一"顾客价值创造"视觉化为一系列的圆圈，一切要素围绕着现有顾客或者潜在顾客。

位于该系统中心的是现有顾客或者潜在顾客。围绕着顾客的则是传统的营销价值创造系统，包括产品或服务、价格或价值、渠道或分销系统、传播等。最开始展示的价值创造要素包括了传统意义上的营销组合4P。[④]第二层还加入了一些更密切相关的要素，例如品牌拥趸、品牌推荐者和兴趣社区的影响，以及可接触性，即产品或服务的获取方式。第三层同心圆包括了整合营销传播中的4个"R"，描述了企业和顾客之间营销互动的能力：相关力（Relevance）、开放力（Receptivity）、响

① ［美］汤姆·邓肯，桑德拉·莫里亚蒂.品牌至尊：利用整合营销创造终极价值［M］.廖宜怡，译.北京：华夏出版社，2000.
② ［美］唐E.舒尔茨，菲利普丁.凯奇.全球整合营销传播［M］.黄鹂，何西军，译.北京：机械工业出版社，2012.
③ 薛可，陈俊，余明阳主编.整合营销传播学［M］.上海：上海交通大学出版社，2019.
④ 高红梅.基于新媒体的整合营销传播策略研究［J］.新闻知识，2013（12）：54-55+57.

应力（Response）、识别力（Recognition）。①第四层同心圆，即最外圈，是第五个"R"——关系力（Relationship），即企业从市场中获取顾客关系和维系顾客关系的能力。

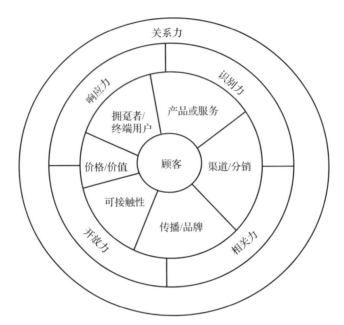

图 7-1　基于 5R 理论的整合营销传播价值创造圈图

（一）相关力

这一要素是指营销者在给顾客提供其需要和想要的产品和服务时，与顾客之间的契合度有多深。除此之外，营销者还需要进一步进行更切合其需要、更有吸引力和意义的沟通，当然还包括更切合其需要、更有竞争力的价格，以及更切合其需要的分销系统，从而让顾客更方便地获取产品或者服务。②

相关力与定位理论类似，二者皆关注产品与消费者需求之间的匹配点与契合度，即在营销过程中，企业提供的产品或服务在多大程度上与顾客的需求或潜在需求达成一致。营销者需要进一步加强与用户之间的沟通、洞察用户真实需求，提供具有竞争力的、更切合用户需求的价格及分销系统，以便于用户获取产品或服务。

---

① 星亮.营销传播理论演进研究［D］.广州：暨南大学，2013.
② 初广志.整合营销传播在中国的研究与实践［J］.国际新闻界，2010（3）：108-112.

在某种程度上，相关力更强调"用户需要怎样的产品或服务"，而非"企业能够生产或提供怎样的服务"。

（二）开放力

这一要素在战略性的整合营销传播中有两个方面的含义。一方面，营销者希望在现有顾客和潜在顾客最愿意接受各种信息的时刻接触到信息。[①] 例如，推销汉堡的最佳时间就是在顾客饥肠辘辘之时。因此，企业所面临的问题就是，究竟应该在什么时候、在哪一个接触点上与顾客进行接触，才能使得顾客更愿意接受信息或者激励计划？另一方面，开放力还包括一个企业对于新想法、新概念和新的商业经营方式的开放程度究竟有多高。这里蕴含的一个关键在于，整合营销传播并不只是企业究竟希望如何进行传播这样一个简单概念，相反，它是关于顾客本身究竟希望如何和企业沟通或者希望接受什么样的传播。这就需要营销者更善于接受新的思维模式和方法。

开放力注重消费者的感受，也可称之为消费者感知理论，关注消费者本身的期望，消费者希望如何与企业进行沟通，或消费者希望接受怎样的传播。开放力考虑的是在整合营销传播过程中信息的传播推广是否有价值，是否能够引发消费者共鸣，促使消费者对产品产生正向认知或激发消费者的购买欲望、刺激新的消费需求。

（三）响应力

这一要素也有两个方面。首先提出的问题是，现有顾客和潜在顾客对于公司所提供的东西如果要做出响应，其容易和方便程度如何。[②] 和公司打交道容易吗？在每一个可能的接触点上，公司能够有效地推动交易过程吗？其次，响应力体现的是企业在感知、适应和响应现有顾客和潜在顾客的需求和愿望方面做得究竟有多好。在这个互动的市场环境下，营销者的关键技能已经不再是营销和传播活动的规划、发展和执行能力了。相反，关键在于营销者是否能够对顾客的需求和愿望做出恰如

[①] 黄迎新.理论建构与理论批评的互动——美国整合营销传播理论研究二十年综述 [J].中国地质大学学报（社会科学版），2010, 10（2）：76-81.

[②] 陈刚，王禹媚.新兴市场、共时性竞争与整合营销传播——整合营销传播在中国市场的发展状况研究 [J].广告大观（理论版），2009（1）：7-15.

其分的响应。

当今市场的商业模式已经从传统的单向推广转向双向的高度互动，这要求企业在面临用户诉求及渴望时及时作出反应与回复，满足用户需求。高效率的快速反应机制一方面利于企业建设良好形象，稳定顾客群体并减少顾客流失，一方面有助于企业及时获取顾客反馈意见，为迎合顾客需求、应对高速变动的市场环境制定和调整相关策略。在整合营销传播情境下，针对响应力要素，不仅应当考虑"企业感知、适应和响应现有顾客和潜在顾客的需求及期望的能力"问题，更应关注"现有顾客及潜在顾客在需要对企业产品或服务进行响应时的渠道与便捷程度"问题。企业应为消费者提供多样、便捷、安全的信息反馈渠道，推动双方互动沟通的有效进行。

（四）识别力

与开放力和响应力一样，识别力也有两重含义。首先，从企业和经营者角度，它反映企业在重要的接触点上识别出顾客，并立即与企业所储存的有关该顾客的知识关联起来的能力。其次，从消费者角度，识别力还指顾客是否有能力从众多品牌中清晰地辨别出并选择该企业旗下的品牌。

企业在交易与服务中识别顾客，为其提供具有一定针对性的服务，提高顾客对于产品及服务的满意度，有助于强化企业与顾客的联结，建构亲切且人性的优质企业形象；顾客对企业及其品牌的精准识别则是对品牌质量、品牌形象及品牌独特性的肯定，较为直接地反映了整合营销传播活动的成功或失败。识别力与品牌建设关系紧密，它重点关注企业及其产品能否受到消费者群体与市场的认可，赢得口碑与市场美誉度，并转化为企业及产品的竞争力。

（五）关系力

这一要素在营销中有很多含义。例如，客户关系管理、顾客关系营销以及一对一营销，这些营销趋势其实都围绕着关系。在基于价值的整合营销传播中，是顾客在建立管理，而不是营销者；是顾客在决定他希望跟谁做生意，在什么时间和什么情况下做生意。理解以顾客为中心的整合营销传播，顾客的力量是其中关键所在：顾客做主，营销者来响应。①

---

① 高运锋. 整合营销传播（IMC）：概念及实践特征探析 [J]. 商业研究，2007（7）：97-99.

作为位于价值创造圆圈系统最外圈的要素，关系力可概括为"企业与顾客的长期互动的所有关系"。在当今竞争激烈的市场环境下，营销已经不再是一种短期行为；为抢占市场关键位置并实现企业的长足稳定发展，企业需寻求与消费者之间的长期稳固关系，即从单纯的交易关系上升为合作关系、权责关系，并积极采取相关措施对企业与顾客之间的互动关系展开维护和管理。①

二、基于 5R 整合营销理论的《别回郑州》春节话题营销解读

（一）相关力

《别回郑州》的营销策划事实上挖掘了郑州年轻人的潜在情感需求。土生土长的郑州年轻人不愿意留在郑州发展，但在外地打工又找不到归属感，这使得回郑与否成为一个两难的选择。三川团队敏锐察觉到了郑州年轻人内心深处的纠结与痛苦，并针对郑州年轻人的这一痛点进行了挖掘：

（1）面对回郑与否的话题，郑州的年轻人往往能够产生情感共鸣。他们在选择今后发展的城市时，总是听到亲朋好友"别回郑州"的劝告，回郑成了难以启齿之事，而漂泊在外想要回郑的年轻人听到的劝阻更多。年轻人的表达需求被压抑，郑州年轻人急需一个情感释放的窗口。

（2）团队考察了郑州年轻人的发展状况。一方面，在传统一线城市打拼的年轻人面对的压力过大，身上也贴着外地人的标签，毫无归属感，在一线城市也扎根无望，近两年从一线城市辞职回郑的年轻人越来越多；但另一方面，许多年轻人即使在一线城市承受着许许多多的压力，也不愿回郑，因为他们眼中的郑州老土落后、没好公司、就业环境差、工资低且消费高等。在这种情况下，"别回郑州"的话题营销能与大多数年轻人产生关联。

基于上述情况，三川团队展开此次"别回郑州"的话题营销，以此话题作为引爆点，鼓励年轻人在公众号下方留言，讲出自己的故事。与此同时，三川团队也呼吁年轻人回郑：郑州正在慢慢变好，而享受城市发展红利的，都是跟它一起变好的人。三川团队通过这样的方式满足了郑州年轻人的心理情感需求，充分贯彻了"关

---

① 卫军英. 整合营销传播观念的理论建构［D］. 杭州：浙江大学，2007.

注用户需要怎样的产品或服务"这一相关力的要求。

（二）开放力

1.时间节点和内容呈现的开放力

从开放力的第一个方面，也就是从信息传播与推广的时间节点来看，三川团队选择的广告投放时间是春节期间。为什么这个时候郑州的年轻人最愿意接受并讨论"别回郑州"这个话题呢？首先，春节期间，大量年轻人返乡过年，掀起返乡浪潮，而返乡之后要面临的一个问题就是：留在郑州工作，还是继续外出打工？其次，2021年春节比较特殊，新冠疫情虽然得到有效控制，但各地仍不时零星暴发疫情，未返乡过年的年轻人也面临一个选择：回郑，还是不回。在此时，"别回郑州"的话题讨论似乎显得很有必要，又比平常更能引发情感共鸣。

值得一提的是，即使整个作品想要达到打破城市偏见的效果，团队所展现的采访内容也并非全是决定回到郑州、对郑州没有偏见的年轻人的看法，他们极力还原年轻人内心深处的纠结与不回郑州的原因，包容差异，并对此表示理解和尊重。这使得作品内容更为真诚、真实，也更具有包容力和开放力。团队也鼓励公众号用户在推文下方留言讨论，这种"自由开放讨论"的模式更关注消费者的感受，倾听用户的声音，符合开放力关注消费者感知的要求。

2.传播形式和投放媒介的开放力

在此次营销中，三川团队主要选择微信公众号平台作为主要阵地，抖音和数英平台作为辅助阵地。

三川团队对外宣传的主要平台为微信公众号"样荡YOUNGDUMB"，此次话题营销仍然以该微信公众号为主体展开。该公众号的用户主要为郑州的年轻人群体。《别回郑州》的推文聚焦于郑州不被自己人看好这样一个话题，分别采访了11个来自各行各业的返乡年轻人，创作了词云概念海报和以年轻人为主体的形象海报，引发年轻人大量阅读、回复与转发，成功引发了其情感共鸣。

然而从传播学视角来看，较之微博、抖音等平台，微信公众号的大众传播能力较弱。公众号的推文消息只有订阅用户可以接收，非订阅用户只能通过搜一搜或者朋友圈分享才能看到推文。《别回郑州》以微信公众号为主要投放媒介，其开放力弱于微博、抖音、B站等平台。而抖音平台的视频流量不大，甚至已经下架；数英平台的得分亦不高，满分 10 分只得到 4.8 分，数英平台的一些评委批评其过于"假"，但这种评价与评委的自身体验有关，非郑州年轻人并不能很好地产生共鸣，此次话题营销的受众是有很强的地域限制性的。从这几个方面来看，《别回郑州》的开放力有待提升。

（三）响应力

1. 内部响应

营销管理不仅涉及外部顾客、目标市场诸多方面的外部营销问题，还有"内部营销"的问题，即以争取员工、内部机构的理解和支持为目的的"营销"[1]。《别回郑州》不仅响应了受众的情感需求，亦响应了内部员工的情感诉求，做到了内外信息的一致，实现了内部营销和外部营销的成功整合。

创意总监余波偶然听到出租车司机给家人"别回郑州，郑州又脏又差"的劝告，在感到万分刺耳的同时，他萌生了策划此次项目的想法。牵头人自身对于"别回郑州"的话题是有非常强烈的创作欲去打破城市偏见的，那么公司其他员工呢？在做了一番调研之后，余波发现，三川团队的很多员工其实在早年都对郑州这座城市抱有这样或那样的偏见，回郑也并非大家最初的心愿，而是多多少少带着一些不情愿。而他们在做出回郑的决定之后，也遇到了各种各样的阻力——"别回郑州"的劝诫出奇地一致。如今，已经回到郑州多年的他们对于郑州的印象大为改观，重新听到"别回郑州"这句话——不是作为劝诫、作为警告，而是作为创作话题、作为反讽素材，员工的情绪以及创作的欲望和积极性都被最大程度地调动了起来，《别回郑州》的内部营销已经取得了很大成功。正是在内部营销全面实施的基础之上，《别回郑州》的话题营销在最大程度上得到了员工的理解和支持，响应了员工的情感诉求；员工得到激励，内容创作的品质才能提高，面向顾客和市场的外部营销也才能取得成功。

2. 外部响应

《别回郑州》项目组采访了 11 个返乡年轻人对于回郑的看法，挖掘了其内心深处的痛点，尤其是对回郑与否的纠结。针对年轻人是否回郑的纠结，三川团队首先

① 王宝利．整合营销传播理论及其应用［D］．天津：天津师范大学，2004.

在情感态度上支持年轻人回郑发展，鼓励其直面自己，勇敢做出选择，呼吁年轻人陪郑州一起变好。

而在现实就业层面，三川公司联合神月致力人才创业赋能平台，为纠结中的年轻人提供了一个回郑生根发芽的渠道。三川公司的回应实际上是交易营销和关系营销的整合。传统营销思想视营销为"购买"，追求的是诱发顾客反应，影响顾客行为，忽视了与顾客结成更为亲密的相互依赖关系；当今的营销管理则强调企业与顾客双方的长期信赖和互惠互利。[1]三川公司在引发顾客情感共鸣、与其建立良好关系的同时，趁机为其提供创业平台，同时为自己招揽人才，实现了交易营销和关系营销的有效整合。

（四）识别力

1. 三川公司独特的时尚形象

本次《别回郑州》公益短片的风格一如既往地时尚而年轻，非常符合三川公司主要对外宣传渠道——"样荡 YOUNGDUMB"的定位和风格，三川公司时尚而独特的形象得以再次彰显，其品牌识别力也得以显现。

样荡是"YOUNGDUMB"的音译，而样荡本身又让人联想到飘忽不定，暗含不守成规、没有定式的理念。而 YOUNGDUMB 又是两个英文单词"Young"（年轻的）和"Dumb"（愚蠢的）的合写，三川公司的创意总监余波将其翻译为"又傻又穷的年轻人"，暗含着一种反叛、年轻、时尚的意味。而公司名"三川"二字，三横三竖又意味着"上下左右都能去打通"，暗喻着"打破常规"，符合自身创意公司的定位。

"样荡 YOUNGDUMB"的广告文案为：

我们从不在乎

这个供养我们造腾的城市未来会怎样。

如果在乎，我们只在乎

生在这里活得真实又鲜活的人。

---

① 钟育赣. "整合营销"：概念辨析［J］. 当代财经，2006（10）：77-80.

　　我们可以看出，样荡的宣传重点在于"城市"和"人"，虽然文案运用否定句式表明其并"不在乎"城市的未来，但否定本身就有加强语气的意思，反而将我们的目光引向了城市本身。而文案形式上在两个"在乎"后都进行了换行，更突出了"城市"和"人"的理念。样荡关注的城市即郑州，其关注的方式即关注生活在郑州这座城市里的人，而且这里的人专指年轻人。

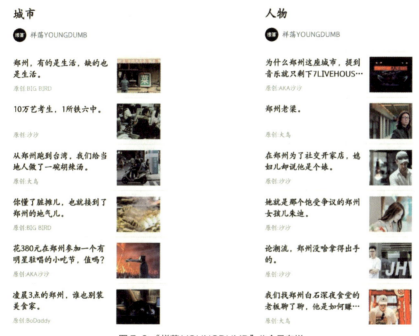

图7-2　"样荡 YOUNGDUMB"公众号专栏

2.《别回郑州》独特的反叛形象

（1）主旨内容的反叛

　　样荡分别采访了11个来自各行各业的返乡年轻人，询问他们"你会不会回郑州发展"，并通过一系列的数据分析和内容分析，力图打破人们对于郑州的偏见，关心郑州的年轻人。

　　基于这11个采访，三川团队制作完成《别回郑州》这一短片，短片仍然突出了"郑州"和"年轻人"两个概念。标题"别回郑州"蕴含着一种逆向思维，带着一丝嘲讽、一些质疑，发人深省。视频的前半段展现的是回到郑州的年轻人受到的各种质疑，以及亲朋好友对他们"别回郑州"的苦口婆心的劝说。而视频后半段展现的则是年轻人对于质疑的回绝，以及对于自己返乡决定的坚定信心。视频结尾则标明"献给陪郑州一起变好的你"，呼应推文摘要"跟郑州一起变好，别等它变好再回来"。

这种呼吁无疑是对于现存的某种价值观念的一种反叛。正如三川公司的创意总监余波所说，"我们希望年轻人不要在任何的偏见里面去找自己，不要被舆论给埋没了"。既然人们对于郑州这座城市的偏见如此之大，那么三川公司就是要打破偏见，就是要反叛社会上流行的观念，这种反叛本身是极其迷人而能引领潮流的，亦是具有极强的品牌独特性和品牌识别力的。

（2）遣词造句的反叛

样荡公众号的推文中，反问、感叹和否定句处处可见。它的六幅海报皆使用"凭什么！"＋反问句的形式，例如：

"凭什么！郑州的留学生就不能做出好设计？"

除海报之外，文章中的反问、感叹和否定句式也处处可见。例如，"看看这些年郑州的发展，你说郑州靠的到底是谁呢，难道是 loser（失败者）吗？"这些句式在加强语气的同时，在读者心中营造出一个不服气、反叛的虚拟人物形象，言辞极为有力，很能鼓动社会情绪。

除了大量运用反问、感叹和否定句式之外，推文还注重运用各种修辞技巧。例如，文章巧用排比，描写远在外乡的郑州年轻人的生活：

"工资不够、没归属感、买房无望、家长催婚、社交恐惧、消费靠打折、假货撑体面、上班高档写字楼、下班合租格子间，办公室里任劳任怨，升职加薪遥遥无期。"

这些文字将远赴外地的年轻人的生活活灵活现地展现了出来，直击外出年轻人的痛点，很能引发其心理和情感共鸣。

推文遣词造句的整体风格都呈现出一种嘲讽的语气和口吻。有作为郑州人的自嘲，"原来这些早就该撕掉的标签，一直还贴在郑州身上，还都是自己人贴的"；也有对于不愿回郑州发展、看不起郑州的郑州年轻人的嘲讽，"别把浪费时间说成在一线镀金"。这种嘲讽毋庸置疑是一种反叛。

图 7-3 《别回郑州》海报

（3）视觉形象的反叛

　　从视觉形象上来看，《别回郑州》的设计是时尚而年轻的。以六个年轻人为主要形象的六幅海报直白地展现了其关注年轻人的特点，六个年轻人的特写表情和眼神也都透露出反抗，皱眉、歪头、直视……这些无声的反抗生动地展现出决定回乡的郑州年轻人的反叛形象。

　　而推文开头的概念海报则运用红、黑、绿、黄四种颇为鲜明的色彩，将郑州本地人对于郑州的偏见制作成词云图。"别回郑州"四个黑色大字尤为突出，而这四个字支离破碎，暗含样荡对这句话的不满，以及试图打破偏见的尝试。

别回郑州
郑州就是文化荒漠
#献给城市里被偏见的年轻人#
YOUNGDUMB® 样荡 × 神月致力 CENTRAL MOON

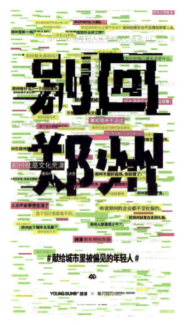

图 7-4 《别回郑州》海报

此外，整篇推文中，符号“×”贯穿其中。一方面，这个符号可以作为乘号来理解，表示样荡和神月致力的合作；另一方面，它又可以作为错号来理解。人们都愿意看见的是对号而非错号，但越是如此，样荡就越是要用错号，正向的语言就用黑色错号，反讽的语言则用红色错号，以此来吸引年轻人的注意，亦表达着一种反叛。其实，“×”这个符号在样荡其他文章中也多次出现，在视觉上又与整体风格保持了统一。

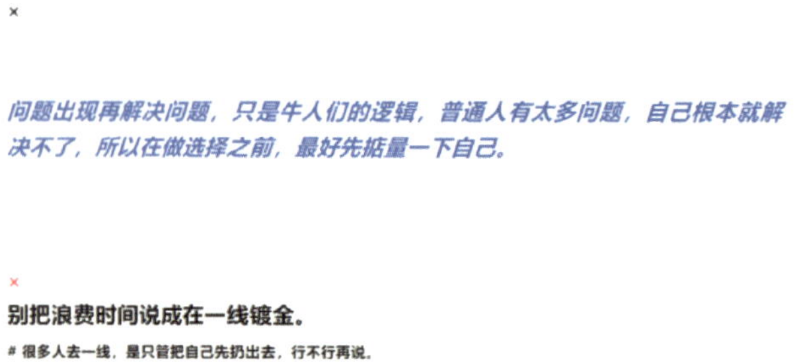
×
问题出现再解决问题，只是牛人们的逻辑，普通人有太多问题，自己根本就解决不了，所以在做选择之前，最好先掂量一下自己。
×
别把浪费时间说成在一线镀金。
很多人去一线，是只管把自己先扔出去，行不行再说。

图 7-5 “样荡 YOUNGDUMB”《别回郑州》推文截图

从整体的排版设计来看，《别回郑州》也与其他推文保持了高度一致。推文的开篇和结尾仍然是样荡一贯使用的创意设计动图，结构上仍然是先来一段视频，再加上大量的海报式图片以及文字内容，重点文字放大变色，"#"号和"×"号交替出现。这一切都让人感到——这就是样荡啊！还是熟悉的配方，熟悉的味道。

总体而言，此次《别回郑州》体现的反叛形象与三川公司一贯的时尚风格，与样荡关注郑州以及郑州年轻人的形象均保持了高度统一，使得公司的品牌形象更加明确且具有识别力。

（五）关系力

关系力真正的价值在于能否为企业带来长期的收益，而不能忽视的是，建立关系的人是客户，客户有更大的主动权，因此，关系力的提升取决于品牌方的维护。

图7-6　"样荡YOUNGDUMB"的互动福利设置

《别回郑州》迎合的仍然是郑州年轻人的情感需求，继续与郑州年轻人保持积极的情感联系，准确把握了郑州年轻人的心理特点，有效进行了品牌方—消费者关系的维护。

除此之外，三川团队还利用微信公众号的平台优势，与用户在评论区积极互动，增强用户黏性，建立与用户之间的强关系。"样荡 YOUNGDUMB"公众号的每篇推文后都会设置一个"福利时间"和"互动话题"，用福利鼓励用户在评论区留言互动，讲出自己的故事。这使得用户互动的积极性增强，而互动又使得用户与三川公司之间的情感联系加深，用户黏性得以提升。

通过与用户进行良好的沟通和互动，三川公司成功建立起与用户之间的良好的长期关系，用户对于品牌的支持积累起来，就形成三川公司的品牌资产。品牌的真正的拥有者事实上就是这些关系利益人，真正的品牌其实是存在于关系利益人的想法之中的。而三川公司与关系利益人良好的关系也就意味着其品牌资产的良好累积。

第三节 案例访谈："希望年轻人在偏见中找到自己"

一、公司介绍

郑州三川文化传播有限公司是一家新锐创新型传播设计公司，2012 年 1 月 12 日在郑州注册成立，经营范围包括平面设计、品牌设计、摄影摄像服务、企业营销策划、计算机系统服务、文化艺术交流策划等多个领域。2017 年，公司曾将部分业务搬到上海，后来因为疫情原因又搬回郑州。三川的服务群体涵盖国内连锁餐饮、新零售品牌、城市商业和房地产等多个领域，曾经合作过的公司包括正弘城、国家电网、建业集团、CoCo 都可等。该公司项目《别回郑州》在 2021 年 6 月 3 日获得第十二届虎啸奖公益类银奖。

二、采访对象

余波　项目负责人　　　　　　大鸟　策划总监　　　　　　杨帅　摄影师

图 7-7　三位采访对象

三、访谈记录

（一）公司创办的背后——勇敢打破传统思维定式

Q：您当时创办公司的理念是什么？

A：最初，我一直在体制内的公司工作，它偏向循规蹈矩，有很多流程化的工作，但是我认为创意公司不应该有很多具象的条款。很多设计公司或者创业公司都是以业务为导向的，老板有关系就有业务，但是我认为这样做对创意的尊重度会低一些。我在 2005 年参加工作，很长时间内一直在做这个行业。我自己在 2012 年创办公司的时候就认为，我应该做一个小型团体，就像工作室一样，里面有多元化的人才，他可以是非专业的、非科班的，因为这样可以打破一些规矩去做，打破常规套路去做。我想这家公司应该跟我之前离开的单位是不一样的公司，所以我就尽量去选择一个跟原来公司所有东西都不一样的方式。就我们公司的经营方式而言，大家的匹配程度都比较高。我们的创意总监以前是学电子的，不是学设计的。我们现在的策划总监，以前是美术生，他学做了纺织，然后又回来做这个行业。但大家的创造力都比较强，我设想的就是这样。三川的名字比较简单，就是纵横上下左右都可以去打通。

Q：公司现在主要的工作方向是什么？

A：每个阶段都有每个阶段的任务，刚开始我们是在做一些相对小的案子。大家对设计的理解是什么，我们就做什么，我们中间走过很多路，不能说是弯路，只是每条路都走过，我们做过设计、包装等。后来我们就开始服务一些中小企业。现在我们的业务更多偏向于新零售、快销之类的，帮他们去做营销端的一些业务。

Q：作为一家文化传播公司，为什么没有选择将公司设立在北京、上海等资源比较丰富的一线城市，而是选择设立在郑州？

A：我们 2017 年的时候已经在上海注册了公司。2012 年最初创办公司时，我年龄比较小，比较慵懒，没有多少野心去做这件事情，另外考虑到那时候创业的资源都在郑州本地。而 2017 年这个阶段，时间刚刚好。如果 2012 年过来，其实可能很多事情我没想清楚。没想清楚的时候来这里，要不就是受挫，要不就是失败，我最终会走。但 2017 年我很明确我要什么。互联网打通了大家对事情的预先判断——偏见。大家不再在意你在哪个区域，互联网打破了时空的概念。我又来上海是因为这个地方的信息化是发达的，我能很快速地去对接品牌方，更清楚地了解消费动向是什么，所以我们在 2017 年的时候把部分业务搬过来。后来因为疫情，我们又撤回去，现在我经常来上海，一部分原因是我想把新媒体的部分带到上海，把公司的设计大本营放在郑州，这样创作成本低；另外一方面是那个时代已经过去了，上海只要有一个办事处或者有两到三个人在，我们能够实现信息的交换就够了。实际上，这和很多国内的服装品牌在法国或在纽约有自己的工作室是一个道理：扎根在本土，但它获得的信息一定是来自全球的。站在一个经营者的角度来讲，那就是实现利益最大化。

（二）案例故事的背后——希望年轻人在偏见中找到自己

Q：您是如何想到"别回郑州"这个选题的？

A：样荡是我们自己做的一个公众号。我们会走访全国很多城市，然后写一些东西，我们希望它是一个触角。我做抖音、小红书的一个原因是我不太喜欢去书本上找知识。我是一个很笨的人，我觉得每个人都有自己的学习渠道。那我的渠道是在实践当中去学习。就我们公司而言，我认为好的案例应该是实打实自己创造出来的，我们在用自己的东西去做而不是用很多钱去堆出来的。在这个意义上，作品才能与受众产生真正的共鸣。所以我可以这样讲，在这类营销行业，像这样的账号很少。这个账号是基于我们的工作经验而做的。我的第一份工作是美编，所以我特别喜欢杂志这类出版刊物。我们做这个号是因为我在郑州，我在做媒体。而我一直觉得大家对这个城市偏见非常大。我觉得我们不应该带有偏见地去看待任何事情，就算我正在偏见里，我也希望在偏见里找到自己而不是被别人定义。我们做这个账号的目的就是打破偏见。做"别回郑州"这个选题的灵感就是正值回乡潮，很多人不想回到郑州这个城市。大家对郑州的固有印象是土、没有很好的环境氛围。当时正值年底，而我们公司每年都会给自己做一个作品，当时想选题的时候，一直不知道要做什么话题。刚好有一次我在出租车上，出租车司机用河南话打电话说"别回郑州，郑州又脏又乱，现在也出不去"之类的话。这句话非常刺耳，回到公司后，我觉得我知道选题是什么了，就叫"别回郑州"，这是在耳边经常被灌输的一句话。我觉得选择回来的人一定是有执念的人，也是非常有主见的人。我做这个选题是希望所有人对郑州改观；另外我希望年轻人在偏见里面去找自己，不要被舆论埋没。羡慕别人眼中的城市、别人眼中的孩子，我觉得很多人处在一个求同不求异的一个状态。实际上，人都一样，喜欢把大众的舆论当成自己的看法。我觉得这样很可怕。我希望能让大家在偏见当中找到自己真正要什么。

Q：这个视频的目的是呼吁年轻人来打破这种偏见，短片内的人物选择回郑州，为什么这个视频的题目不是"回到郑州"，而是"别回郑州"？

A：希望有流量是一方面；另外一方面，在偏见中找自己和谈恋爱这件事情是一样的，我们劝一个人不要跟另一个人在一起，那这个人会不会因为这句话反而还想着在一起。一种逆反的心理——阻力越大，你的冲劲、你的幻想跟你的驱动心理越强，所以表现在"别回来"这个主题上，是想回来。

Q：作品结尾停在了他们刚刚回到郑州的那一刻，为什么没有接着拍他们在郑州发展的情况，呈现一个完整的故事？

A：我觉得下定决心的一刻才是事情最有意义的部分。在我看来，既然是经历，一定存在困难，我不希望去把那个部分说得很美好。这个作品表达的就是别回郑州，但我回来了——我突破这个偏见，我要回来。我下定决心的这个时刻是重要的，而不是我回来的日常。在我看来，后面的部分也没有什么两样，都是正常的工作，只是环境氛围变了，这些都不重要。在我看来，它不是能让大家争论的一个点。因为我们的目的并非给郑州做宣传，不是说你要回来，回来了就会怎样。我们针对这种现象，希望不要在那个舆论当中迷失自己，找到自己应该去做的，而且把联想空间留给大家就够了。

（三）创作历程与心得——关注内容与人本身

Q：选题前期您做了哪些准备工作？有没有其他备用选题？

A：前期我们多次去火车站，采访过年返乡的人。另外项目是从内部开始做的。我们有一位从法国回来的设计师，也有最开始在北京创业而后回郑的员工。这样的人有很多，我们先从内部开始做调研。然后我们发现很多的偏见，这时候我们就开始采访很多外来务工的人员。我是一个极其高效的人，我不需要多少准备。我就问所有人三个问题：为什么要回来？你为什么之前没回来，现在在回来？回来后有没有质疑声？答案大多是有质疑声的。比如，在待遇上，北上广工资都是一万多或者两万多元，回到郑州，工资七千到八千，工资减少一半。问大家为什么会回来，有很多人说是为了亲情、为了亲人，在外面没有归属感。通过这些反馈的信息，我了解到所有的年轻人焦虑的点是一样的——归属感的问题和认同感的问题。在异地，没有认同感，没有归属感，在这一点上可以延伸出多个选题：别回成都、别回上海、别回武汉。它可以是很多个地方，所有点都一样，一旦踏上故土之后，人们就会很放肆——内心很放肆。但在另一个陌生的城市，就会很小心，保持着礼貌、约束自己，这不是本能的礼貌。我们做这个方案很笃定，前期也没有其他的备选方案，就是觉得选择了它，我们就要坚持做下去。

Q：您拍这个视频的初衷是什么？是希望年轻人回到郑州吗？

A：我没有让大家回来，是否回来是大家自己的选择。我只希望我的作品传达的理念能让大家有感触。希望大家选择自己应该做的事情。我们作品传达的理念不是让他回来，而是以这样一个话题引发出大家对城市以及自己归属感的更多思考。既然是社会性话题，我们就希望每个人感同身受。我们拍摄这个视频没有参加竞赛的目的，我们参评虎啸奖是因为虎啸的人联系了我们。数英以及其他平台是我们的发声口，这些平台会主动找我们公司。我们这些年其实吃的很大的亏就是我们不太擅长投稿参加竞赛。这个是我们要改的一部分，其实应该多参与。

Q：这个视频拍摄了多久，经历了哪些阶段？当时短片里的这些人物是如何去选择的？团队是如何协调的？

A：因为我们拍摄的是真实故事，真实故事的拍摄比较高效，我们只花了三天时间。我一直认为，营销一旦是大的企划或者投入大的资金去做，就会延长时间，降低时效性，而对媒体、新闻来讲，时效性最关键。所以我认为有灵感就把它做出来，而不是刻意去做。那么过程也需要尽量高效。这个作品在制作的过程中遇见的问题主要是我们拍摄取景的问题，这可能需要花一些时间。但是对我来说，这谈不上困难，而且成本很低，我们就一台索尼设备。

我们希望触及的面更广一些，希望跟大多数的人有更多情感链接和更强的情绪共鸣，目的更强。选择的人物也更多是具有代表性的，因为需要社会化效应更强，肯定需要更多地触及一些人物。

在拍摄的过程中，我们是一个人开车、一个人拍摄、一个人拍照，三个人三天完成拍摄。

Q：这个作品当时选择了哪些投放渠道？当时是否选择在抖音这种流量很大的平台或当地一些比较有影响力的媒体上投放？

A：除了在我们自己的公众号和数英上投放外，还有抖音。我是一个特别喜欢看自然流量的人，没有更多的宣传。站在做实验的角度来讲，我希望这个视频河南人看到就好了。另外，在数英平台上投放，是希望在专业上被人认可。我们郑州本地只投放在我们自己的公众号上。我们的公众号是 2018 年开始做的，但是我们速度比较慢。希望能够被一些人看到，以打破他们的偏见。我认为很多营销公司能吸引流量是因为品牌大和钱的植入，但我一直想尝试小成本，真正地靠内容吸引关注，很少有公司在做这个事情，大多都是有目的的，我们基本上没有。我们只有一个，招人才，然后我们留了一个人才机构的微信，希望能有合适的人通过中介找到更好的工作，其余方面我们都没有做过推广。

Q：但是适度的广告投放有些时候也会得到正面反馈，您有没有想过把自己的抖音号做大之后来推销三川文化让更多人知道？

A：我们公司在这个方面有所欠缺，我觉得我们公司一直以来是一家比较务实的公司。我很开心我们公司能做这样的事情，我们能和所谓的大公司站在一起。这事能让人有多开心，只有我们自己知道。我们花了很多精力，我们是真正靠内容去博得评委和所有读者对我们的认可的。但是我们的缺点也有，比如像你讲的如何把这个过程通过平台实现双向互动，我们希望将来能够改变。当然，我非常希望让更多人知道我们三川文化，比如我们和保时捷的合作就是想把团队推出去的。媒介是很好的发声载体，我做抖音之后深有感触。接下来我们会把部分业务放到上海，就是因为好的创意想让更多人知道。《别回郑州》还有一个点是值得去研究的，那就是在这个所谓的快速化时代里面，还是有人看内容的。我们既然是低成本投入，我们就没有很功利地去设想让它有多大回报，包括评价、数据。我没有刻意地去追求高曝光度，但我们也收到了回馈，所以我觉得这个点是当下营销人做课题时值得研究的。通过这件事，我觉得内容很重要。真的是非要靠钱砸出来吗？不是。我从第一天开始就给我们公司负责新媒体的小伙伴讲，我说我不会给你们买最好的设备，我说你们到这家公司来是冲着设备来的话，一开始就不要进来，我觉得不重要。当下大家都开始做很多大镜头，做很多空而假的东西，这种太多了，反而缺失了一些真实的东西。我有个特点就是会做那种有反差、不一样的东西。

（四）创作成功的背后——公益广告方法分享

Q：您拍这个视频是希望达到一个什么样的效果？您认为您的作品受到公众青睐的原因是什么？这个视频获得虎啸奖，亮眼之处是什么？

A：流量我肯定想要，从内心来讲，肯定越大越好，但它只是附带的，只是一个证明，证明你的存在。我们的目的主要还是想做一个有责任的媒体。样荡所有的视频结尾都会有一句"去做去创造"，这是我们的核心理念。我们从来不在意这个城市未来会怎么样，我们只在意这个城市的年轻人。这个城市怎样，跟我没关系，因为这不是我们的责任。我认为获得关注的原因一定是情感共鸣，一定是归属感的问题。这是根本的问题。如果说同样做这个事情，我做关于上海的主题，效果可能会是郑州的五到十倍。但是共同点都是内心的矛盾，所以我希望被人关注的是内心这个点。从专业角度讲，这个作品立意很好，高度够高，站在社会的层面立意。我选了一个话题性高的作品，另外这个名字站在营销专业角度来讲，它是自然带流量的一个话题。这个一定是具有专业性才能总结出来的。当下一直在讲共情能力，这个就是营销的一种情绪的营造和情感的链接。

Q：您可以谈一下对公益广告的看法吗？您认为怎样才能创造好的作品？

A：既然是公益，那我们就不要分组、不要指标、不分层级、不分人群。让每个个体都闪光，每个个体都能知道自己是存在的，自己是鲜活的，是城市的一部分。人比城市重要。要创作出好的作品就要像一个人一样去生活在城市里。在社会层面，无论是明星，还是企业家，生活中的那些感情的部分都是一样的。创作创意这件事情如果把人搞明白了，什么行为就都能搞明白，从而产生例如消费行为学、消费心理学等。

（五）创作成功之后——获奖感触与未来展望

Q:《别回郑州》这个短片的获奖给您带来了哪些感触?

A：一方面是能够得到专业的认可我非常开心，另外一方面就是我感觉到真的还有人在关注内容，这个是我一直在思考的问题。我非常害怕这个时代没有人关注内容，所有这些东西都被制式化。因为流量随着传媒渠道延伸之后，很多人按照渠道的规则就能得到流量，那获取流量这个事情就不难，相当于它直接把答案给你了，那么是不是做创意的人就会变少？我在抖音平台上有一个自己的抖音号。的确，我也一直在寻找流量密码，但我认为，流量密码就是人本身，你要用好的内容与创意打动他，而不是靠渠道规则投机取巧。

Q：除了《别回郑州》，我们还在网上看到您也给郑州的正弘城、建业集团等拍摄视频，那么这个是单纯的商业拍摄，还是希望给公众呈现一个不同的郑州？

A：大部分是商业的，但《停机坪派对》这个短片不是商业的，那是我们样荡自己做的，也获得了奖项。我觉得商业的部分是对我们的认可，是认可我们创意价值。有人愿意花钱让你做这件事情，帮他去很好地把内容做出来，是认可我们的体现。其实广告人就是戴着枷锁的舞者。在我们这个行业中，我们最值钱的部分就是戴上镣铐那部分，因为他给你限制，你还能再创作，这才是价值。比如为建业集团拍摄，客户的诉求是希望能代表建业的理念，而建业理念的核心诉求是以人为主、以家庭为主，那我们的工作就是在我们洞察到的人和家庭里进行一个细分，哪个地方可以引起公众共鸣，我们就做什么，但是我们也有自己的创作底线。

Q：后续有没有考虑继续拍摄《别回郑州》的相关系列？有初步的想法吗？

A：考虑过，其实我们一直想拍一个一线城市年轻人的真实生存实录，我想揭开的就是城市那个最光鲜的部分。比如，为什么一线城市的年轻人喜欢去酒吧？其实城市越大，越容易感到孤独，而在大城市里，归属感这个问题就特别显眼。因为人类是社会性动物，我们需要社会性关系的存在，就是人与人是需要交流的，不是独立的存在。现在很多年轻人出生在互联网时代，相对来说，他们更加遵循自己的感受，那这就是很强烈的一种自我认知的崛起。《别回郑州》其实反映了现在一部分年轻人的自我认知正在增强，我们也希望后续通过《别回郑州》的相关系列，让更多的年轻人产生共鸣、坚定自我，也让偏见变得越来越少。

（六）优秀作品的创作——发现灵感，寻找创意

Q：好的创作离不开好的创意，但在生活中有时找灵感并不容易，您一般如何去寻找灵感？

A：去走路，去观察人，不要刻意寻找。坦白来讲，其实没有灵感这一说，灵感都是憋出来的。它没有一个具体的窍门，但灵感有个基本的来源，就是它来自你的阅历和经历。寻找灵感的前提一定是有个诉求，比如说，要做一个与孩子相关的作品，但你没生过孩子或者你没有带过孩子，那你就很难去触碰到让公众产生共鸣的点。在我们找灵感的过程中，脑子会像过数据一样过很多条线，当你没有生活阅历的时候，你只能从认知里去找，甚至幻想一些桥段，所以我觉得灵感的寻找还需要多经历，人一定要多经历。

Q：我们了解到您从事过各种各样的职业，比如厨师、网约车司机等，您认为这对创作有影响吗？

A：有，很有帮助。就像演员演戏一样，你触碰的角色越多，你对如何演戏就越有感触。我曾经做过饭店老板，网约车很火的时候，我做过网约车司机，因为我很喜欢接触人。我开网约车的时候，拉过半夜喝醉酒的人、刚分手的人或者父母生病的人，他们坐车的状态、打电话的内容是不一样的，所以我的很多灵感都来自这些经历，在和他们的相处中去感受世界的不同。就像这次的《别回郑州》，它的灵感就来自我一次坐出租车的经历。我觉得创作者如果高高在上，那么虚假的生活里是没有灵感的，创作的内容也打动不了公众。但对我来说，不好的一点就是，你会

陷入这个行业。就拿我开饭店来说，那段时间我会特别迷恋餐饮，甚至有一些忽视主业。不过，我希望每一个创作者都能够热爱生活，多体验角色的多样性，但是最后一定要回到根本，还是要把本职工作做好，把从这些经历中获得的经验运用到本职工作中去。

（七）实践层面——营销、传播与设计

Q：我们了解到您在抖音上有自己的抖音号，并且有几十万粉丝。您在制作视频内容的时候，会特意追寻时下热点吗？您觉得这与注重内容有冲突吗？

A：当然会。我觉得这是一个营销人的天职，必须要学会抓热点，并把热点放大。我认为这与注重内容并不冲突，因为抓热点并不代表就会忽略内容。就像我上面提到的，作品仍然需要好的内容，才可以被大众喜爱，也才能够真的抓住热点。

Q：现在的媒介环境错综复杂，您如何看待抖音、小红书等这些新媒体或者传播渠道？

A：我觉得它们是这个时代的产物，要尊重它们。在这个时代里，媒介是很好的放大器，因为好的内容都需要通过媒体呈现出来，但我认为我们要学会如何使用媒体。其实很多人并不会使用媒体。对我来说，媒体是个搜索工具，小红书、抖音等是我的搜索工具，我当然希望它们能娱乐我的生活，但更重要的是，它们要能充实我的生活。我其实是一个工作跟生活分不清楚的人，比如网上很火的那个BUTTERFUL&CREAMOROUS面包，靠绿袋子成功出圈，我看见它，我的脑子里没有别的，我不想吃它，我会想到专业上的事情，比如一个绿袋子为什么会有如此好的营销效果。有的人会用它们追剧、追星，这都可以，但看的时候，如果你是一个创作者，你就要去思考，比如为什么这个镜头会这么拍，但你如果只是单纯地刷剧追星，那就不是很有意思。

Q：您对设计和营销的看法是什么？

A：我认为设计对人的影响相对来说比较局限，营销才能真正让品牌的活跃度更高、让客户感知度更强。以我个人的经验，营销更多的是字面的理解，讲究营造一种很好的销售方式。它包含的内容很多，你的语言方式是一种营销，包装也是，通过媒体给人感知到朴实的信息也是一种方式。所以我一直把设计当作工具。设计给人的感知是它的互动性相对弱，是普通的平面设计。营销更多的是很好地去做转化的过程，比如愿意跟人交流，营销就能很好地在品牌和消费者之间搭建一个桥梁。设计只是其中的一个环节，我从业的时候，广告公司其实很盛行，其实那时候广告公司做的很多事情其实也是在做营销，只是那个时候还没有把概念说出来，大部分还是写策划、找媒介把它卖出去、做活动、搞促销这样的流程。不同的消费环境下，它的名称都不太一样，但我觉得根本的东西没有变，还是人、货、场的交流互动，我认为营销就是建立关系的很好方式。所以当下，也是三川重点向外释放的一个信息。营销是很庞大的事情，现在市面上的很多餐饮公司、快消公司、包装公司、产品事业公司的营销，其实原来都是广告公司里面的一个工种的工作，如策划、设计、文案、美术指导等。现在营销是把这些东西融进去，但是又社会化分工给不同的体系的公司或者个体在操作中实现，原来的影音媒体可能就是电视、广播，但现在互联网的媒体端越来越多，它也是营销渠道的一个分支。我们新的想法是关注希望品牌与消费者有很深的接触。营销就是最好的工具。

Q: 从实践层面，您是如何理解整合营销传播的?

A: 就我们公司而言，其实是关注整合营销里面一个更细分的领域——内容整合营销。我觉得整合营销传播其实是个工具，就是当你把内容创作好以后，找什么平台去投放它。在我看来，整合营销传播就是这个最终的方式，它是一件很具体的事情。就整合营销来讲，站在商业角度，它非常有必要。因为你需要更多的载体和媒介把内容传播出去，整合营销是伴随互联网发展而发展的，我觉得它拉近了很多东西的距离。我举一个我们实际操作的案例吧，客户给你一个案子，说要推一个咖啡。他会告诉你，我的咖啡跟星巴克、Manner 的咖啡有什么区别。虽然在我们看来可能没有区别，但是我们的任务就是找到区别，营销就是放大这个区别的过程。客户走了以后，我们就开会，讨论这个案子应该怎么做。我们会先定一个立意，然后会问自己，这个立意是否有媒体的炸点，能否引起公众的兴趣，能否博得流量。然后我们就要创作文字、图片、视频，这三个方向也是整合营销里的几个部分。创作好以后，我们会开始讨论传播策略，比如这个案子怎么在抖音、快手等平台上传播，然后应该在哪些大号上传播。所以回到创作的起源，总体来讲，还是围绕一个主题，最后的整合是趋向化的，根据渠道把内容给填进去，这是我理解的整合营销传播。

（访谈人：闫华阳、李东辉、金尹秀、赵怡宁、刘翠萍、野中诗织）

第八章

发挥平台优势，担起社会责任：美团"助力高远"美食消费扶贫项目

美团是头部互联网企业，也是著名的本地生活类互联网平台。自 2018 年 7 月以来，美团积极响应政府号召，创新性推出"以吃代捐"美食消费扶贫 O2O 新模式：借助网络和餐饮渠道，让美团平台上的一些餐饮商家，利用山野田间的"高远地区"食材，研发一些创新菜品，将高远贫困地区的绿色食材从山野田间推广到城市餐桌，从而提升消费者对扶贫食材的认知，并让更多的餐饮企业参与到公益行动当中。这一项目取得了良好的曝光效果。

第一节 案例复盘：创新推出"以吃代捐"美食消费扶贫 O2O 新模式

一、项目背景和项目动机

（一）项目背景

1. 上海市对"高远地区"开展网络扶贫

2015 年 11 月，中央扶贫开发工作会议在北京召开。中共中央总书记习近平出席会议并强调，消除贫困、改善民生、逐步实现共同富裕，是社会主义的本质要求，是我们党的重要使命。自 2016 年以来，中央相继发布了《网络扶贫行动计划》《网络扶贫工作要点》等文件，强调"网络扶贫行动是打好脱贫攻坚战的重要组成部分"。同时，中央多次召开全国网络扶贫工作推进会议，要求各单位确保各项任务落到实处，扎实推进网络扶贫行动，以取得新的更大成效。

在上述背景下，上海市委网络安全和信息化委员会办公室（简称"上海网信办"）与有关部门制定《2020 年上海市网络扶贫工作要点》等指导文件，发挥上海网络扶贫联盟的作用与上海网信产业、资源与消费市场优势，开展网络消费扶贫行动。具体举措主要有：

（1）出台资金扶持政策，助力农户，帮助对口地区的农产品实现线上销售

上海网信办协调拼多多等网信企业助销、直销农产品，在拼多多上线"抗疫助农专区"，增设"农产品滞销信息反馈入口"，协助各地农户与平台对接，缓解疫情防控期间农产品滞销的困境，增加当地贫困村集体收益，带动贫困户就业。

（2）建立沪遵区域协作机制，加强网络扶贫协作

按照"中央要求、遵义所需、上海所能"的战略方针，上海市扶贫工作聚焦革命老区，建立网络扶贫协作机制和网宣联动机制，签署沪遵《网络扶贫和对口帮扶合作框架协议》，为具体扶贫项目的落地提供有效制度保障。例如，在上海地铁站投放"暖阳行动"扶贫宣传广告。

（3）聚焦深度贫困县，依据当地需求网络扶贫

上海网信办组织拼多多、流利说等网信企业和电商平台赴正安进行实地调研，

并根据当地需求在网络宣传、电商扶贫、远程教育与网络公益等方面加大扶贫投入。例如，由趣头条免费拍摄公益宣传片，传递社会正能量；由拼多多向贫困县倾斜平台资源，大力支持正安残疾人特殊群体的网店发展；由上海二三四五网络公司同正安县农业企业签订农特产品采购协议。

（4）开展培训赋能计划，储备知识力量

上海网信办与美团点评在遵义举办"新青年追梦计划"活动，为村委干部、农村党员、小微企业主与农民专业合作社负责人等开展乡村旅游与民宿创业扶贫培训，开展定制版新媒体课程，以丰富的培训形式和内容，为有志从事电商创业就业的人员提供系统解决方案，将电商人才留在农村。

（5）直播带货引流转销，文旅助农增收

上海网信办会同市政府合作交流办与抖音、今日头条、西瓜视频等平台共同开展高远地区网络扶贫直播活动，组织云南、贵州等5个对口地区的挂职副县（市）长在平台上开展县长直播活动，重点推介新鲜羊肚菌、春笋等地方特色农产品，拓宽农产品销售渠道，扩大农产品影响力，探索"云"经营新模式。同时，指导景域驴妈妈集团等单位联合主办上海直播专场活动，云南香格里拉、西藏日喀则、贵州遵义等38个对口地区参加了直播活动。上海市援外干部亲自化身主播上镜，助推珠穆朗玛国家公园门票、青稞粽、藏香等高远地区土特产和旅游产品。

2. 政府对互联网企业加强责任监管

近年来，政府对互联网企业的监管日益增强，对互联网企业在社会责任中扮演的角色的要求也每年都在提高。国务院总理李克强在政府工作报告中指出："国家支持平台企业创新发展、增强国际竞争力，同时要依法规范发展。强化反垄断和防止资本无序扩张，坚决维护公平竞争市场环境。"政府对互联网企业的引导重在打破垄断，防止资本和互联网巨头走向垄断与无序扩张，兼顾资本、消费者、行业竞争对手的利益，防止互联网平台发生"赢者通吃"的现象。目前，这些监管活动已经取得了一定的成效。例如，阿里巴巴开始允许消费者在旗下平台上使用微信支付，包括在线外卖平台饿了么、视频流媒体平台优酷、在线票务平台大麦网和跨境电子商务平台考拉海购等。

在脱贫攻坚的大背景下，政府引导互联网企业参加公益活动的力度有所增强。2016年，在网络安全和信息化工作座谈会上，习近平总书记指出："企业做得越大，社会责任、道德责任就越大，公众对企业这方面的要求也就越高。我国互联网企业在发展过程中，承担了很多社会责任，这一点要给予充分肯定，希望继续发扬光大。"全国网络扶贫工作现场推进会成立了网络公益扶贫联盟，启动了网络扶贫"双百"项目，开展了网信企业和国家级贫困县结对帮扶，这些都是网信企业积极履行社会责任、大力支持脱贫攻坚工作的具体行动。

3. 竞品方项目的做法

大型互联网平台型企业需要承担一定的社会责任，然而其社会责任的具体内容却不是固定的。

作为美团的主要竞争对手，饿了么承担企业社会责任的方式主要在提供健康、环保的餐品上。

作为本地生活的代表性平台，饿了么于2017年11月17日成立了可持续实验室，打造"原材料—平台—回收"全价值链解决方案。饿了么站在全价值链角度，从源头的外卖包装原材料选择、包装生产到平台覆盖的商户、外送员、消费者，以及后续的回收、材料再利用、堆肥降解等各环节，提出整体解决方案。饿了么通过可持续实验室发起"无需餐具大挑战"，推动外卖行业环保治理。同时，以上海市普陀区为试点，开展一系列工作，打造环保示范区——通过与优质商户签署"蓝色星球计划"承诺书，向商家发放全降解环保袋；结合自身平台优势，为上述商户开设 App 首页专属入口，为环保商户带来更多流量。此外，在上海市质量检验检测局的指导下，饿了么参与了《外卖餐饮具及包装团体标准》1.0 版本的制定，开展了外卖垃圾收集分类试点活动，为后续外卖垃圾回收系统的搭建奠定基础，推动商户端环保理念的普及。

2020 年，围绕环境保护议题，饿了么将旗下的可持续实验室升级为"饿了么公益"，推出"食物零浪费大挑战""蓝骑士挑战爱的里程""环保潮品益卖"等公益活动，上线"食物零浪费大挑战"专属页面，汇聚已上线小份菜的商家并给予相应的流量支持，在粮食节约方面加大投入；同时推出"光盘行动""半份计划"等公益行动，为中国扶贫基金会"爱加餐"项目捐赠"爱心餐"，为贫困地区儿童捐赠营养餐，并以潮品义卖的方式守护濒危鸟类及其栖息地。[①]

---

① 孙继伟，孔蕴雯. 外卖 O2O 平台商业模式比较——以饿了么、美团外卖、到家美食会为例［J］. 企业管理，2016（2）：86-88.

4.美团相关项目契机

在公益扶贫方面，美团点评秉持"帮大家吃得更好，生活更好"的使命，以"社会企业"的自觉，积极响应党中央和国务院关于鼓励社会力量参与脱贫攻坚对口支援、对口帮扶和消费扶贫的号召，以网络扶贫为抓手，以消费扶贫为目标，于2018年7月由公司旗下的大众点评网"必吃榜"发起"助力高远"美食消费扶贫公益项目，充分彰显了企业的社会责任，践行助力公益、实现企业社会价值的正向价值观。

其中，"助力高远"项目中的"高远"泛指以西藏、新疆等地深度贫困地区为代表的全国贫困地区，并重点关注西藏日喀则、新疆喀什、青海果洛、云南、贵州遵义等7个省区市、20个地州市、101个县市区，涉及贫困人口近300万，通过对上述地区的青稞、干果和高原绿色蔬菜等食材进行推广，促进上述地区特色食材扶贫产业的发展。

（二）项目动机

美团点评旨在通过"助力高远"项目，借助网络和餐饮渠道将"高远"贫困地区的绿色食材从山野田间推广到城市餐桌。一方面，项目通过开展"以吃代捐"的消费扶贫活动，提升广大C端消费者对扶贫食材的认知，促进消费者到店消费，让更多餐饮企业加入公益的行列，切实产生有所助益的扶贫行动，并通过媒体的主动报道，影响更多消费者，从而构建"人人皆可为、人人皆愿为"的网络消费扶贫格局；另一方面，项目鼓励B端餐饮商户对扶贫农产品进行深加工，并以餐品形式对外销售，提升扶贫农产品附加值，以商业的手法探索扶贫农产品销售的可持续性，并通过创造城市消费的新需求，带动贫困地区农产品的生产供给侧改革。[1]

在扶贫攻坚过程中，信息是非常重要的一环，信息流动可以给贫困地区带来新的商机。然而，目前大部分的信息普惠项目侧重于生产供给侧的扶贫信息，例如农货信息、物流信息、生产信息等，集中于一个端口，缺乏针对普通消费者端口的扶贫信息指引和反馈。如何鼓励人们了解和关注扶贫工作，进而积极带动扶贫消费，已成为扶贫工作中具有重要实践意义的关键点。美团点评鼓励用户通过点评、设置"消费扶贫，助力高远"全年系列话题等方式进行互动，传递贫困地区的特色食材

① 胡磊，刘亚军.互联网背景下消费扶贫的商业模式创新机理［J］.管理案例研究与评论，2020，13（1）：118-131.

信息，探索"点评＋扶贫"的互联网信息扶贫新模式。反复同消费者讲解食材的来源，强调食材绿色、无污染的特性，在不断的双向沟通中传递信息，是对美食消费扶贫的一种有效助推。同时，在大众点评 App 上的菜品搜索区，也相应地加大对扶贫特色菜品、套餐的推广，将菜品与套餐信息传递给更多消费者，从而刺激更多用户参与美食消费扶贫行为。

总而言之，美团点评希望通过自身互联网平台的特性，以"O2O 美食消费扶贫"的形式、能力与资源，搭建起"高远"贫困地区农产品、贫困户、农产品供应商与美团众多餐饮商家之间的桥梁，并进一步搭建起商家与广大美食消费用户之间的桥梁，借助网络和餐饮渠道，将"高远"贫困地区的绿色食材从山野田间推广到城市餐桌，为扶贫事业贡献企业的一份力量。

二、内容创意

这一项目创新性地采用了"O2O 美食消费扶贫"新模式。这一模式的核心是美团作为资源丰富的互联网平台，结合"高远"地区农户资源，利用自身的平台优势，同时对接农户、餐饮企业和消费者三方，串联起整个扶贫农产品售卖的链条，把"高远"地区的食材直接推广到消费者的餐桌之上。

依托自身互联网平台和餐饮行业的优势，美团首先触达"高远"贫困地区的农产品、贫困户、农产品供应商，并了解农产品的种植和销售状况，进而与"高远"地区达成合作。

随后，美团利用平台自身已有资源，触达众多餐饮商户，邀请其购买贫困户和农产品供应商的农产品，并鼓励有能力的商家推出公益套餐，甚至利用这些食材研发新菜品，从而让消费者"以吃代捐"，将扶贫课题转化为美食消费。

菜品上线后，通过投入广告资源等方法，美团力图在扶贫与美食消费之间建立联系，生产专业的美食话题和内容来倡导消费扶贫理念，上线公益套餐引导消费扶贫，促进消费者对于公益套餐的实质性购买。

在平台餐饮商户的创新"演绎"下，原有的质朴扶贫食材自带"网红"流量属性，吸引了更多消费者，并逐渐渗透进消费者的日常生活中，实现了提高农民收入与丰富市民餐桌的双赢。

图 8-1　"以吃代捐"扶贫模式

三、营销策略

整体而言，美团采用了"点评＋扶贫"的营销模式，即：1. 生产专业美食内容＋点评话题来倡导消费扶贫理念；2. 上线公益套餐来引导消费扶贫行为。

此外，美团在营销策略选择上也有自身的诸多特色。

（一）侧重选择，减小市场阻力

面对消费者普遍认为公益套餐是"扶贫菜""感情菜"而兴趣较低，且对"高远"地区食材认知度不高的状况，美团点评投入价值超过 500 万的广告资源，集平台之力，面向消费者推广扶贫食材与公益套餐。此外，尽管项目本身是面向所有餐饮品牌的，但最终参与活动的商家仍以连锁化餐饮品牌为主。首先，在短期内研发青稞等食材的新菜品，对于大部分餐饮品牌来说，门槛要求较高，而连锁化餐饮品牌在此方面优势较明显；另外，大众化、连锁化餐饮品牌更贴合大众消费场景，消费频次较高，能够让更多的消费者参与进来，并将公益理念推广出去。"助力高远"项目对于合作餐饮商户有一定的采购压力和研发要求，美团点评优先选择有强烈意愿并有研发团队支持、有扶贫公益背景或有"高远"地区色彩的品牌，如大董、乐乐茶、捞王、耶里夏丽等餐饮商户。①

图 8-2 "以吃代捐"项目挑战

图 8-3 "以吃代捐"合作企业

---

① 苏媛媛，刘雨宁.网红餐饮品牌营销策略研究［J］.电子商务，2019（10）：44-45.

（二）行动参与，促进深层认知

作为"助力高远"美食消费扶贫公益项目的一部分，"青稞计划"以青稞这一商品的流动为依托，联合 19 家餐饮合作伙伴，在西藏日喀则江孜县认领五亩青稞田，携手研发藏区青稞食材的创新餐品，以满足城市人民追求健康绿色餐饮的需求。

青稞生长在青藏高原地区，是藏民的主要粮食，但却不为城市消费者所熟知。"青稞计划"中包含了认领青稞田的环节，这本身是大众点评的平台行为，然而，平台邀请餐饮商家进行认领活动，试图通过认领，让餐饮合作品牌深入了解青稞产品以及其从播种到收割的整个过程。带品牌方代表到西藏日喀则青稞田现场感受青稞丰收，有助于长期青稞采购协议的达成。该计划重点探索西藏日喀则和云南迪庆等藏区青稞食材在城市的推广和销售问题，帮助藏区实现青稞作物产业链的构建和延伸，实现助农增收的最终目标。"助力高远青稞计划"从 B 端丰富了美食消费扶贫这一新模式的内涵。

（三）多重曝光，多渠道多主体宣发

美团点评在项目宣传上通过线上线下联合、站内站外曝光的整合传播形式，为活动带来了大量的曝光。

在线上推广方面，美团点评联合 15 家餐饮合作伙伴全新研发了 15 款公益菜品，并上线 22 款"助力高远"公益套餐，为消费者提供尽可能新奇与多样的选择。消费者可通过大众点评 App 搜索关键词"助力高远"，也可直接点击广告位购买公益套餐。同时，大众点评 App 在首页中通、"必系列"、"必吃榜"广告位等均进行了大规模推广，增加了流量与关注度。此外，相关餐饮品牌也会在官方微信平台同步推送"助力高远公益项目"，实现更加垂直化的精准传播。网络"大 V"自产优质美食内容，在大众点评网上吸引用户讨论，增加互动。新华社、人民网、央广网、《解放日报》等主流媒体的主动报道也为该项目带来了很好的口碑。

在线下活动方面，美团点评举办了"助力高远"公益套餐发布会，现场公布创新包装与创意菜品，同政府领导、餐饮代表、扶贫农产品供应商、媒体积极探讨美食消费扶贫新模式。发布会现场搭建了"高远"梦工厂，对朴素低价的"高远"食材进行了主题设计包装，提升了产品附加值，吸引了年轻人的关注。现场发布的扶贫创新菜品，也引起了餐饮企业高层、媒体、网络"大 V"对扶贫食材的关注，进而影响了更多消费者。公益套餐覆盖全国超过 350 家门店，成功实现了线上与线下的联动与配合，实现了多渠道、多主体宣发，带来了多重曝光与口碑保证，彻底完成了从"扶贫菜""感情菜"到"绿色菜""健康菜""网红菜"的转变。

四、执行路径

（一）时间线

该项目的执行分两个阶段：第一阶段（主要执行时间为 2018 年）实际上为试行阶段，主要推广云南及新疆地区的农产品；第二阶段（主要执行时间为 2019 年）为正式阶段，主要推广青稞类产品。本次的获奖项目实际上是 2019 年的第二阶段的内容，因此下文的分析会着重分析第二阶段，但是第一阶段我们也会提及。

按照两个阶段排列的项目时间线如下所示：

□	A≡ 任务	≔ 农产品
1	15家餐饮企业研发菜品，发布22款青稞公益套餐	青稞（正式开展项目）
2	获得新餐饮企业的认可和加入，陆续上新公益套餐	青稞（正式开展项目）
3	食品展会上展示青稞点心	青稞（正式开展项目）
4	项目组+餐饮企业认领日喀则青稞田	青稞（正式开展项目）
5	在App内开设"助力高远"系列话题	青稞（正式开展项目）
6	"助力高远"项目首个实体礼盒发布	青稞（正式开展项目）
7	"助力高远"项目正式启动	青稞（正式开展项目）
8	《巡味记》拍摄新疆喀什巴楚扶贫特辑	青稞（正式开展项目）

▼ 云南及南疆农产品（试点）

1	14家公益商家共上线23款公益套餐	云南及南疆农产品（试点）
2	在App内进行美食消费扶贫理念的倡导（项目试点）	云南及南疆农产品（试点）
3	"助力高远创新实验室之绿色云菜计划"在昆明正式启动	云南及南疆农产品（试点）
4	"助力高远"项目拍摄大众点评《巡味记》云南扶贫特辑	云南及南疆农产品（试点）
5	《巡味记》云南扶贫特辑上线	云南及南疆农产品（试点）

▼ 其他

1	打造完整的美食消费扶贫链条	其他
2	美团公益平台上线	其他
3	助力高远研发实验室成立，邀请项目企业参与相关课程	其他

图 8-4　项目时间线

由于该项目连接了政府、贫困地区、餐饮商家、消费者等多个群体，我们也进一步明确了项目执行期间每个阶段所面向的群体。

（二）细节梳理

2018年5月，美团创设的"互联网＋公益"服务平台由民政部批准上线。该平台致力于通过创新科技为网民搭建安全、简单、便捷的公益捐赠渠道，推动慈善事业的发展。

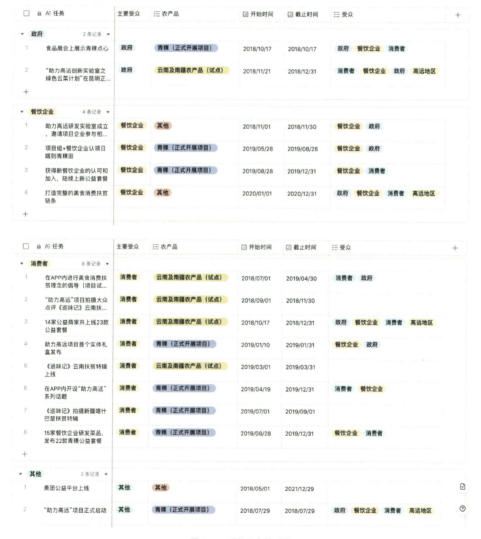

图 8-5　项目面向的群体

2018 年 7 月，美团"助力高远"美食消费扶贫公益项目正式启动，美团希望借助自身的平台优势，帮助贫困地区的农户与餐饮商户、美食消费用户搭建互动桥梁，通过"以吃代捐"的形式，帮助高远贫困地区特色食材从山野田间走向城市餐桌。

2018 年 10 月，项目联合大众点评美食纪录片《巡味记》团队赶赴云南大理洱源、弥渡拍摄扶贫特辑，次年 3 月影片播出。

2018 年 11 月，美团点评"助力高远创新实验室"在昆明正式成立。该实验室围绕来自高远贫困地区的食材，研发受城市人群欢迎的创意菜。同期，首批"助力高远"项目的公益合作企业在上海参加由美团点评餐饮学院打造的"餐饮品牌打造与网红 IP 营销"课程，围绕线上运营、互联网营销与外卖经营等话题进行学习，帮助商户提升消费者对公益套餐的认知度。

随后的一年中，美团联合大董、胖哥俩、圆苑、乐乐茶、永和豆浆、云海肴等众多知名餐饮品牌陆续开发出了一系列高远食材公益套餐，包括青稞藜麦沙拉、虾汤青稞面、青稞刺参、青稞山药软欧包、紫薯青稞爆珠豆浆、汽锅鸡等深受都市白领阶层喜爱的菜品。

2019 年 5 月，在"上海餐饮及物流冷链行业扶贫助农对接会"上，美团点评发布"助力高远"公益项目的升级计划，拟在大众点评 App 上开设"消费扶贫，助力高远"全年系列话题，通过鼓励用户点评、参与讨论的形式，帮助消费者了解这些公益美食背后的故事，从而刺激更多消费者实现美食消费扶贫行为。

2019 年 8 月 28 日，以青稞菜品为主的"助力高远消费扶贫公益套餐"正式发布，并同时在大众点评 App 及美团 App 双平台线上销售。发布会上，国务院扶贫办中国扶贫志愿服务促进会、上海市人民政府合作交流办公室、上海市商务委员会等政府部门的领导及 20 余家大型连锁餐饮企业的代表、扶贫农产品供应商、媒体、大众点评用户等百余人，就美食消费扶贫新模式展开深入探讨。

用户可通过大众点评 App 录入关键词"助力高远"搜索参与商户或通过长期在线的"助力高远"消费扶贫公益套餐专题页入口，购买上述公益套餐团购券，并在遍布全国的近 350 家门店（例如胖哥俩 109 家、云海肴 83 家）消费。同时，部分套餐虽未在线上销售，但在各大线下门店均有销售。以乐乐茶青稞山药软欧包和圆苑青稞刺参为例，两者在线上线下同时销售，不少用户购买后在大众点评 App 上发表了好评。

五、媒介渠道

（一）目标受众的选择

"助力高远"公益项目旨在通过消费带动高远贫困地区农产品的销售，因此项目最终需要说服的对象为大众消费者。但相较于其他直接捐款的公益项目，"助力高远"项目"以吃代捐"的形式特别，餐饮商家也是美团在这一项目中需要关注的对象。

在用户群体方面，由于"扶贫"这一主题覆盖的范围是比较广的，该项目实际上并没有特别针对某一年龄层，或拥有某一特殊标签的用户群体。然而，由于合作的餐饮商家基本是连锁餐饮品牌，菜品价位较高，且大多分布在省会城市和直辖市，因此，实际上这一项目的目标受众受制于合作的餐饮商家，仅仅包含上述合作商家所在地区的用户群体。此外，由于项目的主要推广渠道为大众点评 App，因此项目的用户群体实质上也是大众点评的用户群体。

（二）传播方式的选择

根据目标受众的不同，美团也采取了不同的营销策略。

针对餐饮品牌，美团首先借助政府背书，证明自己公益项目的规模性与可靠性；紧接着，通过上海市对口帮扶地区特色商品展销会等一系列展会和论坛，美团将自己的项目带到了潜在客户的眼前。在成功获得首批商家之后，美团又通过开展"餐饮品牌打造与网红 IP 营销"课程进一步深化平台与商家的关系，在推进合作关系的同时，以平台的决心与专业性吸引更多的商家参与"助力高远"项目。最后，在项目进行的过程中，美团也及时和大众分享项目成果，例如在 2021 年发布《美团助力脱贫攻坚总结报告》。

在确定合作关系并成功推出公益菜品、套餐之后，美团点评将商品推荐给了消费者，促进美食公益的最终转化就成了重要的目标。美团点评依托自身平台优势，设置话题吸引用户参与讨论，邀请网络"大 V"参加展会，帮助宣发，并在商家套餐中标注了"助力高远"项目的内容，以实现项目的高曝光度。

六、项目评估

"助力高远"项目全程线上曝光量 2400 万，总曝光量 1.72 亿。

（一）第一阶段项目效果

2018 年 10 月 17 日，耶里夏丽、云海肴等沪上 24 家新疆菜、云南菜餐企成为"助力高远"首批合作伙伴，第 1 期"助力高远公益套餐"在大众点评 App 上线。14 家公益商家共推出 23 款公益套餐，截至 2018 年 12 月 31 日，活动页曝光量逾 2000 万，销售公益套餐逾 1500 份，销售额逾 21 万元。

2018 年 11 月 21 日，"助力高远创新实验室之绿色云菜计划"在昆明正式启动，逾 800 位云南餐饮商户代表于现场见证。

2018 年 9 月—11 月，"助力高远"项目联合大众点评《巡味记》拍摄云南扶贫特辑。截至 2018 年 12 月 31 日，《滇之最鲜味　洱源西湖鱼》《白族滋味融　乳扇醇意浓》《满桌八大碗　密祉豆腐宴》3 集影片累计浏览量逾 130 万。

（二）第二阶段项目效果

2019 年 1 月 10 日，"助力高远"项目首个实体衍生周边——必吃榜"助力高远年货礼盒"发布。大众点评霸王餐活动推出该礼盒，7 天内 10 万多 VIP 会员报名申请。

2019 年 5 月 28 日，"助力高远"项目举办"消费扶贫，助力高远"上海餐饮及冷链行业扶贫助农对接会暨助力高远青稞计划合作伙伴发布会，来自西藏日喀则、新疆喀什、云南、贵州遵义等上海对口帮扶地区的 10 多家扶贫农产品供应商展示了当地特色农产品，与受邀参会的 30 多家美团餐饮合作伙伴进行现场采购洽谈。CoCo 都可饮品商户现场采购西藏日喀则青稞原粮 300 吨。

2019 年 8 月 28 日，以青稞菜品为主的"助力高远消费扶贫公益套餐"正式发布。

截至 2019 年 9 月 5 日，双平台公益套餐线上总销量逾 1400 份，销售额逾 28 万元。8 月 28 日助力高远公益套餐发布当天，大众点评 App 全国站中通广告推广位、"必系列"广告位、"必吃榜"广告位等均进行了大规模推广，其中中通广告位曝光逾 1900 万次。

　　整体而言，该项目在各个阶段都得到了有效的曝光，曝光量较大。然而，项目本身在套餐销售上没有取得非常好的效果，这可能是因为统计数据中仅仅包含美团渠道销售的套餐数量，而没有包含线下销售的套餐数量；也有可能是美团在项目最后触达消费者的营销环节出现了问题。

第二节　AISAS 理论解析：O2O"以吃代捐"公益营销的网络用户体验新模式

一、AISAS：网络消费者行为模式

（一）传统消费者行为模型——AIDMA

　　AIDMA 模型是美国广告学家 E.S. 刘易斯于 1898 年提出的消费者行为模型，AIDMA 模型把消费者从感兴趣到最后购买的过程分为五个递增的阶段。[①]

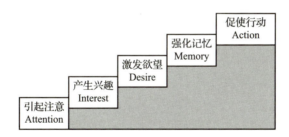

图 8-6　传统消费者行为模型图

　　第一步：引起注意（Attention）

　　引起消费者注意。通过报纸、电视媒体、杂志等渠道发布广告引起消费者的注意。

　　第二步：产生兴趣（Interest）

　　引起消费者兴趣。通过报纸、电视媒体、杂志等渠道发布广告引起消费者的兴趣。

① 刘德寰，陈斯洛 . 广告传播新法则：从 AIDMA、AISAS 到 ISMAS［J］. 广告大观（综合版），2013（4）：96-98.

第三步：激发欲望（Desire）

刺激消费者的购买欲望。通过个人体验激发消费者欲望，如免费提供试用化妆品样品、现场提供试吃食品、在销售中心提供样板间供参观等。

第四步：强化记忆（Memory）

给消费者留下记忆。例如，在促销的过程中，给消费者一个产品或卖家的印象，让消费者相信该产品优于其他公司的产品。

第五步：促使行动（Action）

消费者最终完成购买动作。

（二）网络消费者行为模型——AISAS

当互联网介入社会生活时，消费者对信息的接受渠道不再局限于电视、报纸和杂志、道路广告等传统媒介。网络的便利性为新消费者提供了主动、快速、准确地获取信息的机会。于是，消费者便更加寻求消费过程的个性化、多样化。此时，单调的产品推广模式已经无法满足定制客户的需求，这迫使企业在新的网络环境下整合品牌推广和营销的方法，聚集分散的消费群体，并为网络消费者建立新的行为模式。

2005 年，日本的电通集团推出 AISAS 模型。这一模型更加适用于分析互联网时代消费者购物决策的过程。在新的 AISAS 模型当中，有两个"S"，即搜索（Search）与分享（Share），这是现代互联网对营销模式的一个突破，凸显出现代互联网中搜索和分享对用户决策的重要性，也标志着互联网对用户购买决策行为的改变。这就是 Web2.0 时代消费者行为改变的主要因素：研究引擎技术赋予人们使用信息的权利，人们可以通过网络积极准确地获取他们想要的信息。[1][2]

从这两个"S"的存在，我们也可以得知，在购买决策过程中，消费者往往通过互联网寻找产品的有关信息，与相关产品进行比较，然后决定其购买行为。此外，互动和分享的传播方式也提供了营销与消费者密切接触的可能性，这意味着广告商会更加关注在线口碑。

然而，应该强调的是，AISAS 仍然在传统营销模式的框架内。在新技术的推动

---

① 吉小叶，彭佑元，杨丽．我国团购网站发展潜力评价——基于 AISAS 模型的实证分析［J］．企业经济，2016，35（2）：94-98.

② 曹芳华．基于 AISAS 模式的网络整合营销传播模型建构与个案研究［D］．厦门：厦门大学，2009.

下，搜索引擎广告、富媒体广告、品牌图片和弹窗视频广告虽然在媒介的呈现方式
上有变化，但这些依然像大众广告和原创广告一样，本质上是一种广告形式。无论
是传统大众媒体还是互联网平台，媒体仍然是营销战略的中心，吸引消费者注意力
仍然是其首要目标。①

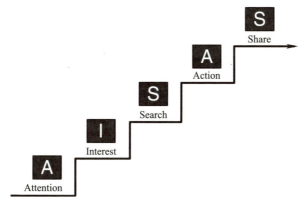

图 8-7　网络消费者行为模型图

具体而言，AISAS 模型包含五个步骤：

第一步：获得关注（Attention）

除传统媒体外，消费者还可以通过网络或终端媒体、口碑和其他吸引消费者关
注的方式接收到产品信息。

第二步：激发兴趣（Interest）

一旦消费者对品牌或产品本身感兴趣，他们就有可能成为品牌的潜在消费者，
从而成为整个品牌推广过程中的一员。

第三步：进行搜索（Search）

通过搜索引擎优化或其他促进消费者对产品进行搜索的方式，让消费者在网络
平台上能够更好地进行信息交流和整合，从而进一步参与品牌推广过程。

第四步：执行行动（Action）

也就是完成购买行为。购买行为可以通过线下或者线上方式执行。

① 刘德寰，陈斯洛.广告传播新法则：从 AIDMA、AISAS 到 ISMAS〔J〕.广告大观（综合版），
2013（4）：96—98.

第五步：共享信息（Share）

除了积极获取信息外，消费者还可以成为信息传播的主体，通过线上评价和口碑传播，与更多的消费者分享品牌体验。

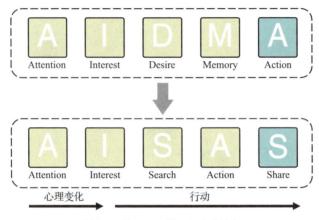

图 8-8　从 AIDMA 到 AISAS 的转变

这种新的消费者行为理论减少了 AIDMA 五个阶段的心理过程，加强和扩展了从进行搜索 S（Search）到共享信息 S（Share）的变化过程。这表明，消费者从被动地接受单方面的商业信息，转变为积极地接受信息的传播，消费者的主动行为在购买流程中起到了重要的作用。因此，这要求项目组在消费者购买的流程设计中，做好与消费者的行为交互，确保消费者的每一步行为都有所激励。

二、基于 AISAS 理论的美食消费扶贫新模式解读

美团大众点评的用户体验流程完全符合 AISAS 模型。

消费者在打开大众点评之后，首先会被上面的内容所吸引（A）。消费者进入 App 的原因有两种：有目的地进入，即消费者想进行某一类的消费；或无目的地进入，也就是为了打发时间。如果消费者想购买一些东西，那么他会去搜索；如果他没有确定的目标，他也会在浏览推荐位或大量内容的过程中选择自己感兴趣的内容，并进行进一步的探究，最后进行购买。在购买行为发生后，大众点评会鼓励消费者分享，也就是在平台上面写评价，而这个过程又会去促成下一位消费者购买的决定，从而形成一个新的周期。

AISAS 模型是一个针对消费者的模型，因此应用层面的部分会更多地放在美团针对消费者的营销上，但对于 B（餐饮企业）、G（政府）的部分也会有所涉及。

（一）Attention——总能让你看到

在宣传的整体层面，该项目在"吸引受众"这一环节主要有三个特点：宣传渠道多样、宣传方式具有针对性，以及宣传周期较长。

1. 宣传渠道的多样性

美团针对 B（餐饮企业）、C（消费者）、G（政府）三方都进行了非常多的吸引关注的尝试。

首先，美团大力宣传"以吃代捐"是美团公益平台主打的一个项目。因此，该项目可以绑定"美团公益"平台进行宣传，并且可以有效利用 2018 年 5 月美团公益平台创立所带来的热度。这样的宣传有助于项目在商家和政府相关部门的心目中提升信誉。

又例如，2019 年 8 月，项目举行了公益套餐的发布会，邀请到了政府相关部门，合作或有潜在合作意向的餐饮企业，以及一些 VIP 用户、资深用户参与到项目中。发布会为这些来宾展现了项目中涉及的高远地区食材的种植情况和营养价值，也为他们提供了一些食材相关的知识，并给了在场的观众和来宾试吃体验的机会。这样的线下发布形式可以让相关方更加有身临其境的体验感。

而在这些来宾中，消费者的参与可以有效地提升他们对于项目的认知，从而促进项目的口碑传播和线上分享（例如在微博、小红书等 App 上举行发布会或项目相关内容的分享）。[1]

并且，"以吃代捐"项目在大众点评 App 内投放了许多广告，如开屏广告、信息流广告等，并邀请了各大合作商家在自家的微信公众号上发推文，这些广告获得了非常高的曝光量，起到了非常好的宣传作用。

多样的宣传渠道有助于该项目的推广。

2. 宣传方式具有针对性

美团针对 B（餐饮企业）、C（消费者）、G（政府）三方采取了不同的宣传方式。针对政府和餐饮企业，美团主要采取了线下宣传的方式：通过发布会等方式吸引受众。

---

[1]　卢向华，冯越. 网络口碑的价值——基于在线餐馆点评的实证研究［J］. 管理世界，2009（7）：126-132+171.

因为这部分受众人数较少，但需要详细地了解项目，因此线下宣传的方法会更加适合。

针对消费者，美团则主要在线上进行宣传，无论是 App 内的广告，还是微信推送的内容，主要是在线上进行宣传。线上宣传成本低、覆盖面广，更有助于触达广泛的消费者。

3. 宣传周期长

项目在正式期（青稞菜品推广）之前设置了试行期（云南、南疆农产品推广），为项目进行了一波预热，也在小范围内试水了一些宣传的方案，利用较小的成本测试了宣传的效果。

此外，试行期的出现拉长了项目的曝光时间，并且使得项目在 2018—2019 年每隔一段时间就可以有一个比较重要的曝光节点。众多曝光节点在增加项目曝光度的同时，为项目提供了持续的热度，让项目不至于在某一大量曝光的节点过后就迅速被观众遗忘。

在针对消费者的曝光方面，该项目主要的宣传方式为 App 内的信息流广告和各类横幅广告。由于项目是美团自身的项目，美团对于 App 内的广告位拥有更大的控制权，因此相较于其他广告仅仅在 App 内出现一次的窘况，美团可以在 App 内的多个广告位上植入"以吃代捐"的广告，让项目在消费者面前频繁"刷脸"，从而通过"重复"的方式增强消费者对于项目的感知和记忆，促进消费者的进一步转化。

大众点评App全国站开屏、首页中通、"必系列"、"必吃榜"广告位等均进行了大规模流量推广，曝光量超2400余万次

图 8-9　站内曝光形式展示

图 8-10　站外曝光形式展示

（二）Interest——扶贫也能有趣

"有趣"这个点实际上贯穿了美团"以吃代捐"案例的全过程。在该案例中，美团尽可能让"以吃代捐"这一扶贫公益变得不那么"官方"，在物料的设计和与用户的交互两方面都尽可能地贴合用户的心理，让项目变得更加具有亲和力。

大部分扶贫公益活动在宣传和交互上较为平淡乏味：直接点名"扶贫"的目的，虽开门见山、清晰明确，但往往无法提起受众群体的兴趣。对于广大消费者来说，"扶贫"这一话题离他们太过遥远；而这个问题对于大众点评消费者群体则更甚：大众点评的消费者群体平时都会浏览大众点评上的大量精致图片、吸引人的美食文字贴，对于包装朴素的扶贫食品，他们可能不会有太多兴趣。[①]

1. 设计：不做扶贫大字报

目前，大多数扶贫公益活动直接突出"扶贫"的目的，比如，在我校的超市中，近期就在售卖一些由上海市对口扶贫县——永平县的农产品加工而成的食品。然而，这一扶贫公益就是用巨大的标语表明"扶贫"的目的，让人在购买时产生的"扶贫"的公益心理大于对于食物本身的期待，反而让对食品本身感兴趣的人减少了对这些食品的关注。

① 萧钰馨. 扶贫公益传播的创新实践［J］. 传媒，2019（24）：75-76.

然而，在该案例中，基本没有出现所谓的"扶贫大字报"。除了大众点评的中通广告、开屏广告，美团 App 内的信息流广告在设计元素的搭配上与 App 内其他广告相同：对由高远地区的食材制成的菜品进行了图片拍摄，并展示了精致的美食图片；在购买界面也采用了大众点评一贯的配色方案和字体设计方案，没有刻意突出"扶贫菜"的属性。

例如，美团站内的一些活动界面甚至没有强调"扶贫公益"，而是采用了"自然的馈赠"这样的题目，主打食材的自然和原生态，通过食材本身的特殊性来吸引消费者，而在下一步的菜品展示和购买入口再点明菜品的扶贫公益属性。这样既可以覆盖想吃"健康餐"的用户，又可以覆盖对于扶贫公益感兴趣的用户。

图 8-11　美团平台内活动界面

2. 交互：培养相关方的参与感

相较于只是看到一个"扶贫大字报"，人为设计一些交互的动作、行为和活动更能够有效吸引消费者的注意，培养消费者对于项目的忠诚度和信任感。

在本项目中，美团首先是在项目的第一阶段上线了必吃榜"助力高远年货礼盒"，甄选了西藏日喀则青稞米、新疆喀什泽普干果、云南迪庆香格里拉野生菌等优质扶贫农产品，旨在探索农产品品牌包装升级、附加值提升的新方法。这种礼盒的方式就非常新颖，而且和类似"大众点评霸王餐"这样的活动相结合，也能有效吸引更多消费者。

此外，对于餐饮企业而言，美团推荐"高原地区"农产品不只是进行购买，而是参与青稞的种植，以及与商家合作进行新菜研发：西藏日喀则江孜县青稞、新疆喀什莎车县南瓜、云南昆明禄劝县铁脚麻鸡等质朴的扶贫食材，在大董、胖哥俩、圆苑、乐乐茶、云海肴等餐饮企业的创新演绎下，变成了青稞藜麦沙拉、虾汤青稞面、青稞刺参、青稞山药软欧包、汽锅鸡等深受都市白领阶层喜爱的菜品；从中式早点到西式下午茶，从大众午餐到中高端晚餐，符合不同消费群体的需求。这样的做法也比单纯地推荐餐饮企业购买农产品更有吸引力，可以让餐饮企业知道这些农产品在购买之后能够做什么、怎么做，以及能为餐饮企业带来什么实际收益。

图 8-12　助力高远年货礼盒

（三）Search——推荐帮你搜索

在"搜索"这一环节，大众点评充分利用了自身的平台优势，在搜索栏和瀑布流中进行项目推介。

消费者如果想在大众点评中进行菜品的购买，就需要通过搜索框搜索店铺或菜品，或者直接通过瀑布流的推荐位广告进入菜品购买的界面。

如果消费者通过搜索框搜索，他会在搜索框处看到一些当季的热门店铺、热门项目，或大众点评希望推荐的项目。那么，在"以吃代捐"这个项目中，大众点评项目负责团队就可以把与项目相关的菜品或者商家放在推荐框里面，让消费者在搜索时第一时间了解到项目的情况，或者在消费者没有明确的搜索对象时搜索这一推荐的词条，从而进入菜品的展示和购买界面。

此外，这一搜索框内的推荐对每个消费者也有所区别。多数情况下，推荐框会推荐消费者历史浏览或购买较多的菜品，或者离消费者位置比较近的店家，因而有比较好的针对性，能够提升搜索到购买的转化率。

这种方法的曝光率是非常高的，因为大部分消费者在决定具体的购买内容时，"搜索"都是必不可少的一个环节，因此在这个环节进行推荐可以覆盖到 App 内绝大多数的用户。

图8-13　大众点评搜索界面展示

（四）Action——从看见到实践

在消费者了解到"以吃代捐"扶贫项目的相关菜品之后，下一步就是进行切实的购买行为。在"购买"这一环节，美团平台同样利用了其自身优势：消费者可以在美团平台直接进行购买。

1. 购买流程简单

消费者可以从信息流和大众点评必吃榜的推荐广告位直接跳转到菜品列表，选择心仪的菜品进行购买。这一购买方式简单快捷，减少了消费者因为犹豫而最终放弃购买的可能。

2. 购买渠道多样

消费者不但可以在大众点评App内提前下单，也可以在到店消费后利用大众点评App进行买单，或直接在线下购买套餐。在这里，大众点评App利用了其O2O的优势，不但能让一些消费者从线上了解到项目商品后触达线下，也可以让一些消费者从线下了解到项目商品，了解到更多的活动信息后返回线上，并进行进一步的参与。

3. 设置购买激励

购买激励分为直接的优惠激励和间接的优惠激励，如通过活动页面提升消费者参与公益的成就感。

在直接的优惠激励方面，消费者可直接在大众点评App上购买一些优惠券或代金券，这种优惠可以有效吸引消费者下单。

在间接的优惠激励方面，用户购买的公益菜品也可以作为订单计入大众点评用户的日常积分系统当中，从而为用户未来在大众点评的消费提供更多优惠。

（五）Share——从点评到传递

"大众点评"，由名字便可以知道，它最大的特色在于大量用户对于商户和产品的真实点评，而这些真实点评的效果类似于现在风头正盛的"种草"，利用用户的评论来为商家创造口碑，从而达到营销宣传的目的。因此，对于"以吃代捐"这一项目，大众点评平台也非常鼓励用户在购买扶贫菜品之后进行点评和分享。

1. 鼓励用户进行站内评价

该项目推荐用户在购买扶贫菜品后在站内对菜品的口味进行评价，而大众点评团队可以根据好评数量进行人工的推荐。这一举措既达到了宣传项目的目的，也达到了宣传评价者的目的，对于有志于成为大众点评关键意见消费者（KOC）的用户而言是一个巨大的激励。

在用户评价较多后，新的用户就会看到这些评价。基于对大众点评平台和真实用户的信任，新用户会将这些评价作为其购买菜品时的参考意见，从而有效地提升了菜品的曝光度，也为项目创造了一个新的吸引消费者的渠道。

2. 促进用户进行站外积极反馈

此外，美团在活动一期期间推出了"我的公益账单"社群传播页，这个传播页可以记录用户购买公益套餐的情况和数量，并且给予购买了公益套餐的用户"公益明星"的称号，从而促进用户在线购买后，写下真实评论，并在社交媒体上对公益套餐做出积极的反馈。

大众点评也鼓励用户将这一社群传播页传播到站外，从而进一步提升项目曝光度。

图 8-14　大众点评平台设置的社群传播页

三、思考与发现

（一）互联网平台的公益优势

1. 美团公益平台简介

"以吃代捐"这一项目虽然实施方为大众点评必吃榜团队，但这一项目也是美团公益平台的下属项目。

2018年5月，美团公益平台入选民政部第二批慈善组织互联网募捐平台，并于6月正式上线。作为一家由"互联网＋生活服务"电子商务平台发起的、定位为"互联网＋公益"的服务平台，美团公益平台的特点是发挥生态优势，结合平台所创造的丰富生活服务场景，将公益融入消费者的生活，为用户搭建安全、简单、便捷的公益捐赠渠道，为慈善组织提供均等化的信息发布渠道和筹款服务，并携手生态相关方共同助推中国公益慈善事业的发展。

围绕贯彻落实习近平总书记关于"聚焦脱贫攻坚，聚焦特殊群体，聚焦群众关切"的重要指示精神，美团公益平台一年来重点引入并支持孤寡老人、留守儿童、孤残儿童等特殊群体的生活改善类项目，大病救助、基础教育、儿童营养等群众关切的基本民生保障类项目，以及助力脱贫攻坚、女性创业等扶贫类项目，其中扶贫项目占项目总数的74%。

例如，美团公益平台在2019年完成了一个由美团酒店实质操盘的关爱留守儿童活动，其大体内容为：利用美团酒店、美团门票的资源优势，给留守儿童提供免费的亲子游学机会，为他们创造一个跟父母团聚的空间。这也是利用美团自身平台的资源来做的一个项目，不需要额外的支出或者去寻找其他的大量资源。

2. "以吃代捐"是生活类互联网平台的扶贫尝试

传统意义上的消费扶贫工作的开展，主要就是将食材带出山、带出偏远地区，带到城市消费市场中，如商超、菜场等。后来，消费扶贫的重头戏就落在了互联网企业的头上，而其中打头阵的实际上是各类电商企业。比如，淘宝、京东、拼多多等企业积极对接贫困户，帮助其农产品、小商品等在电商平台上进行售卖，主打商品的"原生态"和"物美价廉"，取得了较好的效果。

然而，各大电商平台的助农产业模式目前也已经发展到了比较成熟的阶段。对于消费者而言，过多的"助农""农户直销"已经让他们感到疲倦，且无法分清每个平台商品的好坏；对于电商平台而言，几乎每家规模较大的电商平台都上线了类似的功能板块，那么助农板块在不同平台上就丧失了差异性，无法为电商平台提供差异化竞争带来的收益，甚至一些电商平台在助农上打起了"价格战"，扭曲了原本的扶贫公益理念。

"以吃代捐"的方式属于美团这类本地生活平台对于扶贫公益的尝试。相比传统的纯线下模式，美团的 O2O 模式可以让整个扶贫的流程变得更加简便；不同于电商平台比较简单粗暴的"纯卖东西"模式，美团邀请餐饮企业利用"高远"地区食材来研发菜品，也让整个扶贫行为对消费者来说更具有直观性和人情味。此种具备创新性的消费扶贫模式不但可以令更多的餐饮企业加入公益活动当中，并且也更好地实现令农民钱袋子鼓起来以及丰富消费者饭桌子的双赢结果。

3. 互联网平台如何利用平台属性做公益

目前，越来越多的互联网企业向着"平台化""社区化"的方向发展。平台化实现的是将多种业务融合到一个平台当中，从而让消费者在一个平台内实现完整的行为流程。

这些互联网平台具备的独特属性，是他们在开展公益活动时可以迅速地整合多方资源。[①] 这不但可以让平台在公益内容创意上实现公益模式的创新，也可以让平台在对于整个公益项目的控制上，实现更好的效果监测和节点监测，让公益活动开展得更加迅速、更加高效，也更加有效。以腾讯"99 公益日"活动为例，这一活动由腾讯公益平台发起，利用了微信、QQ 等腾讯社交平台上广泛的私域流量，参与人数在短时间之内就达到了 6 百多万人次。腾讯还利用了其在金融和支付领域的强大能力，利用微信支付、QQ 支付、理财通等平台，迅速筹集善款将近 6 亿元。不论是从民众参与度还是从善款筹集的额度来看，都展现了互联网平台对于公益的强大影响力。

而美团"以吃代捐"的案例也是互联网平台利用平台属性做公益的一个优秀案例。美团迅速汇聚了政府、农户、餐饮、消费者等多方资源，而且利用平台的巨大体量一直留存住这些资源。在项目效果的评估方面，由于是在自己的平台上打广告，也可以对曝光量有比较准确的监测。

---

① 陆继霞，贾春帅. 互联网企业参与精准扶贫的现实价值探析——以 T 公司扶贫实践为例［J］. 电子政务，2020（4）：2-12.

4. 目前互联网平台扶贫工作的现状和思考

（1）"信息"被视为扶贫攻坚过程中至关重要的一环。以美团为代表的互联网公司参与扶贫，充分掌握供需两侧的信息，并协助这些信息在二者之间双向流动，可以为精准扶贫提供保障。就目前而言，贫困地区的各种农货信息、物流信息相对集中，易于收集，但受制于较为闭塞的信息环境，难以与消费者对接；而普通消费者的需求信息比较分散，不能很好地指引贫困地区的农货生产。因此，美团能否通过菜品的购买数据描绘出比较明确的消费者画像，对于指导贫困地区精准脱贫有很大影响。

（2）目前，大部分普惠项目侧重于生产供给侧的扶贫信息，而缺乏对普通消费者的扶贫信息指引和反馈。这意味着脱贫活动往往只能让贫困地区"一边发力"。而美团等互联网公司参与扶贫后，可以借自身平台向普通消费者推送扶贫工作相关的信息，鼓励人们了解、关注，并投入扶贫工作当中，从而从需求侧优化扶贫工作结构，刺激更多用户实现对美食消费扶贫行为的转化。

（3）事实上，网络平台的扶贫公益活动依然处于探索的阶段。对项目的基础判断来自项目主旨、合作品牌、平台能力、消费者反馈等多方面，而比较难以对项目效果进行精确预测。尽管已经有了许多互联网公司参与扶贫公益的比较成功的案例，但似乎缺少相对成熟的理论和模型的总结。

（4）基于我国国情，互联网公司参与扶贫公益一方面是企业对自身社会效益的考量，另一方面是源自政府的积极引导与号召。而当两者的关系失衡时，客观上会出现企业扶贫效率不足的问题。

（二）项目的改进建议

1. 项目本身

（1）项目缺少后续的规划维护

项目规划方案中包含了 2018 年的第一期试行期、2019 年的正式开展期和 2020 年及之后的后续发展期。但在项目 2019 年正式开展期结束后，随着疫情对餐饮行业的重大打击，项目整体陷入了"停摆"的状态，在 2020 年没有非常多的项目成果，且在 2020 年之后也没有对于项目进行后续的规划。

然而，该项目在整合多方资源后，实质上可以利用已有资源，在接下来的时间中继续推进并吸引更多用户参与，甚至可以把项目做成一个美团公益的招牌项目，因为在项目后续的维护过程中并不涉及项目方案的重构，也不需要投入大量项目资金。

（2）针对消费者端的宣传不足

项目前期针对政府和餐饮商家端的宣传方式十分多样、新颖，宣传效果也比较好。然而，针对消费者端的宣传却稍微有些不足。

项目进行时，针对消费者的宣传主要都在大众点评 App 内部进行，没有在站外主动投放广告，而是仅仅设置了一个社群分享界面（"我的公益账单"社群传播页）。这对于项目在整个社会化媒体层面上的传播而言是十分不利的。

（3）没有建立起足够的项目壁垒

"以吃代捐"的项目模式十分优秀，然而，美团在促使政府、商家、农户建立起联系之后，没有进一步保证这种联系的持久性，以及保障这种联系的唯一性。这导致一些有体量的餐饮企业看到此项目后，会选择自己联系农户做类似的事情，自己开展"以吃代捐"的项目，而跳过了美团平台。

2. 平台层面

作为头部互联网公司，美团有强大的数据分析系统和用户画像的分析能力，可以通过浏览每个界面的用户标签，以及用户浏览界面时的属性动作，实现对用户画像的精准勾画，从而能够更有效地调整产品的界面和功能设计，以及在推荐算法层面更精准地触达用户群体。然而，针对这一项目，美团没有就浏览扶贫公益界面和购买扶贫公益套餐的用户做用户画像和进一步的数据分析。这会影响到项目的后续开展，以及项目效果的评估。

第三节　案例访谈："搭建起让'高远'贫困地区食材从山野到城市的桥梁"

一、公司介绍

2010 年 3 月 4 日，由人人网（原校内网）、饭否等网站的创始人王兴建立的美团网站正式上线。2013 年 11 月，美团外卖上线。2015 年 10 月 8 日，美团网与大众点评网合并，新公司实施联合 CEO 制度，两家公司在人员架构上保持不变，并将保留各自的品牌，业务独立运营。2018 年 4 月 4 日，美团收购摩拜单车，形成了如今美团旗下四个主要的组成部分：美团网、美团外卖、大众点评网、美团单车。

其中，大众点评网于 2003 年 4 月成立于上海。大众点评网是中国领先的本地生活信息及交易平台，也是全球最早建立的独立第三方消费点评网站。大众点评网不仅为用户提供商户信息、消费点评及消费优惠等信息服务，同时提供团购、餐厅预订、外卖及电子会员卡等 O2O 交易服务。[①]

二、采访对象

1.采访对象

杨倩，美团到店餐饮市场资源经理。

2.代表团队：大众点评网"必吃榜"团队

"必吃榜"是依托过去一年大众点评网用户贡献的上亿条真实消费评价数据综合评选而出的一份美食榜单，这意味着必吃榜是一份真正由消费者"吃出来"的美食榜。大众点评网"必吃榜"自 2017 年以来每年都会发布新的榜单，该榜单结合消费者对口味的追求，综合考察商户的环境、服务、本地特色等指标，评选出口味好、价格亲民、综合体验佳的餐厅。

"必吃榜"隶属到店餐饮业务（即美团美食）。美团美食是美团到店事业群重要的业务板块之一，致力于为消费者提供优质的消费体验，帮商家创造更多生意，为用户带来美好生活。秉承着"帮大家吃得更好，生活更好"的使命，美团美食面向消费者提供包括套餐、代金券、买单、预订等在内的丰富产品和服务。"必吃榜"日常主要负责优化榜单搜索、查询、评价等，帮助消费者更好地做出消费决策。

---

① 刘伟，徐鹏涛.O2O 电商平台在线点评有用性影响因素的识别研究——以餐饮行业 O2O 模式为例［J］.中国管理科学，2016，24（5）：168-176.

三、访谈记录

（一）企业背景

Q：美团做公益的历史和现状是什么？

A：美团公益平台由美团发起，定位于"互联网＋公益"服务平台，通过创新科技为慈善组织提供均等化、精准化的信息发布和募捐服务，为网民搭建安全、简单、便捷的公益捐赠渠道，推动中国公益慈善事业的发展，共创美好生活。2018年5月，经民政部统一遴选审核，美团公益平台入选第二批民政部指定慈善组织互联网公开募捐信息平台。

（二）创意生成

Q：为什么会选择扶贫公益，而不是选择其他的体现企业社会责任的方式呢？

A：美团秉持"帮大家吃得更好，生活更好"的使命，积极响应党中央和国务院关于鼓励社会力量参与脱贫攻坚的号召，以网络扶贫为抓手、以消费扶贫为目标，于2018年7月发起"助力高远"美食消费扶贫公益项目，旨在利用美团O2O平台和餐饮消费大市场，连接贫困地区农产品、农户、农产品供应商、餐饮商户和美食消费用户，通过"以吃代捐"助力"高远"贫困地区特色食材从山野田间走到城市餐桌。

Q：美团在这个"扶贫公益"项目上的优势是什么？相比以前的扶贫公益项目，有什么特别之处吗？

A："助力高远"项目是一个以"美食""吃"和"消费扶贫"为主题的网络扶贫公益品牌项目。与目前主流的网络扶贫募捐项目不同的是，这个项目通过助力高远公益套餐活动，使用户在线上线下的美食消费体验中"以吃代捐"，不知不觉地完成了消费扶贫行为，而这种消费扶贫行为相比捐赠行为来说，更能使用户从品鉴美食中获得愉悦感和满足感，用户参与性更强，也更容易对扶贫产生感性认识。

"助力高远"项目让消费者日常的一餐一饭与"高远"贫困地区的绿色生态食材有了直接联系。每一次用餐、每一条消费点评，都可以成为扶贫举动，让扶贫走进寻常生活，最终形成"人人皆可为、人人皆愿为"的网络扶贫大格局。

"助力高远"项目以"大众点评必吃榜"为依托，发挥自身餐饮平台业务优势，围绕美食消费扶贫，以商业手法深入探索餐饮行业参与农产品扶贫的可持续模式。以往消费扶贫的主要模式是把贫困地区的农产品带出大山，在城市的菜场、商超进行批发或零售，或在电商平台进行销售，但"助力高远"项目是把农产品变成菜肴，往消费端又推进了一步。消费扶贫模式上的创新，使更多餐饮企业加入公益行列，在实现了鼓起农民钱袋子、丰富市民饭桌子的同时，也帮助更多餐饮企业实现了销售收入的增加和社会品牌价值的提升。

（三）项目准备

Q：活动为什么选择了"网红餐厅"？具体的合作餐厅是如何确定的？如何保证受众群体能看到这一扶贫活动的宣传？

A：合作本身是面向所有餐饮品牌的，最终参与活动的以连锁餐厅为主。这主要有两个原因：首先在短期内研发青稞等产品的新菜品，对于大部分餐饮品牌来说，门槛要求较高，连锁化餐饮品牌在这方面优势较明显；另外，大众化、连锁化餐饮品牌更贴近大众消费场景，消费频次较高，能够让更多的消费者一同参与进来，并将公益传播理念推广出去。

通过鼓励用户点评、设置话题内容去推广贫困地区的特色食材，反复跟消费者讲解食材的来源、绿色及无污染，是对美食消费扶贫的一种有效助力。同时，在大众点评 App 上的菜品搜索区，也会继续加大对扶贫特色菜品、套餐的推广，引导更多用户实现对美食消费扶贫行为的转化。

Q：如何确保用户会喜爱新的菜品？

A：合作品牌均为行业内用户较为喜爱的餐饮品牌，本身对于消费者喜好的洞察力以及菜品研发能力都比较强。

Q：有什么预测项目效果的方法吗？在项目准备的过程中，有没有参考一些成熟的理论或模型？

A：项目效果无法做精准的预测，但对于项目的基础判断可从项目本身的主旨、合作的品牌、平台的能力、消费者的反馈等多方面进行衡量。例如，"助力高远"项目的发起源于响应党中央和国务院关于鼓励社会力量参与脱贫攻坚的号召，以网络扶贫为抓手、以消费扶贫为目标，做正确的事情已奠定此项目的根基。

（四）项目执行

Q：项目似乎既涉及云南的菜品，又涉及藏区的青稞，时间线是怎么安排的？

A：项目采取分步走策略：

第一步，2018 年 7 月—2019 年 4 月。利用美团开机屏、中通广告推广位等线上流量资源以及新闻传播资源，对广大用户进行美食消费扶贫理念的倡导，帮助用户建立对贫困地区绿色生态农产品的认知，动员用户自愿参与网络消费扶贫。具体措施包括：在大众点评 App 开展第一期"助力高远消费扶贫公益套餐"试点（重点为云南和新疆食材），推出扶贫年货礼盒霸王餐活动、《巡味记》云南美食纪录片播放等线上活动，在大众点评"必吃榜"颁奖盛典、会员年终盛典、餐饮峰会等活动现场设立贫困地区扶贫农产品展台等。

第二步，2019 年 5 月—2019 年 12 月。在对用户进行理念宣导、对用户消费扶贫动机和需求进行初步测试的基础上，继续加大对美团开机屏、中通广告推广位等线上流量资源及新闻传播资源的投入，引导餐饮商户采购贫困地区精准扶贫的优质绿色生态食材，并制成餐品对外销售，从而提升农产品附加值及其销量，促农增收。在推广形式上，与商户联合开展更大规模的第二期"助力高远消费扶贫公益套餐"活动（重点为藏区青稞），通过"以吃代捐"的方式，引导越来越多的消费者尤其年轻消费群体走进餐厅，用心品味那些来自"高远"地区的自然馈赠，用心感悟这些食材背后的"高远"故事。同时引入"点评 + 扶贫"新模式，大众点评 App上线"助力高远消费扶贫"话题，引导用户在消费公益菜品的同时，通过点评来传播正能量，带动更多用户加入美食消费扶贫行动，让消费扶贫"人人皆可为、人人皆愿为"。此外，大众点评还生产专业美食内容，比如制作"助力高远扶贫食材品牌馆"专题页、拍摄美食纪录片等，力争打造几款网红食材。

第三步，2020 年 1 月—2020 年 12 月。通过美团的中介作用，推动农产品供应链上的各方生态合作伙伴进行优势互联，最终将对口地区贫困户及农产品、农产品供应商、餐饮商户和广大美食消费用户连接起来，打造完整的美食消费扶贫链条。同时通过引导消费潮流，推动贫困地区特色食材扶贫产业发展。

Q：为什么要认领青稞田，而不是直接购买一些青稞进行菜品试验？

A：认领青稞田本身为平台行为，平台采买了 5.17 亩青稞田，并邀请餐饮商家进行认领，实质是希望通过认领让餐饮合作品牌深入了解青稞从播种到收割的全过程。带品牌方代表到西藏日喀则青稞田现场感受青稞丰收，有助于长期青稞采购协议的达成。

Q：除了平台内的推广，有没有主动在其他社会化媒体上进行推广？如果有，形式是什么样的？如果没有，为什么？

A：本次活动邀请大众点评美食网络"大 V"用户参与线下活动发布会，通过现场对食材的了解、新品的品尝，网络"大 V"们自发进行了各渠道的宣发，如大众点评、微博等渠道。

Q：消费者不需要通过美团购买用"高远"贫困地区食材制成的食品，只要进入线下门店就可以买到。而各个品牌的微信推送中也没有过多强调美团的存在。那么美团如何在消费者购买食品的过程中体现自己的"存在感"，从而实现营销的目的？

A：美团在此次公益活动中，不存在营销目的，仅希望通过自身"O2O 美食消费扶贫"的能力搭建起"高远"贫困地区农产品、贫困户、农产品供应商与美团众多餐饮商家的桥梁，以及商家与广大美食消费用户之间的桥梁，借助餐饮渠道将"高远"贫困地区的绿色食材从山野田间送到城市餐桌。

Q：项目在执行过程中有没有吸引到更多的餐厅或者相关方参与？因为随着项目的推进，可能会有新的餐厅对此项目比较感兴趣，想问一下有没有这样的餐饮企业新加入进来？

A：项目发布会结束后，不少已经在采购贫困地区食材的餐企也表达了参与公益扶贫的意向。在成都、深圳拥有数十家连锁门店的"一叶一世界藏茶蔬食火锅"便以其招牌菜青稞饼报名参与了"助力高远"项目，希望通过"助力高远"项目让更多用户了解青稞这一食材，并增加青稞采购量。预计在接下来的一段时间内将有更多餐饮企业在同行的带动下，参与到"助力高远"美食消费扶贫行动中。

Q：如何考量此次公益的效果？有没有一些具体的衡量标准？此次公益的效果符合预期吗？

A：首先，本次项目完成了"O2O美食消费扶贫"新模式的试验；促成了品牌商家真正的采购行为，如2019年5月—8月乐乐茶、圆苑品牌分别向青稞扶贫农产品供应商采购江孜县有机青稞米1000斤和100斤；联合了15家餐饮合作品牌，研发了15款全新公益菜品，并上线了22款公益套餐。以上几项实际成果符合本次美团公益项目的初衷。

（访谈人：朱予硕、康心语、颜妃沫、姜德隆、林以铄、卢秉昊、李昇妍）

第九章

"我看见口罩之后的眼睛，我听见钥匙转动的声音"：《回武汉》公益传播

2020 年，新冠疫情让大部分品牌的广告活动都停止了，大众关心的内容也以疫情为主。以"兴趣""娱乐"为主要内容的哔哩哔哩需要一次公益化的发声，让更多用户关注哔哩哔哩的疫情类资讯。

W 公司、哔哩哔哩联合滚石唱片，对外征集"隔离日记"，让人们拍下自己隔离时期的所见，并写出内心的真实感受。音乐的影像和歌词皆由不同的、真实的、被困在家里的普通人共同创作而成，唱出了平凡人的心声。活动在两周内征集了 30 多位隔离在家的普通人的文字和影像，共创了一首写给武汉的歌。

进入 21 世纪，互联网飞速发展，高科技产业蓬勃兴起，传统营销需进行系统升级。

国内学者吴金明等人提出了 4V 营销理论，4V 即差异化（Variation）、功能化（Versatility）、附加价值（Value）、共鸣（Vibration）。4V 理论注重商品与价格的弹性，品牌根据消费者不同的需要提供各种选择，让消费者与品牌发生情感上的共振，给广告经营带来一种新思维。

本次营销案例，0 传播 0 预算，却引发 10 余万人的分享，数万人从中得到了战疫的力量，这是互联网环境下成功践行"4V"理论模型的鲜活案例。

第一节 案例复盘：特殊时期的社会解压阀，励志MV 《回武汉》冲破疫情阴霾

图 9-1 活动创意及效果概览

一、案例背景与意义

（一）事件背景

2020 年新年之际，新冠病毒突如其来，防控形势严峻而紧张，可谓新中国成立以来最严重的突发公共卫生事件之一。面对疫情，中国人民构筑起疫情的坚固防线，同舟共济、众志成城，充分展现了抗击疫情的中国速度、中国力量和中国意志。[1]

---

① 陈辉. 抗击新冠肺炎疫情的中国行动［J］. 炎黄春秋，2021（9）：16-21.

为扛起内防扩散、外防输出的重大疫情防控责任,武汉全市范围内的城域公交、轮渡、长途客运、地铁暂停运营,火车站、机场等离汉通道临时关闭。

武汉人民的日常生活成了全国人民关心的事。四面八方的群众自发地为武汉人民加油鼓气,诞生了《回武汉》《"面对面"为武汉加油!》《武汉加油》等公益宣传作品。

全国人民在隔离期间通过新闻和社交媒体关注着奋战在抗疫一线的医护人员,关注着努力维持社会基础服务正常运转的普通工作人员。W公司员工冥思苦想,决定用最简单但也最快速的方式,汇聚想为抗击疫情出一份力但被关在家中的普通人,共同创作一部名为《回武汉》的音乐短片。[①]

(二)项目意义

项目的初衷是希望以一种相对轻松的方式,为关心武汉的人提供抒发情感的平台。W公司联合滚石唱片通过音乐的方式来支持武汉,同时也将这一项目变成一次绝佳的自我展示式营销,让更多人看见这一有爱心且富有社会责任感的优秀公司。

疫情防控期间,人们无法参加线下公益活动,于是W公司就想到了线上渠道。于是,哔哩哔哩成为W的合作伙伴,二者联合征集"隔离日记"。

《回武汉》这支MV传递出积极向上的心态,为处于疫情阴霾中的人们带去一片阳光。这支MV中,有对武汉最细微、最平凡的记忆,以及想唱给武汉的心声。由于汇聚了大量的真实心理感受,《回武汉》成为打动人心的优秀作品。

二、营销方法与策略

(一)营销目标

项目旨在通过哔哩哔哩大规模征集关心武汉的声音,然后联合滚石唱片制作音画俱佳的MV,覆盖哔哩哔哩上大量心怀武汉的用户,破圈拓展W公司的知名度和影响力。

(二)内容概念与主题

滚石唱片创始人段钟沂先生对W公司的本次公益行动给予了深切的指导和支

---

① 数英 DIGITALING. 在家隔离的 W 创意人,写了一首公益歌曲献给武汉 [EB/OL].(2020-02-17)[2022-11-16]. https://www.digitaling.com/projects/101632.html.

持，亲笔写下了"我看见口罩之后的眼睛，我听见钥匙转动的声音"。

虽然没有歌词，但可以收集那些来自天南海北的普通人想对武汉说的话；虽然没有素材，但可以从手机相册中翻出很久以前的随手拍；虽然没有专业的录音棚，但可以用手机等移动设备来录制。该项目的创作者分散在温哥华、上海、成都、桂林、鄂尔多斯、苏州、亳州、重庆、沈阳等地，他们的付出都是为了同一个心愿：疫情退去，春天到来，我们一起回武汉。

尽管有许多参与创作《回武汉》的人从未去过武汉，但他们对武汉并不感到陌生。这个城市不仅仅是新闻报道中的一个地名，它其实和我们每个人都有或多或少的、千丝万缕的关联。该项目引发大众共鸣，获得大规模的关注和好评。

（三）营销方式

1.网络营销：网络视频平台为"主战场"

网络营销自诞生起就天然地具有高速即时、互动性强、全球性、全天候、私人性等明显的优势。基于互联网的推广与营销而兴起的网络营销，在实质上是营造网上经营环境。网络营销资深专家冯英健指出："所谓网上经营环境，是指企业内部和外部与开展网上经营活动相关的环境，包括企业网站本身、顾客、网络服务商、合作伙伴、供应商、销售商、相关行业的网络环境等。"[①]

该项目以哔哩哔哩为主要阵地，以符合哔哩哔哩用户网络调性的内容风格，运用该平台的关键资源位进行造势，完成了一次极佳的网络营销，破圈赢得了哔哩哔哩大量用户的好感。获得利益是人们参与各项活动的重要动因，对哔哩哔哩视频用户而言，这种利益包括获取信息、消遣娱乐、学习求知、社会交往、购物消费等。[②]《回武汉》以 MV 的形式，满足了哔哩哔哩用户对情感和知识的利益诉求，这就是一种以精神文化价值为主导的利益满足策略。

2.借势营销：聚焦社会关注

借势营销是将真实目的隐藏于营销活动之中，将产品的推广融入一个用户喜闻

① 赵丽霞.我国网络营销的现状与发展趋势研究［J］.开发研究，2012（4）：153-156.
② 周国清，许康.媒介融合背景下图书网络营销之策——以哔哩哔哩 PUGV 软性营销为例［J］.新阅读，2021（12）：55-58.

乐见的环境里，使用户在这个环境中了解产品并接受产品的营销手段。它具体表现为，通过媒体争夺受众的眼球、借助受众自身的传播力、依靠轻松娱乐的方式等潜移默化地引导受众。[①] 网络时代中的借势营销，更偏向于指凭借社会热点话题，通过各大媒体铺天盖地地讨论或是精准推送的方式，将内容推送给目标人群，从而给自身品牌加持流量达到营利目的的营销手段。[②]

《回武汉》巧妙地选择好关联点，即武汉因疫情而被困的人和其他地区同样因疫情居家隔离的人。基于相似的处境，以及共同的战胜疫情的强烈希望，这两类人群可以在《回武汉》项目中巧妙碰撞，实现精神共鸣，做到热点与品牌间的强关联。

借势营销的核心是让受众产生品牌印象。《回武汉》这一项目顺势而为，因势利导，反应迅速，借助滚石唱片、哔哩哔哩等平台来实现其品牌传播。

3. 情感营销：建立心理链接，进而迸发强大情感共鸣

情感营销是指对受众的心理进行仔细分析研究，并站在受众的角度去考虑问题，以特有的产品与服务来获取受众的认可。情感营销既是企业与受众交流沟通的主要桥梁，同时也是最好的方法与手段，更是一种营销的艺术，甚至可以将情感营销作为一种人文关怀。情感营销理念认为，购买品牌的消费者是希望通过自己的行为，来感受到不一样的体验。[③]

《回武汉》通过与受众建立情感链接，达到两者大范围的精神共鸣。W公司尝试以品牌情绪撬动品牌情感并加以延伸，同时履行了品牌的社会责任。

三、创意提炼

此次公益项目是让疫情下的人们用一个全新的角度去面对疫情，用普通人自己的创意制作成一首歌，鼓励所有受疫情影响的人。

主歌部分，每句歌词对应一个居家隔离者关于武汉想说的话。比如"要不是高

① 刘倩倩. 新媒体时代借势营销在品牌传播中的应用 [J]. 新媒体研究，2016（6）：51-52.
② 刘依妮. 网络时代借势营销在品牌传播中的应用——以鸿星尔克为例 [J]. 现代营销（学苑版），2021（10）：36-38.
③ 杨金丹. 品牌营销中情感营销的对策与价值探寻 [J]. 中国集体经济，2021（35）：59-60.

考当年分数差了一些，我就是武汉大学的学生了""听说武大看樱花的人比樱花还多""我还没吃过正宗的热干面""滚滚长江东逝水，故人西辞黄鹤楼，这些诗词里写过的地方，我们都想亲眼去看"。

图 9-2 《回武汉》MV 画面节选 1

图 9-3 《回武汉》MV 画面节选 2

2020 年的初春虽然非常艰难，但彼此相亲相爱、乐观的人总能找到生活中的一丝光亮，支撑彼此渡过难关。《回武汉》项目希望通过音乐旋律为人们带去一些慰藉和力量、带去好运与健康。

四、执行路径

（一）多方协同的制作历程

MV 的制作得到了多方的协助，也有音乐公司在背后的支持。W 公司在加拿大温哥华组建的制片公司"W 野狗骑士团"也启动了逆时差全球协助模式，负责人哈默（Hammer）一直与身在中国的 W 野狗团队并肩作战。同时，滚石唱片的创始人段钟沂先生作为支持者，也对 W 公司的本次公益项目做了专业的指导，最终在多方协助下完成了 MV。

（二）视频平台与社交媒体的渠道共振

在《回武汉》MV 的传播中，哔哩哔哩成了主要的媒介渠道，该 MV 上线了哔哩哔哩网站"抗击肺炎"实时专区。2020 年，哔哩哔哩第一时间联合央视新闻，在哔哩哔哩开设"抗击肺炎"频道，在热门等栏目下也设置了疫情专题页的入口，帮助用户从疫情动态、疫情现场探访、专家解读、预防科普知识等多方面了解疫情，学习防疫知识。

此项目通过短视频的形式向大众进行广泛传播，受众可以在短短几分钟内就听到抗疫歌曲核心的内容，并即时点赞、评论和转发，因而在最大程度上对抗疫歌曲进行了广泛的传播扩散。在融媒体时代，同样的信息可以在不同的媒体渠道上同时进行传播，传播的效率达到了一个新的高峰。因此，《回武汉》MV 在哔哩哔哩上线后，优酷、腾讯视频等多家网络平台纷纷转发，提高了该项目的传播效率。[①]

五、效果评估

（一）市场效果

在如今这个媒介融合的时代，除了官方专业媒体之外，有越来越多的自媒体活

---

① 王梓宸. 媒体融合环境下抗疫歌曲的传播模式探析［J］. 艺术评鉴，2021（15）：63-65.

跃于网络社交平台上，这些自媒体主动并积极地发布或转载抗疫歌曲，发挥了不可忽视的作用，使得抗疫歌曲的传播范围和速度有了明显的提升。可以说，自媒体的出现优化了音乐的传播模式，覆盖了更广阔的受众群体。

因此，0传播0预算的《回武汉》MV在哔哩哔哩上线后引发10余万人的分享，数万人从歌中得到了抗疫的力量。

（二）社会功能

音乐有其自身的社会功能，这种社会功能赋予了其特殊的意义与作用。它不但可以从社会精神层面上激励民众早日战胜疫情，同时也能够起到一定的"寓教于乐"的教育作用。特殊时期的音乐作品所具有的特殊功能，让大众看到音乐不只是用来欣赏和娱乐的，在特殊时期，这些旋律更可以承担起振奋人心、传递社会力量的重任。

音乐在人们认识、理解、改造世界的过程中，肩负着重要的责任和使命。人们借助音乐这一媒介来了解过往、把握当下，通过音乐创作者所阐述的观点、情感及意识来认识事物。从这个意义上讲，这部音乐纪录短片让人们传递出了武汉日常生活中积极的一面。①

第二节 4V理论解析：营销协同新思维成就音乐录影带现象级传播

一、4V理论

（一）4V理论的产生背景

21世纪，高科技产业迅速崛起，高科技企业、高科技产品与服务不断涌现，4V营销理论应运而生。互联网、移动通信工具、发达交通工具和先进的信息技术使整个世界的面貌焕然一新，因而原先企业和消费者之间信息不对称的状态

---

① 马萌 . 疫情之下音乐的社会功能新论［J］. 知识文库，2020（17）：176–177.

得到改善。沟通的渠道也日益多元化，越来越多的公司开始在全球范围进行资源整合。

（二）市场营销组合理论的演化

自 1950 年美国营销专家尼尔·鲍顿提出市场营销组合概念后，密歇根大学教授杰罗姆·麦卡锡将市场可控因素总结为以价格、产品、渠道和促销为基础的 4P 理论；之后围绕"顾客需要什么"及"如何才能更好满足顾客"两大主题，美国学者劳特朋教授提出以消费者、成本、便利、沟通为基础的 4C 理论；2001 年，美国学者唐·舒尔茨顺应信息时代的变化趋势，提出 4R（关联、反应、关系、报酬）营销组合理论，以便实现企业与顾客的互动共赢。21 世纪，随着互联网的发展与高科技产业的兴起，国内学者吴金明等人提出了 4V 营销概念，"4V"即差异化（Variation）、功能化（Versatility）、附加价值（Value）、共鸣（Vibration）。4V 理论注重商品与价格的弹性，并根据消费者不同的需要提供各种选择，让消费者与品牌发生情感上的共振，该理论给广告经营带来了一种新思维。

（三）4V 营销理论的内涵

4V 营销理论是指同时运用差异化、功能化、附加价值、共鸣的营销理论。

4V 营销理论强调企业要实施差异化营销，以与竞争对手区别开来，树立自己的形象；另外，也可使消费者相互区别，满足消费者的个性化需求。同时，4V 营销理论在产品和服务上有更大的柔性要求，可根据消费者的具体需求进行整合。①

1.差异化营销

企业凭借其自身的优势（技术优势或管理优势），生产或提供在性能、质量上优于市场上现有同类竞品的产品或服务，其重点是体现差异，彰显有别于其他品牌的特点；抑或是在营销上，通过其独特的宣传活动、促售方式或售后服务，在消费者心中树立明显有别于其他品牌且足够良好的形象。具体来说，差异化可分为产品差异化、形象差异化和市场差异化三种。

---

① 吴金明.新经济时代的"4V"营销组合［J］.中国工业经济，2001（6）：70-75.

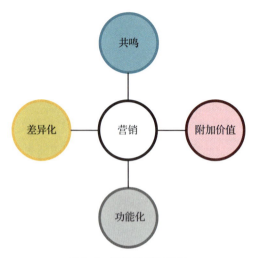

图 9-4　4V 营销理论示意图

● 产品差异化：企业提供在质量或性能方面优于市场上同类竞品的产品，由此形成独特的市场和客户忠诚度。

● 形象差异化：企业通过整合顾客的品牌接触点和 CI 战略（企业形象战略），借助新闻媒体，在消费者心中树立良好的企业或品牌形象。

● 市场差异化：由企业的销售条件、销售环境等具体市场因素所造成的差异，主要涵盖销售价格差异、分销渠道差异和售后服务差异。

2. 功能化营销

企业产品或服务在顾客心目中的定位可以分为三个层次：核心功能（即产品的基本功能或主要功能）、延伸功能（基本功能的纵向延展）以及附加功能。

3. 价值化营销

企业产品的价值主要包括基本价值和附加价值。基本价值由生产和销售某产品的物化劳动和活劳动的消耗所决定。附加价值由技术附加、营销或服务附加以及企业文化与品牌附加三部分所构成。而从当今发展趋势来看，前者的比重在逐步下降。

4. 共鸣营销

共鸣营销，顾名思义就是通过营造共鸣来打动用户。而打动用户的关键就是建立情感关系上的"共鸣"。"共鸣"是企业或品牌利用同理心来引发受众的参与感。

共鸣营销主要从以下两个方面来实施：

（1）产品层面的"共鸣营销"。从产品、功能、实用性的角度去深挖能够引起目标受众共鸣的信息，并将此信息传播出去，使其得到目标消费者的认可，进而激发情感共鸣。

（2）品牌层面的"共鸣营销"。从品牌、价值主张层面去挖掘能够引起目标受众共鸣的信息，这个信息可能与目标消费者的期待或愿望相吻合，从而赢得其价值主张的情感共鸣。

二、基于 4V 营销理论的《回武汉》社会营销解读

《回武汉》获得了第二十届数字公益广告银奖，值得我们注意的不是"广告银奖"，而是"数字公益"。现代社会已经进入数字化时代，新冠疫情将数字化推上新高度，隔离将人与人之间的距离拉开，将人与数字拉近，让二者变得密不可分。既然数字化时代可以将我们的生活数字化，公益同样可以。

进入 20 世纪 80 年代之后，随着高科技产业的迅速崛起，高科技企业、高科技产品与服务不断涌现，营销观念、方式也在不断丰富与发展，独具风格的新型理念开始形成。4V 营销理论更加重视产品或服务中的无形要素，通过品牌、文化等满足消费者的情感需求。

（一）差异化

1. 产品差异化

唱片公司的竞争无非用歌手、乐团所推出的专辑的销量作为评价标准，但是 W 公司所瞄准的不是专辑销量，而是歌曲本身是否有能力呼应当下的需求，而《回武汉》的创作也印证了 W 公司的成功。

在疫情这个特殊时期，歌曲要有带来正面影响的价值才能够打动人心。要将歌词转化成力量，靠的是"共鸣"和"人情味"。公开征集每个人在家中的隔离情况，用影像与其他不在武汉隔离的市民形成共鸣，可以最直观地告诉他们身处武汉的人的环境和情况。如果 MV 没有隔离片段，这只是一个为武汉加油打气的 MV；如果只有隔离片段，而没有其他人对武汉支持和鼓励的声音，也达不到共鸣的效果。W 公司所瞄准的就是两个部分的结合，作品不仅让受众有共鸣，体会到被困武汉的人

的心情，也不乏来自四面八方的支持声音，将 MV 拔高，将这个作品与其他的音乐作品区分开来，成为别具一格的 MV。

2. 市场差异化

在疫情期间，W 公司能够进行歌曲创作，并且联合哔哩哔哩推出这一场社会公益活动，这件事本来就不容易。在此期间，没有其他的公司尝试过同类型的活动，因此，W 公司在市场上得天独厚。

W 公司的做法是用"没有资源，就征集资源；条件不够，后期来凑"这种方式来创作歌曲。W 公司所说的资源是《回武汉》的 MV 片段，通过呼吁全城、全国的人来提供素材，不仅解决了资源不足的问题，也让《回武汉》更具有"人情味"。"条件不够"的意思是疫情管控下，创作人、制片人、歌词创作者都不在同一个地方，而是来自四面八方，也因为这样的情况，《回武汉》MV 可以说是疫情背景下限定制作的歌曲。

3. 形象差异化

W 公司通过强烈的品牌意识、成功的企业战略，借助于媒体的宣传，在大众心目中树立起良好的形象，从而使得受众对 W 公司的歌曲和歌手产生偏好。

我们可以在各大媒体网站和视频分享平台中看到很多医护人员的努力和拼搏，他们的艰苦和毅力让很多人感动和心酸，但是有没有视频是为被困家中的武汉市民打气的呢？有，但是不多，而且宣传不足，这些视频和打气贴文被掩盖在"医护工作者""武汉疫情""武汉加油"等主题内容当中，因此 W 公司想创作一首为武汉市民加油打气的歌，而且创作的手法是透过视频和云分享，召集各国各地的人来进行创作。用歌曲来为社会发声和打气这个手法并非创新之举，但是内容可以创新。《回武汉》差异化的地方在于这首歌的 MV 是为武汉市民打气，因此才可以做到上线后引发超过 10 万人分享。

（二）功能化

歌曲有三个层次的功能：一是核心功能，存在的意义是因为音乐可以满足人听歌的需求；二是延伸功能，有些人认为听歌可以舒缓压力，也有人因为与一首歌产生共鸣而喜欢这首歌；三是附加功能，音乐不再是音乐，而是一种分类的工具，有人用音乐来区分不同情况，比如在兴奋开心的时刻不会听伤感和悲情的旋律，也不会在伤心难过的时候听让人兴奋不已的歌曲，这种附加功能是创作者和听众赋予歌曲的，不是歌曲本身所拥有的。

W 公司当时创作歌曲是为了鼓励武汉市民，歌曲 0 传播 0 预算，之所以可以做到超过 10 万人转发，是因为有人感同身受。功能化很重要，创作者将目标定为市民，而不是医护人员，因为已经有众多媒体描写医护人员的故事，却鲜少有人写市民的故事，因此，歌曲的功能化被加强。W 公司想要创作歌曲来鼓励这些人，希望透过音乐来疏解压抑的情绪，希望更多人了解武汉的情况从而对他们伸出援手。歌曲不再是影响心灵层面的事物，创作者可以透过音乐来影响社会，有些受众没有能力为武汉提供物资和金钱的帮助，但是可以转发这首歌给在武汉的人，让他们知道有很多人在支持他们，这也是一种鼓励和支持。参与制作音乐的环节也是一种功能化，W 公司公开征集素材和资源，让 MV 体现出更高的价值。音乐并不是在实质上给予他人帮助，而是通过一只无形的手拉近人与人之间的距离。尤其在疫情期间，隔离拉开了人与人的距离，而音乐在拉近距离，这就是《回武汉》的存在价值和功能。

（三）附加价值

1. 借势企业文化与品牌的附加价值

消费者在对作品做出行为决策时，考虑的不仅是作品本身的实际效用，也有出于对其品牌价值的考量与投资，因此品牌建设十分必要。[①]

《回武汉》作品在推出之时，就收获了"虽是复刻自己，但本次立意更宏大"的评价。事实上，除了利用 W 公司先前原创 MV《回海上》自带的热度获取受众关注外，《回武汉》更多的是借企业文化与品牌之势，提升作品附加值。

W 公司凭借"不做创意人，只做创造者"的叛逆宣言和"say no"的鲜明旗号早早在一众广告公司里出圈，有着强烈且独特的品牌调性和风格。[②]《回武汉》作为其"唱给未来广告的歌"栏目里的最新作品，"W 味"十足，为引发受众较多关

---

① 李宗富，周晴. 4V 营销理论视域下的档案文化创意产品营销策略分析［J］. 档案与建设，2019（12）：28-32.

② 曾欢. 李三水和他的广告公司 W，一只"野狗"的生长［EB/OL］.（2017-04-24）［2022-11-16］. https://www.huxiu.com/article/191570.html.

注和热议奠定了坚实的品牌基础。

图9-5　W公司"唱给未来广告的歌"系列作品

同时，W公司也为《回武汉》这一MV作品推出了其他辅助宣传形式，例如W风格的手绘海报、条漫形式的疫情居家建议等。这些都让作品的宣传得到了品牌文化的附加价值助力。

图9-6　W风格的手绘海报

2.提高作品技术创新的附加价值

尽管现实面临诸多不便，但事实上，《回武汉》作品中技术创新的部分仍为其带来了巨大的附加价值。

tips1:
在家做好保暖.
千万别感冒

tips2:
餐品尽量营养,
必要时可有一些精神寄托

tips 3:
居家别犯懒,
多锻炼增强免疫力

tips4:
带好口罩,
带好口罩,
一定带好口罩！

tips 5:
闭门不出不忘多充电,
学习画来盆友们

tips 6:
照顾好心理健康,
兴趣爱好发展起来

图 9-7 W 风格的条漫形式的疫情居家建议

借助便捷的媒体技术，以及对设计品位和价值创新的重视，W 公司通过对录音、图片、视频处理软件的娴熟应用，制作出了一份高水准、高质量、高口碑的 MV 作品，受到了大众的热烈欢迎和赞许。

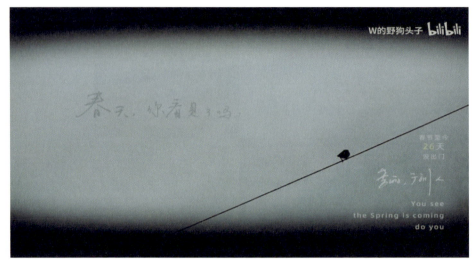

图 9-8　MV 中备受好评的设计

3. 通过社会营销，为作品附加文化价值

附加价值要求营销团队注重开发附加产品，或通过事件营销的社会效应为产品赋值。[1]《回武汉》作品巧妙运用了名人效应、平台助力等制作、宣传手段，为作品附加文化价值，从而为其进一步推广助力。

一是借助名人效应、权威认同，提升作品的附加文化价值，从而扩大作品的影响力。例如，在 MV 作品中致敬新冠疫情中坚守一线、贡献重大的钟南山先生，增加其说的"武汉本来就是一个英雄的城市"到共创歌词中；邀请亚洲最大的独立唱片公司"滚石唱片"的创始人段钟沂先生进行专业的指导。

二是通过主流媒体平台的宣传进一步提升受众对于作品的关注度，扩大作品的影响范围。虽然受疫情影响，人们无法参加线下公益活动，但是人们可以通过网络媒体参与到支持抗击疫情的各项公益活动当中。

---

① 林晓雪 . 4V 理论视角下国产喜剧电影营销策略研究——以《你好，李焕英》为例［J］. 视听，2021（7）：61-62.

图 9-9 致敬钟南山先生

图 9-10 邀请段钟沂先生进行专业的指导

W 公司以哔哩哔哩、滚石唱片作为主要的合作伙伴，联合大众共创了一首写给武汉的歌。音乐的影像画面和歌词皆由不同的、真实的、被困在家里的普通人共同创作而成，唱出了平凡人的心声，提升了活动和作品的影响力。同时，W 公司又联合广告门、搜狐新闻、新浪微博、腾讯视频、搜狐视频等辐射范围广、具有较大影响力的平台进行宣传，以保证话题的持续发酵和后期良好的口碑传播。

4. 内容的选取坚持受众导向，附加情感价值

要与受众建立共鸣，内容生产者就要树立受众本位理念，坚持受众至上导向，从而使得作品满足受众的情感需求和价值期望。[①]

首先，W 公司全面考虑信息传播与服务，追求信息传播各个环节的价值创新。[②] 在微信公众号、数英网站等平台详细说明了作品背后的故事，附加情感价值，从而获得了受众尽可能高的忠诚度。

具体做法包括：讲述共同情境（收到居家隔离的短信通知）；呈现创作心路历程（附上主创团队的感受及其努力工作的照片）；许下美好愿景（作品结尾处致辞）。这些做法使受众得以更加深刻、全面、完整地了解作品，也极大地提升了作品的情感附加价值。

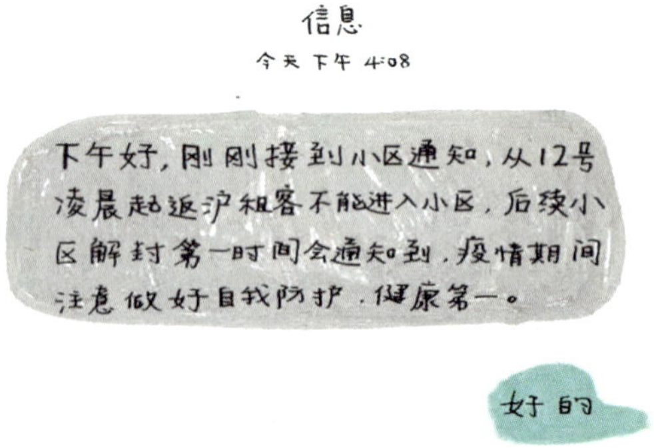

图 9-11　收到居家隔离的短信通知

① 于红岩. 基于 4V 理论的蓝莓饮品网络营销策略研究 [J]. 现代营销（下旬刊），2019（12）：102-103.
② 李宗富，周晴. 4V 营销理论视域下的档案文化创意产品营销策略分析 [J]. 档案与建设，2019（12）：28-32.

出不去门该怎么录制和创作？
洋枪土炮一起上

图9-12　主创团队工作期间的照片

......

2020年的开头虽然是暗夜hard模式
但我们总能找到一些光亮支撑我们通关
希望看到这篇文章的你一切都好
希望这首《回武汉》能够带给你一些慰藉和力量
希望野狗们的祝愿，能够为你带来好运
希望每个人健康
希望前线的大家平安回来
希望春天快来，大门打开
都能平安回武汉，都能好好的回家
回到我们看起来最普通平凡
却也是最幸福的日子里

最后，要感谢所有参与创作和给到支持的工作人员
联合推广伙伴和媒体朋友们
没有你们，就没有这首歌

图9-13　作品结尾处致辞

（四）共鸣

1.通过 MV 共创形式，实现文化与情感共鸣

共鸣就是企业为消费者提供的最大效用价值能够符合消费者的价值期望，强调企业能够持续地进行价值创新并满足消费者对产品及服务的要求。共鸣的产生，有利于提升消费者的忠实度，培养出产品的稳定消费群体。①

---

① 吴妍珏，文杏梓.基于4V营销理论的我国新式茶饮品牌差异化营销战略探析——以"茶颜悦色"为例［J］.商场现代化，2020（17）：91-93.

在这样的大环境下，受众关心的内容自然也以疫情为主。W 公司看到了这样的客观需求和痛点，联合哔哩哔哩、滚石唱片，对外征集"隔离日记"。

主持人白岩松在第十三届文化中国讲坛上说："中华民族浓缩在文化基因中的胸襟、气度、爱国爱民的家国情怀和人文精神，相信这些一定会给予我们从大疫到大治的力量。"[1]《回武汉》作品就集中体现了互帮互助的中国文化，承载了万众一心的中国精神，具有丰富的文化价值和情感价值，为人们提供了连接彼此的介质与通道，从而成功实现了受众与品牌的深层连接和共鸣。

2. 探索疫情全新视角，创造价值理念共鸣

W 公司这次的公益活动希望从一个之前不太被人关注的全新视角进行，以轻松日常的 vlog 形式的 MV 作品让普通大众发声，鼓励人们用更平和、从容的心态去面对疫情。这是这个公益作品最有意义和创意的地方。

"普通人也可以为疫情发声出力"的公益价值理念，具有人文关怀，能打动受众，引发共情，从而让品牌与受众建立了价值共鸣——融商业营销与公益理念为一体，获得受众的认可，树立良好的口碑与形象。

3. 创新传播方式和渠道，提升用户体验共鸣

随着网络技术的快速发展，人们迎来了新媒体时代。信息传播的平台与形式都发生了巨大改变。[2]新媒体时代其实就是一个人们能够通过网络进行沟通、获取信息资源、实现资源共享、参与社会舆论的信息化、网络化的时代。它具有信息传输速率不断加快、传播内容海量化、传播主体日益增多等典型特征。[3]

因此，为了抢占受众，品牌必须使受众获得最大程度的满足，因而必须创新传播方式和渠道，提升用户体验共鸣。[4]

W 公司借助网络媒体，进行多样化与灵活化的传播。例如，创作历程分享中不仅仅有文字，还包括图片，甚至视频等；《回武汉》作品当中展现的歌词、画面素材来源广泛，形式丰富；同时，W 公司也借助哔哩哔哩平台与受众进行互动，参与话题讨论。这些创新传播方式和渠道极大地提升了用户的体验共鸣。

---

① 张曼玉.在抗击疫情中，中华优秀传统文化发挥了重大作用［N］.中国青年报，2021-10-22（4）.
② 孙美琳.探究"碎片化"背景下的新媒体传播［J］.传媒论坛，2021（23）：45-47.
③ 曾文希.新媒体时代新闻传播的特点及发展趋势分析［J］.传媒论坛，2021（22）：59-61.
④ 丁强.4V 理论在内容发布平台的营销应用研究［J］.新媒体研究，2018（19）：57-58.

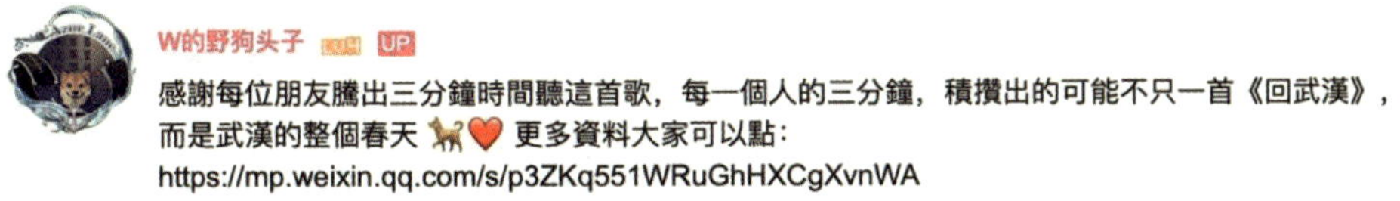

W的野狗头子

感謝每位朋友騰出三分鐘時間聽這首歌，每一個人的三分鐘，積攢出的可能不只一首《回漢》，而是武漢的整個春天 🐕❤️ 更多資料大家可以點：
https://mp.weixin.qq.com/s/p3ZKq551WRuGhHXCgXvnWA

图9-14 W公司在哔哩哔哩与受众互动

4.关联互动频繁，增加与受众的共鸣范围

如何建立自身品牌的壁垒是品牌营销成功的关键因素之一，但产品、顾客与体验仍是营销最重要的本源，这很大程度上依赖于企业与顾客的关联互动。[①]

除了歌词、视频共创，与受众沟通作品创作过程，分享主创团队心路历程之外，W公司还通过微信公众号、新浪微博、数英等平台与受众进行互动，例如"看图猜彩蛋"活动，就有效地拉近了作品与受众之间的距离，为进一步开展宣传活动、扩大受众共鸣范围奠定了良好的基础。

第三节 案例访谈："音乐广告安抚情绪，正向引导社会舆论"

一、公司介绍

W公司是亚太市场中业界公认的顶尖独立营销机构，坚守"不做创意人，只做创造者"的企业价值观，创造"野狗文化"，坚持"服务不得志的创造者"的企业使命，践行"让人们为知识化娱乐买单"的企业愿景，通过打造"W超媒体"矩阵，实现了品牌营销行业的有效迭代与升级。

除持续创造高水准广告外，W公司还和国际国内各大品牌跨界联营音乐、演唱会、电影、电台、漫画、杂志、装置、艺术、潮玩、时装、教育、电商、自行车、会展、互动科技、游戏开发、健康运动平台等"超媒体"文娱产品，时刻牵动

① 吴妍珏，文杏梓.基于4V营销理论的我国新式茶饮品牌差异化营销战略探析——以"茶颜悦色"为例［J］.商场现代化，2020（17）：91-93.

行业趋势。

W 公司主营业务包括品牌跨界、企业战略、超媒体行销、音乐营销、电影宣发、艺人经纪、游戏开发、国际策展、系统教育、体育创新、潮流内容创造等。

二、采访对象

图 9-15　W 公司创始人李三水

李三水，W 公司创始人，于 2016 年被《第一财经周刊》评为 50 位创新者之一。他先后在多家广告公司，包括中国本土公司、国际 4A 公司和国际创意热店，站稳脚跟。他在行业内获得了无数奖项，并获得了丰富的品牌运营经验。在他的主导下，一个极具个人风格的新营销组织出现了：W 公司。他坚持"不做创意人，只做创造者"的理念，并迅速将 W 公司打造为亚太市场中业界公认的顶级独立营销组织。

他包揽了国内外行业顶级奖项 638 余项，先后入选中国年度商业创新 50 人、Campaign A–List 年度广告名人堂及 Campaign 年度最佳创意人，历任 CIA 中国独立创意联盟主席，中国艾菲奖、中国 4A 金印奖、龙玺创意奖、金瞳奖、虎啸奖评审主席，One Show、LIA 伦敦广告奖、纽约广告奖、华时代全球电影短片节评审等。

三、访谈记录

（一）关于音乐广告

Q：在疫情之下，音乐广告的优势是什么？

A：受疫情影响，基本上所有的商业活动都停滞了，其实不光是商业，整个社会都进入停滞的状态。在这个时候，大家想听到的声音不再是谁家的货更好、什么样的广告信息更具有传播性，大家最需要的是情绪的安抚和社会舆论的正向引导。但是他们不想听很多长篇大论，此时音乐广告是一个比较好的选择，因为音乐此时是最联通人性的。

Q：您对音乐广告的理解是什么？

A：我们对音乐广告的理解跟很多人不太一样，特别是跟很多同行相比。很多营销人把音乐广告等同于广告歌，认为它的本质首先是广告，其次是歌、是音乐。但是 W 公司对音乐广告的理解从来都不是把它当成广告歌，首先它是音乐，其次它刚好在广告范畴内，这是 W 公司在最早的时候就提出"唱给未来广告的歌"的初衷。

（二）关于创作之路

Q：当时是什么契机让您想做《回武汉》这个音乐广告呢？

A：我们公司曾经创作了一首脍炙人口的歌，叫《回海上》。那个时候我们就在想，其实每一个城市都需要一首歌，我们希望能够为地缘经济，为这个区域市场去打一个样，这是 W 公司作为创造者在商业模式上的深度思考，也是我们在表达上的特有的习惯。

2020 年，武汉成了大家最关注和最揪心的所在。于是，我就在想我们是不是可以为武汉做点什么。所以我第一时间就找了滚石唱片，也找了哔哩哔哩，最后创作出了《回武汉》这个作品。

Q：您觉得在创作过程中给您留下印象最深刻的事情是什么？

A：大家可以看到，音乐里面的歌词是由每个人写的一句话汇集而成的。其实这些话我们都进行了一些修改，只是改变了它的说话方式，没有改变它的原意。因为毕竟不是所有人都会写专业的文案，也不是每个人都懂得音律或者节奏的。所以，其实那些看上去好像很随意的话，包括《回海上》，它背后的文案都是经过一些精心处理的，只是它被处理到没有痕迹。

Q：我们有看到那两张手绘的图片，您可以解释一下其中的含义吗？

A：首先，可以看到上面有很多家参与公司的名称，包括中国科幻协会、火星学会，还有中国台湾的《广告人》杂志、ADM、滚石文化等。这不光是一次创作，它更像是资源在最短时间内的迅速打通，所以我觉得这就是专业的力量吧。不然的话，它就变成一个"网友做作品"了。其次，你看到我们的产品叫"唱给未来广告的歌"第 12 季，出品方是野狗音乐舱。上边有一个图标是 W 野狗骑士团，其实当时我们借助了温哥华的制作公司来帮助我们迅速地进行集锦和剪辑。所以从某种意义上来说，这个作品也代表着国际和国内的机构之间的串联。

回到这个手绘作品本身。我们想让整体变得轻快一点，而 W 公司的形象是野狗，所以野狗的朋友就一定是动物们。

其实 W 公司一直是一家很冷静的、很理性的公司，所以你也可以说野狗冷眼看世界。它在看着这个世界的发展，在思考到底背后的真相是什么，不轻易就脑子一热或者是心血澎湃。第二张就偏向于被困的状况，而手牵手的背后其实是感谢各个机构，只有大家互相牵手、互相帮助才能走出病毒迷宫，而迷宫的形状就是新冠病毒，所以说你可以看到其实它包含了很多巧思，包括"回武汉"的字体设计也是拼凑的，跟《回武汉》的创作形式进行了呼应。

（三）关于发布后的反馈

Q：有些受众反映歌词的内容只是碎碎念的叙事，没有触动内心，觉得歌词凝练一些或许会更好，您如何看待这样的质疑呢？

A：我相信每个人肯定对这个音乐会有不同的看法，但我觉得滚石唱片的段董对这个作品的肯定在很大程度上代表着音乐界的认可，也就是说，在专业度上它是达到了专业级别的。实际上，W 公司的音乐也拿到过台湾金曲奖，所以说，我们表面看上去好像很云淡风轻，但其实它是一个有专业水准和专业能力在背后支撑的作品，不然也不会拿这么多奖项。

Q：《回武汉》和《回海上》属于一个系列，但是有人评价说，虽然是复刻自己，但是本次的立意更宏大，您是怎么看待这种评价的？

A：其实我们对任何的评价都没什么看法。首先，它是一个大众传播物，大众认为的好与坏其实跟我们已经没有关系了，不管是对作品的认可，还是对创作意图的揣测，因为我觉得这个作品本身就属于传播端，属于社会端。至于宏大不宏大，我认为都可以，但是我只希望我们做的所有的东西是能够以小见大的。在一定程度上，我们是不喜欢小情小爱的，或者不喜欢刻意把东西做得非常高大上，或者讲一些大家都已经知道的废话，或者说一些大道理。本质上，我们是拒绝所有套路化的东西的。

Q：有人评价说，MV 很有滚石和 W 的风格，可惜跟哔哩哔哩没有什么关系，它出现在哔哩哔哩上有些违和感，您是怎么看待这一评价的？

A：一开始哔哩哔哩是想要加入一些个性化内容的，例如当时它希望有些歌词出现的方式是弹幕，但我们有意把哔哩哔哩性质的一些东西去掉了。逻辑很简单，这个作品体现了一个商业平台的公益之心就足够了。

平时其他的广告还是坚守"不同的内容适配不同平台"的原则，会考虑平台的调性问题。因为平台的受众都不一样，这是专业基础。

Q：您如何评价《回武汉》带来的影响呢？

A：我们在发布之前就有一些简单预期。我们觉得应该会不错，因为那个时候我们是第一个用音乐为武汉加油的人，后面就出现了许多这样的人或者群体，他们都是受到《回武汉》的启发。不仅仅是用音乐，其他各种各样的方式全都被运用起来了。所以说，我们应该是第一个带头的人，事实上也证明那个时候的传播效率和传播效果都很不错。

（四）关于 W 公司未来的音乐营销设想

Q：我们了解到《回武汉》已经编入"唱给未来广告的歌"第 12 季，还属于"W 野狗音乐舱"，"W 野狗音乐舱"布局下有"唱给未来广告的歌""年度专辑""野狗电视台"和"野狗街声"等，可以简单介绍一下你们的音乐营销设想吗？

A：我们的音乐营销设想其实分成两部分，第一部分是产品，第二部分是模式。

产品主要是我们的唱片、演唱会、艺人包装和音乐人联盟，我们的"唱给未来广告的歌"这一系列，可以称为产品。比如，我们前段时间做的张震岳的小红书、乐课，我们帮助艺人创作的一些音乐，都可以称为产品。

很多公司是没有这种产品思维的，比如某个创意刚好要用音乐来表现，音乐只是它的一个形式，只是它的创意的一个加分项，但是音乐对我们来说首先是产品，其次才是对于未来的构想。

音乐对于我们来说还是模式。未来，W 野狗音乐舱和以上系列的产品都将会归到野狗舱。W 公司未来的整个事业图景的逻辑和变化都会被放入叫"野岛"的一个大型的商业模式中。而"野岛"涵盖了 W 公司的电影、音乐、游戏开发、艺术会展、产品开发、在线教育、知识分享等由公司运营的一些项目。

而在这一块上，我举几个例子。我们的电影《公民的野岛》拿到了上海国际电影节最高奖，这也算是破了行业的一个纪录——W 公司拍的电影能拿到上海国际电影节的最高奖；我们在温哥华成立的影视制作公司"W 野狗汽车团"也是一家电影级的影视制作单位；再比如说，我们开发的游戏"W 野狗游戏舱"，到目前为止，已经有 6 款游戏在 App Store 上架；我们的艺术会展"野岛展"，已经走到了第 4 季，这一切都会打包到"野岛"的商业模式中。

而音乐板块是"野岛"商业模式当中比较显性的一支，因为音乐的流通性和音乐的产品感比较好，也比较容易跟潮流文化和年轻文化嫁接起来。简而言之，可以说，我们是把音乐当成产品来开发，把音乐当成我们未来商业模式"野岛"当中重要的组成部分来进行投入。

（访谈人：李冰梅、李起瑄、南星林、萧泉谷、黄心怡、许诗佳、许仁爱）

第十章

让艺术治愈城市，用真诚唤起共鸣："山竹计划"诠释"社会提案"概念影响力

　　2018 年 9 月，台风"山竹"过境深圳，造成近万棵树木倒伏，这不仅破坏了城市样貌，给交通出行造成极大困难，也给全体市民留下了深刻记忆。SenseTeam 感官体团队全程亲历"山竹"，感受到它的巨大威力，目睹常年陪伴市民的大树被刮倒，于是希望断木"以另一种方式回到我们的身边"，这成为"山竹计划"的创意起点。团队将断木打磨成"椅子"，经过艺术改造，叠加了拟人化设计，并附上铭牌，搬运至公共空间中，使断木重新与人、城市产生连接。与椅子的互动过程，不仅重塑了深圳市民关于"山竹"的共同记忆，也加深了他们对深圳城市化管理与建设的理解和对共塑深圳城市环境的认同。同时，团队也参加了设计周、建筑双年展等活动，扩大了项目在专业圈层中的影响力，传播文本经过再生产与再讨论，扩大了"社会提案"概念的影响力。

第一节　案例复盘：借断木重生，阐释人、城市与自然共生的概念

一、项目背景

（一）城市与自然

2018 年 9 月 16 日 17 时许，台风"山竹"在广东江门台山海宴镇登陆，其影响遍及广东、广西、贵州、海南、云南、香港、澳门等地，并有人员伤亡情况发生。对于深圳而言，这是 30 年来遭遇的最强台风，人们用"惊心动魄"来形容这场灾难，它让人们重思城市与自然的关系。"我不希望再经历像'山竹'这样的超强台风，但大自然比我们想象的要复杂得多，我们根本不知道未来台风还能强到什么程度……"深圳市气象局副局长兰红平说。[①] 联合国报告显示，全球气候灾害数量在 21 世纪的前 20 年出现了"令人震惊"的上升，极端天气已经成为 21 世纪最主要的灾害来源。1980—1999 年间，全球报告的气候灾害事件数量为 3656 起，而 2000—2019 年间则为 6681 起。[②] 面对越来越频繁的极端气候灾害，气候治理已经成为全世界共同关注的议题，中国正积极参与全球气候治理进程并贡献力量，公益传播在这一过程中发挥着重要的议程引导、知识科普和社会动员作用。

图 10-1　台风中倒伏的树木

---

① 习凡超. 深圳气象局的"山竹"大考：惊心动魄过后，无一例因灾死亡 [N]. 澎湃新闻，2018-09-21.
② The Human Cost of Disasters: An Overview of the Last 20 Years（2000–2019）[R]. Centre for Research on the Epidemiology of Disasters, United Nations Office for Disaster Risk Reduction, 2020.

（二）人与城市

SenseTeam 感官体团队所在的深圳是一座年轻的移民城市。作为四大经济特区之一，深圳历经 40 余年发展迅速成为一座国际型大都市，这背后是极具包容性的城市文化对人才的长期吸引。2019 年，深圳常住人口有 1343.88 万人，其中非户籍人口 849.1 万人，占比超 63%。无数外来人口涌入，他们不受文化和地域所限，"来了就是深圳人"，作为城市建设者共同见证深圳的成长。

在年轻而包容的文化熏陶下，艺术正积极参与城市空间以及城市文化等多层面的生态建构，公共艺术成为深圳鲜明的文化符号。[①] 在艺术家、策展人、媒体人等的努力下，越来越多的公共艺术作品进入市民生活，走进街区与市民互动，定格为市民共同的城市记忆。

图 10-2　深圳地铁里的公共艺术

---

① 尹春芳. 公共艺术：深圳鲜明的文化符号［N］. 深圳特区报，2022-09-14（A08）.

二、内容创意

（一）灵感来源

"山竹"过境深圳，给城市带来极大的破坏。据不完全统计，城市里有近万棵树木倒伏，它们或被拦腰折断，或被连根拔起。创意团队身临其境，目睹了台风过境前后迥然不同的城市样貌，台风的巨大破坏力给人们的内心带来了强烈触动。

为了尽快恢复城市的正常运转，城建部门对随处可见的倒伏树木采取粉碎再填充的方式处理。数次目睹常年陪伴我们而已然刻入记忆的大树被粉碎的过程，团队成员非常惋惜，开始思考：这些树木是不是可以通过另一种方式回到我们的身边？围绕这一话题，成员们展开了一场针对树木重生再利用的头脑风暴。

（二）创意推导

创意前期，团队成员们接触到身份各异的人。他们虽身处不同圈层，但在经历过"山竹"这场灾难后，都以各自的方式表达对彼此的关切和善意，诠释对自然和生命的理解。成员们感受到一种全社会范围内的共鸣，由此，"山竹计划"一开始便超越了传统的客户关系，将全体深圳市民作为服务对象。因此，公共性是"山竹计划"首先要考量的因素，它指导了后续创意推导的各个方面，使其环环相扣。

首先，公共性体现在"椅子"这一呈现方式的选择上。团队曾设想过包括纯艺术在内的其他呈现形式，但考虑到项目不是仅面向专业人群，而是面向全社会公众，因此日常生活中随处可见的、具有一定实际功能的产品更为合适。由树干制成的椅子在公园、图书馆等公共场所可供栖息，而摆放在家中则可作为家具使用。

其次，团队召集数位艺术家对椅子进行改造，因为项目本身强调创意的开放性，艺术家能够不受限制地自行设计。这给每一把椅子注入了独特的精神内涵，以艺术方式表现人的主体性，营造出了更广泛、更深层次的公共意义空间。

最后，团队给椅子叠加了拟人化设计，并附铭牌，以增强与公众的对话感。团队专为椅子设计了一套卡通形象，希望公众能在会心一笑中感受到椅子的可爱。

至此，椅子本身便成为一种公共性极强的媒介。因"山竹"倒伏的树木在家具制造厂被打磨成椅子的形状而重获新生。经过艺术创作，椅子被搬运至公共空间或家中，与椅子的互动重塑了深圳市民关于"山竹"的共同记忆，加深了他们对深圳城市化管理与建设的理解和对共塑圳城市环境的认同。

三、传播策略

（一）传播价值

1. 留下人们共同对抗"山竹"的美好记忆：通过断木的重生表达人们面对灾害时的积极美好的心态。

2. 断木的回归象征深圳这座城市强大的生命力，展现深圳作为"创意之都"的创新精神。

3. 通过公共艺术营销事件，表现艺术关照社会、传递情感的价值。

（二）传播策略

1. 面向大众

（1）线下

a. 在产品上附加讨论空间

在倒伏树木制成的椅子上，烙印文案，同时，在椅子侧面镶嵌铭牌，对椅子进行标号，让受众知道这把椅子的出处，并通过这一方式让大众理解深圳乃至中国的城市管理和发展。

铭牌上印了二维码，受众扫描后，会出现 SenseTeam 感官体的公众号和推文，可以对"山竹计划"发表自己的看法、感受，形成一个数字化讨论空间。二维码的设计将数字空间与实体空间联系在一起，形成互动和相互补充，媒介之间相互连接，产生线上、线下的认知和合作。

b. 策展和使用

产品制成后，将被投放到公共空间进行相关的展示和使用。"城市广场"展览是"山竹计划"的首次亮相，以"山竹"椅子作为开始的媒介与主线，营造一个开放的公众聚集的公共空间。"山竹"椅子构成的小树林，产生叙事性与诗意化的对话语境。在这里，人们自由地欢聚、交流、阅读、思考。展览结束后，他们将被放置在城市公共空间，回归人们的日常生活。

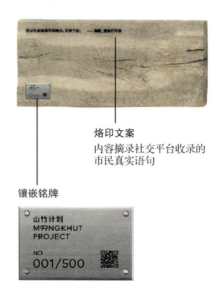

图 10-3　椅子上的文案和铭牌

c.展开公共讨论

在半开放的线下活动，如展览及分享会中，SenseTeam 感官体团队会对"山竹计划"进行分享，让更多人了解"山竹计划"的理念和执行过程，扩大"山竹计划"的社会影响力。

（2）线上

a.信息推送

通过在 SenseTeam 感观体及相关艺术设计类公众号上推送"山竹计划"以及展览信息，对艺术设计类公众号的垂直受众进行传播。同时，提供"山竹计划"讲座的线上直播方式，扩大信息触达人群，提高"山竹计划"的影响力。

同时，"山竹计划"在初期得到了政府的支持，许多官方媒体进行了即时性的报道，进一步扩大了受众的关注度。

b.影像传播

通过影像传播，建立起受众对于台风"山竹"的关注度以及对于台风后倒伏树木的处理方式的关注度。

● 街头摄影：台风"山竹"过境后，在街头进行拍摄，对灾后的城市进行记录，特别是树木受灾的情况。

● 纪录片：通过纪录片的方式记录下项目过程，通过网络"大 V"进行传播，引发前期关注与讨论。

2. 面向专业圈层

在概念形成后，"山竹计划"与多位艺术家进行合作，除此之外，"山竹计划"参加了设计周、建筑双年展等活动，在创意的专业圈层内形成讨论，呈现更加专业化的思考。

一方面，专业艺术家的介入，从另外一个维度帮助团队对"山竹"椅子的功能进行更广泛的探讨；另一方面，他们的艺术思维为"山竹计划"创造了更多的可能性与开放性，让整个过程变得更加有趣。通过与专业圈层的合作，达到了传播文本再生产与再讨论的效果，从文本意义上扩大了传播与讨论。

四、媒介选择

（一）第一阶段

在杂志、公众号等渠道中发布"山竹计划"相关信息，如设计杂志《Design360°》，SenseTeam 感观体、梵艺术 LEEVAN ART、深圳艺术资讯等公众号对"山竹计划"及其相关讲座与展览信息进行了推送，实现了圈层传播。

图 10-4　"Design360°"公众号截图

同时，"山竹计划"得到了政府的支持，深圳卫视等主流官方媒体也对"山竹计划"进行了即时性的报道，进一步扩大了传播受众群体。

（二）第二阶段

线下传播全面展开，参加设计周、建筑双年展等活动，举办案例分享会。在活动中，把"山竹"椅子摆放在活动现场，形成良好的话题氛围。在创意的专业圈层内形成讨论，实现更多专业性的参与。

- 深圳设计周"城市广场"展览。
- 深圳市少年宫"城市记忆：台风中的新深圳人"展览（"山竹计划"是其中的一个参展项目）。

图 10-5 "城市记忆：台风中的新深圳人"展览现场

- 2019 佛罗伦萨国际设计双年展（宁波美术馆）。

图 10-6 "山竹"椅子在宁波美术馆展出

● 无印良品发起的展览（深业上城无印良品旗舰店）。

展览为无印良品发起的活动分享，无印良品认为"山竹计划"的理念和风格符合他们的调性，于是邀请 SenseTeam 感官体团队在其空间中分享"山竹计划"成果。

图 10-7　无印良品展览现场

● 华为"花生兽"创意分享会。

图 10-8　华为"花生兽"创意分享会现场

● 2021GDC 设计奖展览。

"山竹计划"获得了 2021GDC 设计奖银奖。

五、执行路径

（一）项目投入与产出

项目总投资为 6 万 –7 万元，共产出 40 把"山竹"椅子。

（二）制作流程

收集木材——运输木材——木材挑选——烘干木材——椅面加工——椅腿加工——完成制作。

（三）设计细节

在产品设计上，团队尽可能保存树木原本的模样，顺着原有的肌理切段，并设计金属支腿，使在台风中倒下的"朋友"能够重新站立。对挑选出的断木进行烘干、去皮、打磨、刷油，符合家具制作标准。根据人体工学，设置椅子腿高度，用螺套安装固定。椅子色彩明快，显得可爱轻快。"我们顺应树干本身的纹理，让大众建立起很好的使用感受。每张椅子代表着城市里每一个人的多样性，每张椅子都能产生不同的兴趣点，椅子腿也像人的膝盖一样，这就是我们可爱、多样的'山竹计划'。"

每张椅子都具有独特的铭牌，并烙印了二维码，扫二维码可链接到"山竹计划"的官网，其中有作品介绍、宣传视频、创作过程、认购计划、活动报道、与艺术家联合的作品展示等。

团队还为此设计了一套视觉插画系统，通过小人与木头的结合创作了一些字体，用木头棍状的感觉来进行字体风格设计以反映项目的主题。

（四）策展与分享会

这些承载着集体记忆的椅子，也成为城市话题的开启者。在这个开放的空间里，人们自由地欢聚、交流、阅读、思考。"山竹计划"分享会邀请了涂鸦艺术家李昱昱、建筑师张博、产品设计品牌经理曾怡菁和摄影师白小刺围绕"城市可持续"主题展开多维探讨。

（五）艺术家联名创作

参与"山竹计划"的部分艺术家在艺术展上露面。艺术家李诗、谭轩、滕斐、李严、郝楠、欧阳魔菇、徐岚、冀皓天、王略、戴耘、李昱昱和首饰品牌东长创始人带着对自然、城市、生命的思考，利用"山竹计划"椅子的造型进行各自的艺术创作，用艺术赋予生活更多交流。

（六）政府沟通与社会支持

在项目启动时，团队与深圳市政府部门进行沟通，由于项目涉及对城市街道倒伏断木的收集以及产品制成后在公共空间的摆放，所以主要联系的是城管部门，需要与其沟通执行方案与项目主旨。

把椅子投放公共空间
chairs in
public Spaces

万人与椅子互动
Ten thousand people
interactwith chairs

场展览
Exhibition

场分享会
Sharing session

w+ 大众评论
Million+
Public comment

家媒体报导
Media Reports

图 10-9 "潜爱 DIVE4LOVE"公众号截图

六、传播效果

（一）内容价值层

SenseTeam 感官体团队认为，"山竹计划"效果远超预期。最初团队只是想用自己的专业完成对于事件的纪念，以及避免树木的浪费。但是等到"山竹计划"慢慢成形并投入社会，团队发现，大众对"山竹"话题有很强的共鸣，通过"山竹"椅子能很快理解项目创意的内涵。

有人评论道："我觉得，坐在这个椅子上时，我们在感受这个城市的温度，倾听这个城市的心跳。"

"山竹计划"以人与自然共生的情感价值为核心，通过线上线下渠道的整合传播矩阵，深化了深圳市民关于台风"山竹"与灾后修复的城市记忆，与他们形成了有效的沟通，引发了公众对人与自然关系的反思，拉近了人们之间的心理距离，引发了不同年龄层的大众群体的共鸣。

（二）品牌价值层

1. "山竹计划"在线上渠道中通过用 SenseTeam 感官体的官方账号发布信息来完成品牌的传播。在线下渠道中，通过在分享会中讲述品牌的工作内容、工作理想和工作成果，向公众和创意行业从业者传递品牌理念和价值。

2. 证明了共生、平衡的设计观念具有领先性，现实题材的创意作品具有广泛的社会基础，更容易为公众所接受；扩大了"社会提案"概念的影响力。

3. 提高了 SenseTeam 感官体团队在创意行业，尤其是环保相关创意行业中的知名度，展示了团队高度的社会责任感，扩大了品牌的影响力。"山竹计划"实施期间，团队收到了许多品牌的邀约，如华大集团、宏碁电脑、无印良品、极星汽车等，产生了"多米诺骨牌效应"，使团队在工作、客户以及社会之间形成了良性的"行业闭环"。

（三）艺术价值层

"山竹计划"引发了广泛的社会共鸣，引起了人们对自然、城市、生活的反思，得到了广泛好评。本项目以温柔的方式直面灾害，以艺术的形式表达态度，成为最具温度的大众传播。项目获得一项德国红点奖、两项德国 iF 设计奖、GDC 设计奖社会性实践类铜奖、Award 360° 100 年度文化品牌设计奖和年度社会设计奖、龙玺创意奖金奖和公益类大奖、中国 4A 金印奖一银一铜、金投赏银奖、虎啸奖两银一铜，并得到 30 多家媒体的关注和报道。

第二节　AIVSA 模型解析：品牌"社会实验"让消费者成为品牌价值的共创者和品牌的拥有者

一、AIVSA 模型：由价值观驱动的整合品牌传播

（一）从传统消费者行为模型（AIDMA）到网络消费者行为模型（AISAS）

1898 年，在单向传播的 Web1.0 时代，美国广告学家 E.S. 刘易斯最早提出传统消费者行为模型，该理论在营销界、广告界影响深远。传统消费者行为模型把消费者从感兴趣到最后购买的过程划分为五个连续的阶段：第一阶段是通过在报纸、电视、杂志等媒介上发布广告的方式引起消费者的注意；第二阶段是通过上述方式引起消费者的兴趣；第三阶段是刺激消费者的购买欲望，例如，提供免费试用样品、直观的参观体验等；第四阶段是给消费者留下记忆，例如，在销售过程中给消费者一个产品或卖家的印象，让消费者相信该产品优于其他公司的产品；在第五阶段，

消费者最终完成购买行为。

随着互联网介入社会生活，消费者的信息接收渠道不再局限于报纸、电视、杂志等传统媒介，互联网络的便利性为消费者提供了主动、快速地获取信息的机会，消费者不仅是信息的浏览者，也是信息的制造者，并且更加寻求消费过程的个性化和多样化。

2005年，在双向互动的 Web2.0 时代，日本电通集团推出网络消费者行为模型，这一模型更加适用于互联网背景下的消费者购物决策分析。具体而言，该模型包含五个阶段：第一阶段是获得关注，除传统媒体外，消费者还可以通过网络或终端媒体、口碑等方式接收产品信息；第二阶段是激发兴趣，一旦消费者对品牌或产品本身感兴趣，他们就会成为品牌的潜在消费者，从而成为整个品牌推广过程中的一员；第三阶段是进行搜索，消费者通过搜索引擎或其他促进消费者对产品进行了解的方式，在网络平台上更好地进行信息的交流整合，从而进一步参与品牌推广；第四阶段是执行行动，即消费者完成购买行为，购买可以在线下或者线上执行；第五阶段是共享信息，除了积极获取信息外，消费者还可以成为信息传播的主体，通过线上评价和口碑传播，与更多消费者分享体验。

与原模型相比，网络消费者行为模型的两个"S"是现代互联网对营销模式的突破。这表明，消费者的主动行为在购买流程中占据了重要的作用，也启发品牌方需要注意在消费者购买的流程设计中做好与消费者的行为交互。

（二）AIVSA 模型

随着移动互联网和移动智能终端的发展，以微博、微信为代表的表达型和创造型社会化媒体越来越受到用户的欢迎。每位消费者都是具有相对独立决策能力且具有一定线上和线下社交半径的个体，消费者进入 Web3.0 时代，其行为模式再次面临重构，社会化群体开始出现。

整合营销传播（IMC，Integrated Marketing Communication）意为整合多种传播方法和传播工具，对现有和潜在消费者传播一致的品牌形象。而在上述背景下，华南理工大学段淳林教授在其著作《整合品牌传播：从 IMC 到 IBC 理论构建》中提出了整合品牌传播（IBC，Integrated Brand Communication）这一概念。段淳林认为，社会性消费群体才是整合品牌传播的主体，而传播的概念远比营销更广泛，整合品牌传播是以品牌核心价值为中心，通过消费者参与品牌价值共创的方式来实现品牌价值最大化并塑造价值观认同的过程。① 整合品牌传播将消费者视为具有消费能力的社交群体，赋予消费者品牌传播的权力，使之成为企业品牌的共建者，同时，品牌核心价值从单纯的商品价值转为精神文化价值，且这一价值有待从产品和消费者层面上升到社会层面。②

由此，段淳林在传统消费者行为模型与网络消费者行为模型的基础上，结合Web3.0 移动互联网媒体平台特性和消费者群体生活状态，创新性地构建了 AIVSA 模型，即引起注意（Attention）、兴趣与互动（Interest & Interation）、价值认同（Value）、信息分享（Share）以及参与行动（Action）。

在由价值观驱动的整合品牌传播时代，消费者从关注个人发展转向关注社会发展，从物质需求转向精神需求。更重要的是，消费者社会性特点逐渐从心理需求外显为社交行为，他们除了表达个人诉求外，还乐于参与社会群体的讨论，从而完成品牌信息在社会层面的传播，成为品牌传播的主体、品牌价值的共创者和品牌的真正拥有者。这使企业也逐渐转变最初单纯以售卖为主的思维，在开展品牌活动时，更注重围绕品牌的核心价值展开，以寻求更长远和优质的发展。

二、基于 AIVSA 模型的"山竹计划"社会营销解读

（一）引起注意（Attention）

在整合品牌传播理念下，引起注意的内涵更广，不仅包括能引起消费者注意的商品和服务的信息，还包括一切能够实现品牌传播的信息。对"山竹计划"来说，引起注意的过程大致可以划分为三个阶段。

黑一烊在《Design360°》杂志的讲座中首次提到"山竹计划"。在前期，传播主要以相关圈层和网络"大V"为中心点向外扩散，人们先关注到"山竹计划"对倒塌树木的特别且有意义的处理方式，"SenseTeam 感观体""立梵艺术 LEEVAN ART""深圳艺术资讯"等公众号发布了相关信息，SenseTeam 感官体团队也通过街头摄影、制作短视频、制作微纪录片等方式，对灾后的城市，特别是灾后的树木进

---

① 段淳林. 整合品牌传播：从 IMC 到 IBC 的理论构建［M］. 北京：世界图书出版公司，2016.
② 佘世红. IBC：移动互联网时代对 IMC 的创新［J］. 销售与市场（评论版），2014（11）：78.

行了记录与呈现，引起人们对台风中倒伏树木的处理方式的关注。

在中期，产品生产出来之后，团队便开始将椅子投放在城市中，以公共设施的方式进入人们的日常生活，在实体空间吸引观众驻足。公共之物又以另一种方式回归公共视野，其服务性促使人们去思考创意的内涵。与此同时，在线上，一批媒体，特别是政府主流媒体，对投放产品与城市空间情况进行了报道，扩大了"山竹计划"的知名度，并宣传了"山竹计划"在自然、城市、生命等议题上的意义，将其嵌入社会发展过程之中。

到了后期，展览、分享会等各类线下传播活动全面展开。比如 2019 深圳设计周，团队顺应设计周"设计可持续"大主题，以"山竹"之名，发起"城市可持续"的公共分享。艺术家的创作与解读丰富了"山竹计划"的意涵，线下参与让人们可以面对面真诚地交流讨论，亲身体会到身体与环境发生的关联，从而引发社会热议，达到传播文本再生产与再讨论的效果，而此时引起的注意也将更加持久和深刻，"山竹计划"与城市相交织，与城市中的人们产生更为紧密和具有延续性的关系。

（二）兴趣与互动（Interest & Interaction）

在传统消费模式中，消费者往往在注意之后产生兴趣，产生兴趣的点是与产品、服务及品牌直接相关的信息；而在信息交互更频繁的整合品牌传播时代，消费者也可能对与自身价值观相符的社会化、生活化、娱乐化、游戏化和故事化的信息产生兴趣，进而主动了解与之关联的品牌、服务。[1]从消费行为模式的角度看，产生兴趣与互动是网络消费者行为模型（AISAS）中激发兴趣（I）的延伸，消费者的社会性逐渐从心理需求层面转变成社会化行为，消费者也更乐意参与到社会化的讨论中，这对营销和品牌传播产生了直接影响。

深圳是亚热带季风气候区，台风与深圳存在一种深刻的联系，成为深圳市民独特的城市记忆。在"山竹计划"中，椅子被投放到公共空间使用，成为一种展现的媒介，搭建出一个开放的社会化行动空间，人们可以坐在椅子上一同探讨各种城市话题。由此，椅子承载起公共话语与社会交往的功能，人们并非单纯地出于个人心理需求参与其中，而是践行着人性与自然的双重社会意义。

---

① 段淳林．整合品牌传播：从 IMC 到 IBC 的理论构建［M］．北京：世界图书出版公司，2016.

对 SenseTeam 感官体而言，以这样的社会化语言与公众进行沟通，能够将互动场景融入公共空间与日常生活中，引起与消费者的深度情感共鸣与价值认同。同时，倒伏的树木焕然新生，启示人们以积极的心态面对未来，"山竹计划"也希望留下人们共同对抗灾难的美好记忆，这是这个社会性项目所具备的能量。

值得一提的是，椅子的侧面还镶嵌了铭牌，铭牌上有一个二维码，人们扫描二维码后可以获知椅子的出处，并可以进入一个数字空间发表自己对"山竹计划"的看法、感受，形成一个数字化讨论空间。在西方国家，附铭牌具有很强的社会组织意义，通过铭牌告知特定信息的过程，构成了社会体系的环节，也把数字空间与实体空间联系在一起，形成互动和互补。

（三）价值认同（Value）

引发受众对于产品、品牌的价值认同和共鸣是公益营销传播的重要一环。"山竹计划"以人与自然共生的情感价值为核心，通过社会化的公益传播唤起人们的环保意识，期冀传递一种人与自然和谐共生的理念。SenseTeam 感官体团队希望传递给人们一种环保价值理念与一种重生的力量，而非通过该项目从受众群体中获得物质利益。而且在台风"山竹"袭击深圳后，许多深圳市民也自发地组织公益活动，帮助环卫工人与警察，这证明"山竹计划"的想法是具有社会基础的。"山竹计划"将成堆的倒伏树木制成椅子，并将其放置在人流密集的公共区域，如街区、公园、艺术馆和少年宫等，让倒伏的树木以另一种方式"陪伴"人们，吸引众多市民参与体验，形成了一种互动，以椅子为载体让受众感到设计团队想要传递的价值理念与人文关怀。

以椅子为中心，城市空间中衍生出了许多相关的想法与讨论，人们围绕椅子开始谈论与城市相关的议题，分享、塑造对城市的共同记忆，椅子自然而然地成了话题的开启者，设计团队想要传递的价值在人们的沟通中被不断解构、重塑，并凝聚成更为具体、更为深入人心的力量，汇入城市的复原力中，治愈整座城。很多人在了解了设计背后的故事之后表示，他们感受到了"山竹计划"带来的生活乐趣，这些椅子也带给他们莫名的亲近感。这是一种城市与生活者之间的共鸣，不仅让人能通过实在的感官体验这座城市，也能拉近人与人之间的距离。

在不同空间的互动中，这种椅子与人之间的隐秘联结加深了人们对于"山竹"和深圳这座城市的记忆，也通过椅子背后蕴含的品牌故事进一步了解了 SenseTeam

感官体团队的主张和理念。SenseTeam 感官体团队也因其秉持的人与自然的相关理念收到了很多品牌的邀约，这证明他们的价值被社会及公众所认同。

（四）信息分享（Share）

"山竹计划"理念的传递并不只是由团队孤立完成的，用户的参与和分享对于价值共享和意义共塑起重要作用。用户在接触到椅子后，便会开始体验的过程，并会与他人进行感想、意见的交流，因为"椅子"的存在，整个公共空间不再是流动的场所，而是变成了一个可以停下来的"虚拟客厅"，一个公共的沙龙空间。"椅子"能让人停下快节奏的生活脚步，在思想上轻松起来，在这样的情境下，人们交流的欲望也会增强，所以很多人会坐下来与周边的人进行交谈，这也是分享的一个途径。在这样的交谈中，对于"山竹计划"理念的认知也会慢慢显现，人们会在交谈中探索意义，比如在交谈中通过椅子上的二维码进一步探寻团队的相关信息，这种交流的灵感会促使他们在公共空间的留言板中留下自己的印记并不断影响其他人。将"山竹计划"的椅子放在人流密集的公共空间，能让路过的市民更切身地感受到其中蕴含的城市人文情怀，更紧密地将人与城市，人与邻里、同伴连接起来，形成一个分享的链条。

线上渠道同样是人们分享及传播的重要途径。因为用倒伏树木制成的椅子非常新奇，而且经过艺术家的创作、设计与加工，这些椅子也变成了公共空间内的"展品"，会吸引路过的人拍照并上传到自己的社交平台，起到扩散传播的效用，扩大"山竹计划"的曝光度和影响力。据项目负责人提供的数据，"山竹计划"相关内容在社交媒体平台上获得了超过 80 万次的评论与转发。相较于用铺张的宣传去浸润受众，"山竹计划"的核心更偏向于用真诚的创意打动受众，椅子与城市居民是一种相互感知的关系，用团队负责人黑一烊的话来说，这是作品本身所拥有的一种"修复力"。

在带有商业利益的营销传播中，"分享"环节是通过用户口口相传来实现广告主"口碑营销"的目的，在"山竹计划"中，团队更希望参与者能够传达椅子中的精神理念，通过人们的分享、互动，呼吁更多人参与公益活动，让人们更好地理解人与自然的关系，这是一种价值观念的传递与影响，裨益社会的发展。

（五）参与行动（Action）

让受众参与行动是该公益营销传播的最终目标，品牌满足了消费者的需求后，消费者做出购买决策并且参与到品牌的价值共创中来。"山竹计划"的初衷是让人们思考人与自然的关系问题，让人们参与到公益行为中，用行动来一起守护作为共同家园的城市——深圳。团队负责人提供的数据显示，在"山竹计划"的活动现场，总计有超过 10 万人与椅子进行了互动。人们与椅子的互动是在了解、认可项目传递的人与自然的理念后所做出的行动。在行为过程中，人们与设计团队建立了一种认可、信任的良好关系，且这种关系中还包含着同为深圳市民的亲近感，这种关系的培养与构建是公益传播希望达到的一种理想效果。

许多艺术家也自愿参与了"山竹计划"，这是他们对于该项目所传递出的价值理念的认同。他们参与到的公共艺术品创作中，给予这个项目良性的反馈，提供多元化的解读，丰富了"山竹计划"的艺术内涵。设计团队还在"山竹"椅子上设置了公共涂鸦区，人们可以在上面涂鸦、写字，参与到椅子的"二次创作"中。艺术家、公众和设计团队不断地拓展创意的边界和意义的广度，一同再造了对于城市的共同记忆并细化了人该如何与自然相处的构思。

公众的行为可以让项目持续发挥影响，产生长期效应。"山竹计划"后期，公众可以将"山竹计划"的椅子"领养"回家，其支付的费用会被用在 SenseTeam 感官体的下一个公益项目《DIVE 4 LOVE 潜爱》纪录片的拍摄上，这是公众支持下的品牌价值理念的延续。"山竹计划"不是一个孤立的活动，它所要传达的内容并不会因为椅子的迁移而泯灭，其蕴含的公益价值具有可持续性，公众的参与延展了"山竹计划"的价值链，这是团队富有创意的策略点，也是让用户与品牌方双赢且对大环境有益的一条公益营销路径。

第三节　案例访谈："城市和市民是我们最大的客户"

一、公司介绍

SenseTeam 感观体，是一家独立的综合型创意公司，专注于融会不同领域的创意技术，为客户提供广告、设计、空间及数字化的传播解决方案。公司名称源于对社会镜像的理解：快与慢、传统与当代、艺术与商业。"感观"代表着感觉与观察，主推新时代方向，将艺术与社会化数字传播领域融会结合。

SenseTeam 感观体团队获得过多项国际大奖，曾凭借作品《大生意Ⅲ》海报摘得 2011 年纽约 ADC 设计大奖插图类金奖，成为该奖项历史上中国本土创意团队拿到的第一个金方块奖，此外，团队也曾获得法国戛纳狮子国际创意节 2 项银奖以及美国 One Show 广告奖 1 项金奖、1 项银奖。

二、访谈对象

黑一烊，SenseTeam 感观体创建人兼创意总监、想得美艺术机构创建人兼主持艺术家，现工作生活于深圳、上海。他于 1999 年创建山河水团队，涉足品牌创意、视觉和空间设计、艺术创作、策展、文化出版编辑等领域；2020 年推出 SenseTeam 感观体，包括山河水、想得美、刚刚好、悉琅四个厂牌，分别对应创意热店、艺术实验、产品 IP、生活内容体验。

图 10-10　SenseTeam 感观体创建人黑一烊

他将平面、当代艺术、广告、建筑空间、城市、社会等不同的领域进行融会贯通，致力于用艺术解释生活、解释世界，作品常常呈现对于自然、生命和现实的思考。

三、访谈记录

（一）创意生成

Q：我们之前很少看到以自然灾害事件为创意来源的作品，您是如何从台风"山竹"袭击东南亚这一事件得到创作灵感的？

A：深圳是亚热带季风气候区，台风与深圳有一种深刻的联系。台风"山竹"对深圳的危害是相当大的，它给城市带来了一些破坏。当我们身临其境之后，我们才会对台风的破坏力产生真正的触动，这是创作的非常重要的灵感源泉。台风"山竹"自身就带有话题性，在台风来临之前，许多市民和机构都在讨论。

Q：您为何会选择以"树木"为载体进行艺术创作？

A：台风"山竹"过境之后，深圳的许多树木都被拦腰折断，甚至连根拔起，给城市出行带来了很大困难，政府相关部门为了移除这些折断的树木花费了很长时间。我们注意到在对成堆倒伏树木进行处理的过程中，相关部门采用了一种粉碎然后填充的处理方式。这种处理方式是很单一化的，团队成员们对此都感到非常可惜，因为树木的再利用不只有"粉碎"这一种方式。因此，我们就想要利用自己的创意和设计，去"消化"和利用这些木材，我们在思考"这些树木是不是可以通过另一种方式回到我们的身边"，其中也融入了我们对台风"山竹"的感受与想法。

Q：树木可以做成许多展品，您为何会以椅子的形态去呈现倒掉或死去的树木？

A：之所以选择用椅子的方式去呈现树木，是因为我们希望大家重新聚集在"街区"这样一个空间。街区是城市非常重要的组成部分，但很多街区都缺少一些基本的公共设施，所以我们想到了椅子。椅子可能是在街区中使用频率比较高的公共设施。比如大家走累了，可以坐在上面休息，它既简单，又实用。我们希望用这种带有服务性的公共设施去呈现树木，而不仅仅是一个景观性的东西。

Q：您提到会把"山竹"椅子投放到一些公共空间，在团队的设想中，希望将其投放到哪些空间？

A：我们希望树木可以回归到它们曾经出现的地方，像是以另一种形式陪伴我们。其中有一件事情对我触动很大，我住的小区门口有一棵树，但在台风中倒了，这忽然让我觉得这个环境与我记忆中的不太一样。所以，树木不仅起到遮风挡雨的作用，也让我们留存了一种城市的记忆。所以，我们想把它们放到曾经存在的街区，与大家建立某种关联，让记忆重新回到我们的身边，让它再继续陪伴我们，这同样也有一种诗意的感觉。

Q："山竹计划"是您与团队的独立创意，还是与政府或其他公益组织合作的呢？

　　A："山竹计划"是我们从自己的专业出发，在想法的雏形出现之后，开始与有关部门进行沟通而后实施的。我们尝试得到政府的支持，因为处理数量庞大的树木需要得到政府有关部门的审批。得到政府帮助之后，我们到树木处理厂去挑选适合做"山竹"椅子的木材。所以，这是一个由我们自行发起、在政府有关部门支持下进行的一个项目。

　　Q：我们注意到您穿梭于品牌设计、艺术创作、策展出版等领域之间，在商业项目中融入了很多城市、文化、社会的思考，这对您孕育"山竹计划"有无影响？这样的影响是怎样体现在项目中的？

　　A：我们团队有个专业说法，叫做"混合动力"，因为我们是一个跨学科的创作团队，有品牌平面设计、品牌设计广告、空间艺术、新媒体和室内设计等，这种多学科的背景让我们能够独立完成一个项目。"山竹计划"就发挥了我们团队多学科的优势，我们希望它不仅是一个设计，更多的是一种城市互动和创意，可以与大家发生更为紧密的关联。

　　Q：通过"山竹计划"，团队希望传达一种怎样的理念？

　　A：首先，我们希望通过"山竹计划"展现深圳这座城市带来的独特感受。每一座城市的造城史是完全不同的，深圳作为一个年轻的城市，只有四十余年的历史，所以这个城市的创造与城市居住的人之间会发生更紧密的关系，因为我们每个人都是城市发展的见证者。我在深圳生活了27年，城市就是我的伙伴，是我们相互见证和彼此成长的重要媒介。其次，深圳是一个非常尊重环境的城市，它有近千个大大小小的公园，通过"山竹计划"，我们也想呈现出对于"人与城市""城市与自然"关系的思索。而且深圳作为中国的创意之都，是一座用创意来建构的城市，它与生俱来就有一种突破与创新的精神，"山竹计划"也是这种精神的体现。通过把"山竹"椅子投放到公共空间，我们希望用椅子去构建一个虚拟的客厅，大家坐在椅子上能够畅想各种城市话题，产生一个真正的社会朋友圈，这是我们希望做到的。

Q："山竹计划"想传达出团队对于台风"山竹"这一自然灾害事件怎样的态度？

A：我一直觉得灾难就像是一场感冒，它终将会过去。在克服它的过程中，大家肯定要以更积极美好的态度去继续生活，而不是沉浸在灾难当中。任何的创意和艺术作品，带给大家的都应该是一种更积极地去面对未来的创造力。"山竹计划"希望留下的是人们共同对抗台风"山竹"的美好记忆，这也是这个社会性项目所具备的能量。

（二）项目策划

Q：在项目策划的前期，团队是否与公众进行过沟通或展开过调研？

A：在"山竹计划"策划的过程中，我们有机会接触到许多不同的圈层。对于专业的设计师来说，他们在台风"山竹"之后都想做一些事情去记录城市的变化；而对于深圳普通市民来说，亲身经历的灾难与电视中看到的是完全不一样的，前者给大家留下了更为深刻的印象。在此后的几周乃至几个月，很多市民自发地组织起面向环卫工人或是警察的公益行动，对这些城市维护者表达出强烈的善意，这些举动都是一种人与人之间的关切。这些细小的事情恰恰是打动我们的瞬间，这样的触动就是我们创作的源泉。在前期策划中，通过身边鲜活的例子，我们听到了身边人的心声，感受到一种共鸣。从这个意义上来说，"山竹计划"完全超越了传统的甲乙方关系，这座城市就是我们最大的客户，市民就是我们最大的客户。

Q：团队最初就确定将"山竹"椅子作为呈现的载体吗？这一想法在团队的沟通中有哪些变化？

A：我们也曾想过很多不同的呈现方式，比如用纯艺术的方式。但是通过讨论，大家最终还是觉得载体应该是具有一定功能性的物体，于是就从功能性的角度去思考，定下了"椅子"这一呈现方式。我们尝试在"山竹"椅子上不断叠加设计，比如设计了椅子支撑腿的金属套件，弯曲成腿的形状，使其更像一个人在走路，或在抵抗台风。通过可爱的拟人化设计，我们希望展示设计的情绪表达。再比如，我们为"山竹"椅子专门设计了一套卡通形象的标识；微小的创作和有趣的形象构成了"山竹计划"非常重要的部分，因为打动我们的不是宏大叙事，而是能让我们在会心一笑中感到可爱的存在。

Q："山竹计划"落地在城市公共空间，项目是否有特定的目标受众？对于目标受众，团队有何种考量？

A：现在的受众其实具有专业化和大众化并存的特质。因此，我们选择了面向大众、面向半开放的社会活动和面向专业人群这三个传播路径。在面向大众时，其实我们常常低估了市民的感知力，他们能很快理解到创意背后的内涵，我们更多强调的是城市。面对半开放的社会活动，我们更多想呈现的是事件本身的发展过程。而面向我们的专业圈层，呈现的则是更加专业化的思考。

Q："山竹计划"的活动范围主要集中在深圳吗？出于何种原因？

A：我们是集中在深圳做活动。一方面，深圳是受台风"山竹"直接影响的城市，只有亲身经历过那次台风，才能从我们的作品中获得更强的感受，事件的参与感决定了"山竹计划"的活动范围；另一方面，"山竹计划"类似的形式会不断延续，我们在今后还会遇到台风，可能会产生另外一种新的表达形式。

Q：团队之前有策划过与"山竹计划"类似的项目吗？

A：我们团队有三个关键词，第一是"真实"，因为我们认为创作的冲动源于真实的感受；第二是"社会"，无论是设计也好，艺术也好，一定会与社会产生关联；第三是"互动"，媒介并不是一个单向的输出，它只有在产生互动关系的时候，传播才会形成闭环。因此，除了商业案例之外，我们对社会化的作品一直是比较投入的。比如之前与壹基金合作的"失物招领"活动，这个活动让大家知道灾难产生的过程，以及灾难中应该采取的处理方式。我们做了大量的展览，让人们对身边的灾害保持警惕，这就是一个比较好的社会化创意项目。

Q：与团队的其他社会化创意项目相比，您认为"山竹计划"有何独特之处？

A：首先，从创作者的角度，"山竹计划"是我亲身经历、真正感同身受的一个项目；其次，"山竹计划"直到目前仍在产生积极的影响。

（三）落地执行

Q："山竹计划"从设想到真正落地，大约花费了多长时间？

A：我们只花了将近一个月的时间，甚至可以说是半个月，因为台风"山竹"是一个突发性的事件，它的创意来源是非常快的，我们的效率和生产过程也要及时跟上。因为当你真正想好再去行动的时候，可能此时很多倒伏的树木已经被处理完了。正是因为我们看到许多树木以一种单一和传统的方式被处理，我们才开始去重新思考树木的价值，并让这种价值得到更完整的体现，所以团队用极短时间就完成了从创意到实施的过程。

Q："山竹计划"的落地实施大致分为哪几个阶段？

A：大致可以分成四个阶段。第一阶段是椅子的设计和制作，因为我们本身也是艺术家，在做艺术展览的过程中，我们思考能不能让其他艺术家也参与进来，所以第二阶段是艺术家的参与，我们邀请艺术家在椅子上进行现场创作；第三阶段是社会化参与，我们作为策展人，会参与策划许多社会活动，围绕椅子形成一个虚拟论坛，并产生社会话题；第四阶段是将项目获得的收益投入下一个项目，比如城市纪录片的拍摄。随着话题的不断深入，"山竹计划"也在不断成长，我们其实不单单从零做到了一，也从一做到了一百。

Q：在此过程中，团队需要进行哪些沟通工作？执行过程中遇到过哪些困难？

A：基本上所有沟通工作都是我们团队独立完成的，这也考验了团队整体的综合实施能力。比如我们需要和政府部门沟通木材的使用，和制作厂商沟通椅子的制作，还有一些与策展方的沟通工作。我觉得与政府部门沟通是一个门槛，但总体上是比较顺畅的，并且得到了很多支持。对我们来说，执行过程中的某一环节可能不是难题，但团队精力在项目上的投入度是一个难题，时间成本、沟通成本占整个项目成本的很大一部分。我觉得每个项目就像是一个孩子，你要陪伴它、花时间去维护它，这个项目才会真正茁壮成长。我们也一直坚信，只要用正确的方法、投入足够的精力，那任何事情就会得到很好的反馈。

Q：您提到"山竹计划"得到了一些支持，具体得到了哪些社会支持或资金支持？

A：在生产的过程中，我们会与供应链的许多环节打交道，比如制作厂商会给我们一定的制作费用减免。在椅子的认领环节，很多人非常喜欢这个项目，给予了我们很大的支持。我们希望大家不要用怜悯的目光去看待社会公益项目，而是从自身的情感需求出发，这样社会公益项目才能达到应有的目的和积极作用。

Q：在"山竹"椅子的设计上，团队有哪些考量？

A：第一点是拟人化，"山竹"椅子模仿了走路的姿态，它有非常可爱的一面；第二点是"山竹"椅子有实用功能，它确实能够像一件家具一样存在；第三点是"山竹"椅子自身就是一种媒介，它是一种很强的媒介传播载体，比如艺术家通过椅子完成创造，设计师通过椅子完成设计，大众也通过椅子完成对于城市的感知。

Q：在"山竹计划"中，您主要承担了哪些工作？团队成员又有怎样的分工？

A：我在项目中主要起到组织推动的作用，因为项目涉及许多人和不同的团队，因而需要一个强有力的推动者，在项目遇到困难或者处于转折点的时候，我能够帮助大家确定接下来的方向。我们团队成员在"山竹计划"中处于核心的位置，当然我们也要与一些外部团队进行合作，比如制作团队、传播团队等，大家共同完成了这份工作。

Q：团队在"山竹计划"中投入了多少资金？

A：我们把成本主要分成三类。第一类是我们可见的支出，比如椅子制作成本、办公成本、交通运输成本等；第二类是精力，或说人工成本；第三类是时间成本。有些成本是无法计算的，而且项目有一个漫长的周期，我们专门投入了 10 万元的预算去做"山竹计划"。

Q："山竹计划"执行的过程中，有没有与一些品牌进行合作？

A：我们与品牌并没有直接的利益合作，而是一种平台的合作，比如我们通过华为论坛进行宣讲，在无印良品的商店组织展览。我们更多的是传播的合作，而不是与品牌的贴牌合作。我们一直觉得社会项目与公益项目的品牌合作要谨慎，一方面要找到志同道合、调性相似的品牌，另一方面品牌要与这个项目不是索取的关系。

（四）传播策略

Q："山竹计划"的传播大致分为哪几个阶段？在不同阶段的传播方式或媒介选择上有何考量？

A："山竹计划"大致分为三个传播阶段。第一阶段主要从官媒出发，因为我们得到了政府的支持，这是一种即时性的宣传；第二阶段是专业性的参与，我们参加了设计周、建筑双年展等，这是一个更为持久的宣传，能在创意的专业圈层内形成讨论；第三阶段是社会上的发酵，具有更长的周期，"山竹计划"逐渐成为一个城市的品牌，与深圳这座城市形成交织关系，并与这座城市和城市里生活的人们产生更为紧密的联系，不断延续下去。

Q：其实在此过程中，"山竹"椅子自身也扮演了媒介的角色，我们看到团队会在椅子上附上铭牌，这是一个非常有趣的设计，团队是如何想到的？

A：在西方国家，附铭牌其实具有很强的社会组织意义，比如海德公园里的许多椅子都会有铭牌，告知人们这把椅子是由谁捐助的，这一过程构成了社会体系非常重要的环节。在"山竹计划"中，我们通过对椅子附铭牌，希望人们知道这把椅子的出处，也希望大家记住这个行为，通过这一方式去理解深圳乃至中国的城市化管理和发展。我们也希望大家知道我们的城市环境需要大家来共建。扫描椅子上的二维码会出现我们的公众号和推文，这相当于把数字空间与实体空间联系在一起，形成互动和相互补充，通过媒介之间的连接，产生线上、线下的认知和合作。

Q：您之前提到也会进行一些影像、照片等形式的创作，主要是记录了哪些内容？又是怎样服务于"山竹计划"的传播的？

A：我们会制作两分钟的短视频在网上进行传播，因为如果仅仅是采访的方式，那就太单一化了，我们希望将推文与短视频结合起来，让更多人了解这个项目。

Q："山竹计划"更多的是利用线下展览或者分享会的形式进行传播，团队是出于何种考量做出线下传播的选择的？

A：我觉得必须有很强的体验感，或者说真正体验到身体与环境之间的关联，才能更好地理解"山竹计划"。我们不需要为了传播而传播，不希望太刻意地推广它，让项目变得耳熟能详并不是我们的目的。在中国这样巨大的体量下，我们的项目以一种微小的方式存在，受众也变得非常碎片化，我们只是希望能影响到一部分人。因此，我们在用一种微小的方式介入传播中，真正的创意是有修复感的，是可以抚慰人心的。

Q：在与各位艺术家合作的过程中，他们有没有为"山竹计划"注入新的内涵，提供一些新的解读方向？

A：在整个项目制作过程中，我非常感谢艺术这个特殊的媒介。设计与艺术具有很强的关联性，但发挥的作用却很不同，设计解决的是功能性的问题，艺术则完全从人出发，思考人从哪里来，要做什么事，是从精神领域去理解人的作用的。在"山竹计划"当中，艺术家思维的介入从另外一个维度帮助我们对"山竹"椅子的功能进行了更广泛意义上的探讨。艺术思维创造了更多的可能性和开放性的结局，让整个过程变得有趣和更有尝试性。当它不是为了满足功能而存在，而是为了满足人的精神需求而存在的时候，会产生很大的营养和能量。艺术让设计拥有了新的质感，比如一些艺术家会在物理层面对椅子进行改造，将它变成一个"新物种"，而更多的艺术家选择在椅子的表面进行作画等。

Q：艺术家的参与有没有帮助"山竹计划"更好地传播？

A：我们并不想把艺术家变成一个媒介，我觉得艺术家的作用应当是让这个项目具有多维的思考角度。

（五）传播效果与总结

Q：您觉得"山竹计划"最终呈现出来的效果与团队最初的设想是一致的吗？您觉得还有哪些比较遗憾或还未达成的地方吗？

A：我觉得"山竹计划"的效果超越了我们的设想，因为我们最开始并不期待它会有多大规模或多大影响。"山竹计划"的影响是阶段性的，我们还有很多其他的商业项目，社会化公益项目只占我们日常工作的1/5，所以我们当时并没有想到它会有那么大的反响。最初我们只是想用自己的专业去完成对于这个事件的纪念，以及避免树木的浪费。但是等到"山竹计划"慢慢成形并投入社会，我们发现大家对这个话题有很强的共鸣，这也超乎了我们的想象。我们也乐于去看到这样的反馈，这让我们觉得当时的初心是值得的，能让我们以一个好的心态投入更多其他的创意当中。因为社会化创意是创意最高层面的发展，它超越了品牌与所谓的甲乙方需求的关系，更让我们坚定了创意、专业的力量。我们相信设计和创意都是向上且向善的，能鼓励我们这个行业更好地发展，也让我更加坚定了自己的职业选择。

Q："山竹计划"更多的是以公益与创意为主导的项目，团队如何在商业性与公益性、技术性与艺术性之间达到平衡？如何实现项目在未来的可持续发展？

A：我认为好的设计团队有三个特点，第一个是社会资源，第二个是商业逻辑，第三个是超级技艺。商业与公益、技术与艺术都是紧密联系的，"山竹计划"不一定产生商业变现，但是让更多人认识到了我们团队。客户在选择团队时，可能会因为我们团队具有很强的社会责任感而选择我们。社会是一个整体，那么我们的工作也应具有整体性，所以我们一直奉行用混合动力的方式来工作。我认为把一件事做好，自然会产生多米诺骨牌效应，我们的工作、客户以及我们的社会之间也会形成良性的"行业闭环"。

Q："山竹计划"的收入据说会投到下一个公益项目的运作中，目前有何进展？

A：我们把"山竹计划"的收益投到了城市纪录片的拍摄中，我们记录了围绕海洋生存的一群人，有潜水教练，有一对生活在深圳海边的老夫妻……它是记录深圳这样一座移民城市的纪录片，同时也反映了深圳的海洋精神、一种开放性的思维和独特的城市魅力。对于海洋的记录，也是"山竹计划"在未来的一个延续。

Q：除了通过大众领养"山竹"椅子所获得的收入，还会有别的收益渠道吗？

A：目前我们还没有考虑到这一点。因为面对这样的公益项目，我们更多的是付出，而收获的是对于创意的认可以及参与其中所获得的快乐。这种收获不是金钱上的，但比物质和金钱来得更加畅快，更有价值。

Q："山竹计划"为团队带来了哪些思考或收获？

A："山竹计划"让我们重新认识了我们的职业和工作，也让我们开始思考"除了为甲方工作之外，我们还能做什么"。在工作之外，我们重新思考我们的专业能够为大家带来哪些帮助。设计师也好，艺术家也好，本身就具有与生俱来的使命感。"山竹计划"这样的社会公益项目也树立了我们的使命感。

（访谈人：陈奕宁、陈家南、王馨涓、吴林琪、俞书漫、徐兒君瑶）